CF

CHAMP FREUDIEN

COLLECTION DIRIGÉE PAR
JACQUES-ALAIN ET JUDITH MILLER

LES CANCRES N'EXISTENT PAS

Du même auteur

AUX MÊMES ÉDITIONS

Un enfant psychotique
rééd. coll. « Points Essais », 1993
(1re éd. *Un enfant devient psychotique,*
Navarin, 1987, épuisé)

ANNY CORDIÉ

LES CANCRES N'EXISTENT PAS

Psychanalyses d'enfants en échec scolaire

ÉDITIONS DU SEUIL
*27, rue Jacob, Paris VIe*

ISBN 2-02-020187-9

A Marion, Alice, Karine, Aurélie, Delphine,
Arthur, Valentin, Joséphine et Clara.

Introduction

Est-il besoin de définir l'échec scolaire ? Le mot prononcé ne laisse personne indifférent, chacun d'égrener ses souvenirs, heureux ou malheureux, où se mêlent regrets, nostalgie… rancœur parfois. Il y a ceux que l'échec scolaire n'a pas empêchés de réussir dans la vie et qui s'en vantent, ceux qui ne s'en sont jamais remis, et ceux, heureusement les plus nombreux, qui ne l'ont jamais connu.

Est en situation d'échec scolaire l'enfant qui ne « suit » pas, car, à l'école, il faut suivre : suivre le programme d'abord, qui dit ce qu'il faut apprendre, dans quel ordre, dans quel temps, suivre sa classe, ne pas s'éloigner du troupeau.

Nous verrons que l'échec scolaire affecte le sujet dans sa totalité. Il souffre à la fois de la mésestime où il se tient de n'être pas à la hauteur de ses aspirations, il souffre aussi de la dépréciation, quand ce n'est pas du mépris, qu'il lit dans le regard des autres. L'échec touche donc à l'être intime et à l'être social de la personne – or nous savons quelle place tient la réussite sociale dans l'esprit de nos contemporains !

L'échec scolaire est une question complexe dont les causes sont multiples et diverses, les unes tiennent à la structure même du sujet, d'autres sont événementielles, le fait qu'elles s'intriquent et agissent les unes sur les autres ne facilite pas la compréhension du phénomène. Le résultat en est que chacun projette ses fantasmes et invente des remèdes à ce nouveau fléau social : « *C'est la faute* ... au gouvernement, à la société, à l'Éducation nationale, aux parents... », « *y a qu'à* ... revoir la pédagogie, augmenter les crédits », etc.

Dans ce travail, nous envisagerons l'échec scolaire dans son acception la plus large. Nous laisserons cependant de côté certaines causes déficitaires qui nécessitent une approche spécifique, par exemple les déficiences sensorielles, tels la surdité ou les troubles de la vue, les retards mentaux graves, qu'ils soient d'ordre lésionnel (séquelles d'encéphalite, lésions cérébrales néonatales), d'ordre génétique (trisomie, fragilité du chromosome X) ou d'ordre métabolique.

Une question restera en suspens jusqu'à la fin de cet ouvrage, c'est celle de la psychose. Nous la traiterons à part, car s'il est un trouble qui touche fondamentalement aux opérations de la pensée, c'est bien celui-là ; l'inhibition intellectuelle d'origine psychotique est de nature totalement autre que l'inhibition névrotique dont il sera question tout au long de ce travail.

Nous ferons la critique du concept de « débilité ». Les enfants dits « débiles légers » sont des enfants scolarisés qui n'ont aucune anomalie, ni lésionnelle, ni génétique. La « débilité » est une étiquette péjorative qui, dans l'esprit des enseignants, comme des parents, sous-tend l'idée d'un trouble inné de l'intelligence. Quand on l'oppose, en s'appuyant sur les résultats des tests, à la « fausse débilité mentale » (FDM) qui concernerait des enfants d'apparence débile mais au QI normal, on met en place des catégories totalement artificielles et erronées, sources de nombreux malentendus et parfois d'une ségrégation inacceptable.

Psychose et débilité seront traitées après que nous aurons parcouru le vaste domaine de l'échec scolaire. Pour cela, nous explorerons les divers paramètres qui sont en jeu dans ce trouble : le contexte social, les conditions familiales, l'environnement en général, autant de facteurs qui favorisent ou entravent l'intérêt de l'enfant à la chose scolaire. Nous aborderons ensuite ce qu'il en est de son désir propre d'apprendre et nous verrons comment ce désir peut être empêché pour des raisons névrotiques. Dans les cas cliniques rapportés, nous mettrons en évidence les mécanismes de l'inhibition intellectuelle, inhibition prise dans la problématique inconsciente du sujet que la cure analytique révèle… et lève dans les cas heureux !

Première partie

Échec scolaire, pathologie de notre temps

Impact du développement de la science sur les maladies et les névroses

Chaque époque sécrète ses pathologies. Il y eut la peste et le choléra, plus proches de nous, la tuberculose et la syphilis. Si les antibiotiques ont eu raison de ces maladies, si les vaccinations ont éteint bien des épidémies, d'autres maux ont fait leur apparition qui mettent en échec le savoir médical, tel le sida, qui vient nous rappeler les limites de la médecine et le triomphe dernier de la mort. Cette médecine dont les découvertes ne cessent de nous surprendre, techniques d'exploration du corps, recherches génétiques, etc., nous laisse croire qu'elle détient un tout savoir sur le corps ; le vivant aurait livré tous ses secrets, le corps décrypté serait devenu transparent, sans mystère. C'est ainsi que tout trouble non repérable par les voies d'exploration habituelles, qu'elles soient biologiques, radiologiques ou autres, devient suspect. Si on ne voit rien, c'est qu'il n'y a rien : pas de maladie, pas de malade. « Vous n'avez rien », dit le médecin, ce qui sous-entend : « votre plainte est imaginaire ».

Dans cette perspective, la catégorie des névroses est rejetée de la scène médicale. Alors que 50 % de la clientèle des médecins généralistes est composée de malades présentant une pathologie hysté rique, le mot même n'est jamais prononcé ; lorsque le praticien adresse un ou une malade à un collègue, il utilise pudiquement le terme de « grand H », comme si le mot même d'hystérie avait une connotation infamante. Dans ses études médicales, ne lui a-t-on pas appris à associer l'hystérie à quelque tromperie ? La sémiologie classique parle en effet de simulation, d'inauthenticité, de comportement histrionique, de théâtralisme, autant d'épithètes péjoratives qui invitent à la méfiance et font craindre la duperie.

Fort de son savoir scientifique, le corps médical ne peut envisager une maladie qui serait l'expression d'un conflit psychique inconscient ; il multiplie alors les investigations les plus sophistiquées (radios, scanners, échographies, etc.) pour traquer une cause organique qui ne cesse de se dérober : qui, mieux que l'hystérique, en effet, sait mettre en échec le savoir du maître, sous couvert de l'« entière confiance » qu'elle lui accorde ?

Ce savoir médical de plus en plus complexe et technicisé a induit un profond remaniement de la pathologie hystérique. Qui oserait, aujourd'hui, dans notre culture occidentale, faire ces grandes attaques à la Charcot ? Elles évoquent trop, pour nos contemporains, les transes observées dans certaines cérémonies animistes. Rares sont aussi les accès cataleptiques, les crises léthargiques, les grandes paralysies. Quant aux conversions hystériques, dont Freud nous a longuement entretenus, elles prennent une autre tournure. La terminologie même a changé : les attaques spasmodiques sont devenues une maladie, la spasmophilie, dont le substrat (déficience en calcium), bien que controversé, garde ce côté scientifique obligé qui lui permet d'entrer dans le cercle des maladies « vraies ». La médecine classique tente par là même la récupération de toute une pathologie qui, en fait, lui échappe.

Les patients eux-mêmes ont trouvé d'autres formulations à leurs plaintes : ils craquent, ont des crises de nerfs, des malaises, font de la dépression, enfin, ils « somatisent ».

Je tiens à souligner ici qu'avec les progrès de la médecine non seulement la terminologie s'est transformée, mais la nature même des troubles a changé. Une nouvelle pathologie est apparue qui se situe davantage sur le versant somatique. Actuellement, beaucoup de patients ont des atteintes somatiques graves, avec lésions d'organes, maladies cependant mobilisables par la cure psychanalytique. La frontière qui séparait les manifestations hystériques des phénomènes psychosomatiques devient de plus en plus imprécise. La notion de stress, en réintroduisant une cause physique à la maladie, apporte une caution d'authenticité qui permet à la médecine classique de mieux récupérer le phénomène.

Les manifestations de la névrose ont donc évolué en fonction d'un discours commun sur la maladie, discours qui reflète l'évolution du discours médical. Le message que l'hystérique adresse à l'autre se nourrit des signifiants maîtres de son époque. Ce n'est pas la société qui sécrète la névrose, comme certains voudraient le laisser croire, mais le sujet qui prend en compte un regard nouveau porté sur le corps malade. Il trouve alors une autre façon d'exprimer sa souffrance, espérant ainsi être mieux entendu. Mais, à être adressé à des maîtres d'un pur savoir désubjectivé, l'appel risque de se répéter indéfiniment, car à la plainte répond la vérification exploratrice d'un organisme, et non l'écoute d'un corps qui se fait langage. Demandes et réponses sont toujours décalées, le malentendu s'installe, et avec lui son cortège de réitération des actes médicaux et de déplacements du symptôme.

Lorsqu'elles rencontrent un psychanalyste, ces patientes ont souvent fait un long détour par des services spécialisés, où tous les examens ont été pratiqués et n'ont rien montré ; elles ont épuisé les ressources de la médecine classique, de la pharmacologie, et parfois de la chirurgie, avant de rencontrer quelqu'un qui ait vocation d'être à l'écoute de ce qui se dit au-delà de la plainte somatique. Elles sont alors étonnées du changement de discours. La question qui leur est posée n'étant plus « de quoi souffrez-vous? », mais « qui êtes-vous pour souffrir ainsi? ».

De même que l'évolution de la médecine a modifié la symptomatologie des névroses, de même l'évolution de la société a fait naître une nouvelle pathologie : l'échec scolaire. Si nous rapprochons les deux, c'est qu'elles ont en commun d'avoir été sécrétées par un changement social. Dans le cas de l'hystérie, c'est avant tout le développement de la science médicale ; pour ce qui est de l'échec scolaire, c'est le changement rapide du monde du travail dans une société de plus en plus technicisée. Aux exigences nouvelles de cette société s'ajoutent les ravages produits par l'exploitation inadéquate des tests de niveau. Nous aurons l'occasion de reparler des conséquences qu'entraîne une mesure chiffrée de l'intelligence, quand on donne à cette mesure la valeur d'une vérité scientifique reconnue.

La méconnaissance de ces deux pathologies coûte cher à la société. L'une, l'hystérie ou le phénomène psychosomatique, grève le budget de la Sécurité sociale, l'autre, l'échec scolaire, celui de l'Éducation nationale, du fait de la mise en œuvre de mesures coûteuses à visées rééducatives ou pédagogiques souvent inappropriées.

Échec scolaire et société moderne

L'échec scolaire est une pathologie récente. Elle n'a pu apparaître qu'avec l'instauration de la scolarité obligatoire à la fin du XIXe siècle et a pris une place considérable dans les préoccupations de nos contemporains du fait d'un changement radical de société. Ici aussi, ce n'est pas la seule exigence de la société moderne qui engendre les troubles, comme on le pense trop souvent, mais un sujet qui exprime son mal-être dans le langage d'une époque où le pouvoir de l'argent et la réussite sociale sont des valeurs prédominantes. La pression sociale sert d'agent de cristallisation à un trouble qui s'inscrit de façon singulière dans l'histoire de chacun. Nous nous attacherons à en analyser les déterminants.

Jules Ferry instaura l'instruction laïque et obligatoire, en 1880 ; il est peu probable que la notion d'échec scolaire soit apparue pendant les premières décennies qui suivirent. Ce qui était prévu par la loi, à savoir « le mélange des riches et des pauvres sur les bancs de l'école » (Jules Ferry, *Discours sur l'égalité d'éducation,* prononcé le 10 avril 1870), l'égalité des chances pour tous, la suppression des classes sociales, fut loin de passer dans les faits. L'appartenance à une classe sociale déterminera longtemps encore la limite du cursus scolaire. Les « enfants du peuple » « allaient » jusqu'au certificat d'études primaires, qu'ils passaient à 12 ans, date de la fin de la scolarité obligatoire. Les enfants des familles plus aisées se présentaient au brevet élémentaire ou au brevet supérieur, qui, lui, formait les cadres moyens, employés, instituteurs, etc. Le primaire supérieur devait « donner satisfaction aux ambitions légitimes, sans surexciter les prétentions aveugles, aussi décevantes pour les individus que fatales à la société », disait un inspecteur primaire de l'époque.

Seuls les enfants de la bourgeoisie fréquentaient le lycée, qui était payant, et qui permettait d'accéder aux carrières libérales, droit et médecine essentiellement. Si l'obligation scolaire était dictée par un idéal républicain « qui s'était donné pour tâche de fonder la liberté en supprimant les distinctions de classe par l'éducation du peuple » (Jules Ferry), cet idéal était la traduction juridique de nécessités économiques ; la révolution industrielle, qui était en train de s'accomplir, allait modifier profondément le paysage social : les machines devaient remplacer l'homme, comme on le souhaitait tout en le redoutant, il fallait s'adapter, acquérir d'autres compétences, en particulier un savoir autre que le savoir-faire manuel. Nous entrions dans l'ère du prolétariat.

L'instituteur de la IIIe République avait pour mission de former des citoyens en leur transmettant la morale républicaine et dispensait un enseignement pratique et encyclopédique auquel ils feraient référence toute leur vie. A 12 ans, l'élève était sensé ne plus faire de fautes d'orthographe et connaître ses départements par cœur, préfectures et sous-préfectures. Un livre lu et relu par des générations d'écoliers, *Le Tour de France par deux enfants,* rend bien compte de l'esprit de ce temps.

Plus proche de nous, pour nos grands-parents, parfois même nos parents, la possibilité de poursuivre des études était encore réservée à une classe privilégiée. Quand un enfant de classe moyenne se révélait très doué, c'était l'instituteur qui proposait de demander une bourse et plaidait auprès des parents le droit de l'enfant à poursuivre des études au collège après l'obtention du certificat d'études. C'était leur demander un lourd « sacrifice », et l'instituteur devait user de tout son prestige pour venir à bout des résistances.

Quand l'enfant était dans une institution religieuse, c'était le séminaire qui lui était proposé. Guy Georgy, dans une autobiographie passionnante, raconte ce périple accompli par un petit paysan pauvre du Périgord, né en 1914, devenu ambassadeur de France.

Dans cette société hiérarchisée, qui a survécu jusqu'à la fin du XIXe et le début du XXe siècle, chacun avait une place définie. L'illettrisme n'apparaissait pas obligatoirement comme une tare. Ceux qui « n'avaient pas d'instruction » pouvaient accéder à des métiers qui les faisaient vivre, eux et leur famille ; ils avaient leur place dans la société, et la modestie de leurs ressources n'en faisait pas fatalement des exclus.

Du prolétaire à l'étudiant

Actuellement, ce changement de société qui s'est amorcé à la fin du XIXe se poursuit à un rythme de plus en plus rapide. En une à deux générations, la société s'est profondément transformée. La paysannerie a considérablement diminué en nombre et les agriculteurs d'aujourd'hui, s'ils veulent survivre, doivent rentabiliser leur exploitation avec des méthodes modernes : suivre l'économie de marché, informatiser pour mieux gérer, etc. Les artisans sont tenus de suivre des stages de gestion avant d'ouvrir boutique. Il ne reste guère de petits métiers lucratifs. Le chômage est venu aggraver les difficultés d'insertion de ceux qui « n'ont pas fait d'études », car ce nouvel ordre économique demande aux travailleurs un niveau de compétence de plus en plus élevé. Peut-on comparer nos machines d'aujourd'hui, tellement sophistiquées et envahissantes avec les premiers métiers à tisser? A l'ère du prolétariat a succédé le temps de l'étudiant.

Ce sont maintenant les enfants de tous les milieux, de toutes les classes sociales qui sont tenus de poursuivre leur scolarité jusqu'à 16 ans. Mais cette obligation n'instaure pas pour autant l'égalité des chances.

Le rêve de Jules Ferry s'est déplacé sans se réaliser. Nous verrons que la réussite dans les études ne tient pas à la seule qualité de l'enseignement dispensé, beaucoup de facteurs entrant en jeu dans l'incapacité à atteindre le niveau d'instruction requis aujourd'hui. Nous pouvons déjà souligner combien la rapidité de la transformation sociale a bousculé les vieux schémas de transmission de l'héritage culturel. Il y a trop souvent discordance entre les traditions familiales et les nouveaux modes de vie. Cette rupture brutale entraîne des conflits entre les générations, conflits qui sont eux-mêmes sources d'échec scolaire. A l'inverse, une réussite trop éclatante pour un enfant d'origine modeste peut engendrer le rejet, quand ça n'est pas le mépris pour ses propres parents. Le sujet en gardera la trace sa vie durant, regrets, honte, questionnement sur son identité. Annie Ernaux, agrégée de lettres devenue professeur, dont les parents tenaient un café-épicerie dans les faubourgs d'une petite ville, a décrit dans ses livres toute la violence et la souffrance qu'implique une telle rupture culturelle. Elle dit son mépris pour l'inculture de ses parents, puis sa culpabilité de les avoir rejetés.

Dans cette société où, pour trouver du travail, on entend couramment parler de bac + 2, bac + 3, où des formules circulent, telle « le bac ou rien », les laissés-pour-compte du savoir sont devenus les rebuts de la société ; pas de diplôme, pas de travail, pas d'argent. Or la pauvreté, dans la société dite « de consommation », engendre une frustration que ne connaissait assurément pas la paysannerie pauvre du siècle dernier. Dans le contexte actuel, nous pouvons dire que l'échec scolaire est devenu synonyme d'*échec de vie*.

Quelle signification donner au terme d'« échec » ?

L'échec, s'opposant à la réussite, implique un jugement de valeur, or cette valeur est fonction d'un idéal. Un sujet se construit en poursuivant des idéaux qui se proposent à lui au fil de son existence. Il est ainsi le produit de ses identifications successives qui forment la trame de son moi. Ces idéaux sont ceux essentiellement de son environnement socio-culturel et de sa famille, elle-même marquée par les valeurs de la société à laquelle elle appartient. Or ces idéaux varient d'une culture à l'autre, ce qui est valorisé dans un certain milieu peut être déprécié dans un autre. Les valeurs occidentales, liées au capitalisme, n'ont heureusement pas encore cours dans toutes les cultures. La force physique, par exemple, l'adresse, le courage, la combativité, le mépris de la mort peuvent être placés bien au-dessus de toute valeur intellectuelle. Peut aussi bien prévaloir, chez certains peuples, un idéal contemplatif. L'argent lui-même peut n'être pas une valeur en soi, dans des cultures utilisant le système du troc. La richesse peut être bâtie sur la possession de biens de valeur plus symbolique que marchande et le pouvoir s'appuyer sur l'âge et la sagesse.

L'idéal peut aussi être dicté par des valeurs familiales que l'on se transmet de génération à génération. Nous connaissons l'attachement des vieilles familles issues de la noblesse pour les « vertus aristocratiques ». Il y a des familles de polytechniciens où le fils aîné décevrait à échouer à Polytechnique, il y a l'attachement à la terre des lignées paysannes et les combats de la classe ouvrière, autant de traits, autant de types décrits par nos grands romanciers : Balzac et Zola y excellaient. Le sujet se conforme ou s'oppose à ces valeurs, il peut chercher à ressembler à certains personnages qui les illustrent. Il construit ainsi son moi en s'identifiant à des personnages qu'il admire ou qu'il aime, et en s'attachant à des valeurs qu'il juge estimables et qu'il désire acquérir. Or, dans nos sociétés occidentales, la réussite, l'argent, la possession des biens, et le pouvoir qui en résulte, représentent au plus haut point des valeurs que chacun rêve de posséder.

Pourquoi parler d'échec de vie à propos de l'échec scolaire ?

Pourquoi la réussite scolaire occupe-t-elle une telle place dans la vie de nos contemporains, enfants, parents, enseignants, gouvernants? Quels projets, quels fantasmes recouvre cette aspiration à la réussite?

Réussir à l'école, c'est la perspective d'avoir plus tard une belle situation, donc d'avoir accès à la consommation des biens. C'est aussi « être quelqu'un », c'est-à-dire posséder le phallus imaginaire, être considéré, respecté. L'argent et le pouvoir, n'est-ce pas le bonheur? L'État lui-même nourrit cette aspiration. Pour être grande, une nation ne doit-elle pas toujours accroître ses richesses et ses compétences?

L'échec scolaire préfigure le renoncement à tout cela, le renoncement à la jouissance. Quand on parle d'avenir à un enfant en situation d'échec scolaire, très souvent il évoque le fait de devenir clochard. Pour beaucoup d'enfants, c'est la chose redoutée, angoissante, c'est ce qui les attend « s'ils ne travaillent pas à l'école ». A l'inverse, j'ai vu un enfant, dans un refus scolaire massif, revendiquer comme un défi son aspiration à devenir clochard!

Cette incursion dans le domaine social que nous venons de faire nous donne un premier repérage sur les points sensibles d'où peut s'originer un refus scolaire, refus parfois délibérément exprimé et assumé, mais le plus souvent lié à un conflit inconscient entre les différents modes d'identification du sujet. Freud nous a fourni des repères pour sérier les différents types d'identification que le sujet met en œuvre pour construire son moi. Le *moi idéal* et l'*idéal du moi* trouvent en partie leur source dans des modèles sociaux, alors que le *surmoi* est lié à la position œdipienne du sujet, il est l'« héritier du complexe d'Œdipe », dit Freud.

Il peut y avoir conflit entre toutes ces instances quand une contradiction survient dans les aspirations du sujet. Prenons l'exemple classique de l'adolescent brillant qui échoue brusquement dans ses études, parce qu'il s'interdit de dépasser un père qui, lui, n'aurait jamais réussi. Il s'agit, ici, d'un conflit entre le surmoi et l'idéal du moi. Le surmoi, avec son poids de culpabilité et d'interdit, vient barrer l'accès à toute réalisation de l'idéal du moi, idéal que le sujet trouve ici dans son environnement : compétitivité avec ses pairs, désir de savoir, réussite sociale à l'horizon.

L'*idéal du moi* a pour origine l'identification à un trait (le trait unaire) ; ce peut être une valeur morale, religieuse, ou autre. Le *moi idéal*, lui, se fonde davantage sur un modèle humain ; nous pensons à ces adolescents qui parlent, s'habillent, se comportent comme leur idole, ou imitent quelque personnage qui les subjugue. Selon les époques ou l'âge des enfants, ces idéaux changent. Il fut un temps où tous les garçons voulaient devenir explorateurs et toutes les filles infirmières !

Un conflit entre des identifications antinomiques peut paralyser le sujet et bloquer toute réalisation (inhibition). Cela se voit fréquemment en période d'adolescence (nous en reparlerons au dernier chapitre à propos de la crise d'adolescence). Chez l'adulte, les conflits refoulés se retrouvent dans les organisations névrotiques.

Pour illustrer ces propos, je citerai le cas d'un enfant adopté par un couple d'universitaires. Il avait vécu jusqu'à l'âge de 3-4 ans dans une famille nourricière de condition modeste. Il restait « parqué », au dire des parents adoptifs, derrière une barrière, dans un petit espace au fond de la salle à manger. A 3 ans il ne parlait pas, et un retard scolaire fut d'emblée signalé et traité par de nombreuses prises en charge. Venu en analyse vers l'âge de 9 ans, je pus constater chez lui une certaine pauvreté de langage, séquelle d'une carence éducative des premières années. S'il est vrai que jusqu'à 4 ans il avait manqué d'échanges verbaux avec son entourage, une autre raison apparut qui expliquait ce retard scolaire et cette apparente débilité : il restait profondément marqué par sa première famille. Dans la cure, à travers ses récits, ses dessins, il retraçait, *sans le savoir,* les quatre premières années de sa vie, pourtant jamais évoquées dans sa famille adoptive. Derrière sa barrière il avait tout vu : les objets, les lieux, les habitants de la maison, en particulier un jeune garçon qui partait chaque matin de bonne heure à son travail sur une moto pétaradante. La mère lui servait son petit déjeuner, l'enfant, lui, avait ensuite son biberon. Ce jeune homme écoutait et chantait du rock. C'est ainsi qu'à 9 ans notre petit garçon devenu grand rêvait d'être chanteur de rock et de faire le tour du monde avec son groupe ; il connaissait la géographie par cœur, comme beaucoup de ces enfants venus d'ailleurs et qui rêvent d'y retourner. Ces goûts et ces perspectives d'avenir étaient absolument inimaginables pour les parents adoptifs et sources de conflits majeurs et de rejet, car il n'était pas question, pour ce garçon, d'acquérir le « goût des études » qu'on voulait à toute force lui inculquer. Des identifications très précoces touchant au moi idéal, être un rocker, entraient en conflit avec l'idéal du moi familial privilégiant l'intelligence, le savoir, les études ; cet enfant était devenu comme un étranger dans cette famille, avec toutes les conséquences douloureuses que cela implique ; c'est surtout cette souffrance et ce rejet qui furent pris en compte dans l'analyse.

Je tiens à souligner qu'à la source de tous ces échecs, de tous ces blocages, nous retrouvons le même phénomène d'arrêt des opérations de pensée que nous nommons inhibition.

L'inhibition peut se manifester dans différents domaines. Freud cite l'inhibition de la fonction alimentaire (anorexie), l'inhibition sexuelle… Quant à nous, nous traiterons de la seule inhibition intellectuelle.

La demande et le désir

Pour qu'un enfant « apprenne », il faut qu'il en ait le désir, or rien ni personne ne peut obliger quelqu'un à désirer. Le langage populaire le dit : « Le désir et l'amour ne se commandent pas. » C'est pourtant ce que croient beaucoup de parents qui veulent « motiver leur enfant » et « tout faire pour qu'il s'intéresse à l'école ». Il n'est pas besoin de « faire » ni d'imposer quand le « savoir » a acquis la brillance de l'objet de désir pour les parents, il n'est pas besoin d'impératif pour que l'enfant s'en empare. Le commandement est un paradoxe auquel est confronté l'enfant à qui l'on répète : « Je t'ordonne de désirer apprendre. » Ainsi pris dans un réseau de demandes, nous verrons pourquoi il lui devient impossible de soutenir son désir de connaissance, et comment il en vient même à l'annuler.

Pour aborder avec plus de clarté cette question, nous nous inspirerons des catégories lacaniennes du besoin, de la demande et du désir, et nous verrons comment la demande en vient à « écraser » le désir dans certaines pathologies. Lacan en parlait à propos de l'anorexie, qui est inhibition à se nourrir. Mais le processus est le même dans l'inhibition à apprendre.

La demande des parents

Le tout petit enfant entend très tôt la demande qui lui est faite : il doit apprendre, il doit réussir. Dès la maternelle, certains parents s'inquiètent des performances intellectuelles de leur progéniture et de ses possibilités de réussite, ils veulent parfois lui faire « sauter » la dernière année de maternelle, car un an d'avance est toujours utile pour la préparation des concours plus tard ! L'enfant perçoit très bien qu'il a à répondre à une attente. La réussite est bien cet objet de satisfaction qu'il se doit de procurer à ses parents. Bons points, bonnes notes sont destinés à faire plaisir. Il peut répondre docilement à cette attente pendant un certain temps, mais, tôt ou tard, seul devant la feuille blanche ou la tâche à accomplir, il sera confronté à son propre désir.

Au-delà de cette demande parentale, il y a la pression sociale dont nous avons longuement parlé, qui s'exerce sur tous, et engendre une sourde angoisse que l'enfant arrive mal à cerner.

La demande du corps enseignant

Ce discours où la réussite est désirée et attendue n'est pas tenu par les seuls parents, les enfants l'entendent aussi de leurs maîtres, qui eux-mêmes ont un contrat à remplir. Ils sont, eux aussi, soumis à un impératif de réussite, la classe dont ils sont responsables doit être assez performante pour qu'en fin d'année la majorité des élèves passe en classe supérieure. Ce sont donc les bons résultats des enfants qui font les bons maîtres reconnus par la hiérarchie : direction, inspection d'académie, etc., et par les parents d'élèves. L'angoisse qu'engendre cette compétitivité, si elle se manifeste à tous les niveaux, nous apparaît plus particulièrement nocive pendant les premières années d'apprentissage scolaire. En effet, l'inquiétude liée aux performances suscite un questionnement permanent sur l'enfant : va-t-il monter de classe? a-t-il assez de « maturité »? a-t-il toutes les capacités intellectuelles qu'on lui supposait? Les jugements portés sur lui vont être lourds de conséquences et parfois déterminants pour la suite de sa scolarité, car ils peuvent modifier et même grandement détériorer les relations avec l'entourage. L'enfant ne fait pas toujours le partage entre un jugement de valeur et l'amour qu'on lui porte. Être un mauvais élève équivaut pour lui à être un mauvais fils. Faut-il ajouter que la blessure narcissique vécue par les parents d'un enfant trop vite considéré comme déficient mental peut réveiller chez eux une férocité insoupçonnée et des mesures de rétorsion sans rapport avec la nature du trouble?

De la demande au désir. Le désir empêché

Faisons abstraction, pour un instant, des élèves à problèmes et considérons les enfants pour lesquels la scolarité se déroule sans histoire.

Dès les premiers jours de sa vie, l'enfant se lance dans l'exploration de son corps et de son environnement, il part à la découverte de lui-même et du monde qui l'entoure pour en assurer la maîtrise. Le désir de savoir, la nécessité de comprendre l'habitent et vont se prolonger par les innombrables questions qu'il va poser ultérieurement. La curiosité, le plaisir de la découverte, l'acquisition des connaissances font partie de la dynamique même de la vie. De l'apprentissage par le jeu il doit passer, au décours de l'enfance, à une autre forme de savoir, celui que dispense l'école. Or c'est très souvent à ce moment-là que la mécanique se grippe, il y a arrêt, refus inconscient d'apprendre, d'entrer dans un nouveau système d'acquisition des connaissances.

Ce désir de savoir, que Freud assimile à une pulsion, la pulsion épistémophilique (*Erkenntnistrieb*), est *inhibé,* il y a suspension des investissements cognitifs, inversion de la pulsion (le « ne rien savoir » équivaut au « manger du rien » de l'anorexique). Dans *Inhibition, Symptôme et Angoisse,* Freud définit l'inhibition comme « l'expression d'une limitation fonctionnelle du moi qui peut avoir des origines différentes ». Il en évoque trois : celle qui évite un conflit avec le ça, une deuxième au service de l'*autopunition* : « Le moi n'a pas le droit de faire telles choses, parce qu'elles lui apporteraient profit et succès, ce que la sévérité du surmoi lui a refusé », dit-il. Nous laisserons de côté la troisième cause, qui a trait au deuil, et reprendrons l'étude des deux premières ultérieurement.

Pour comprendre l'échec scolaire, nous procéderons par approches successives. Considérant en premier les causes les plus externes au sujet, les plus conjoncturelles, nous aborderons progressivement les éléments les plus archaïques en jeu dans l'inhibition. Nous ne devons cependant pas perdre de vue que tous les éléments en cause sont intimement intriqués et réagissent les uns sur les autres.

Nous avons évoqué le poids du social dans les conduites d'échec, nous nous sommes penchés sur les conflits inhérents à la construction du moi, nous aurons à nous interroger sur un élément central de l'inhibition qui est la pulsion : Freud fait du conflit avec le ça l'une des causes *princeps* de l'inhibition. Nous y reviendrons après la présentation des cas cliniques.

Devant un symptôme aussi complexe que l'échec scolaire, nous devons poursuivre une exploration de plus en plus serrée pour mettre en relief les motivations inconscientes. Pour cela, les catégories lacaniennes du Réel, du Symbolique et de l'Imaginaire nous seront utiles. Lacan, dans son souci de « retour à Freud », a bien marqué l'intérêt qu'il y avait à distinguer, d'une part, ce qui est de l'ordre de l'imaginaire, c'est-à-dire ce qui a trait au *moi,* et, d'autre part, ce qu'il appelle le *sujet,* et écrit $, sujet de l'inconscient, marqué de la barre du refoulement. Nous retrouverons ces catégories quand nous aborderons la différence entre psychologie et psychanalyse. Pour l'heure, je mettrai l'accent sur la nature même du symptôme qui, au même titre que le rêve, révèle en un seul trait la *vérité du sujet.*

L'échec scolaire comme révélation du sujet

Le trait du symptôme a des significations multiples ; il est surdéterminé, dit Freud ; c'est une « condensation », une métaphore, dit Lacan. Il rend compte des différentes strates de la constitution du sujet. Pour illustrer ce phénomène, je prendrai l'exemple de l'anorexie mentale. Le refus de se nourrir est de l'ordre de l'inhibition de la pulsion orale, mais le symptôme regroupe les multiples problématiques du sujet.

L'analyse des jeunes filles anorexiques révèle, en effet, à un premier niveau identificatoire, le désir de se conformer à un idéal de minceur prisé à notre époque. Cette explication, avancée par la patiente, recouvre à la fois un refus des rondeurs de l'enfance et la répugnance à acquérir des formes féminines. Derrière l'ambivalence quant à la féminité apparaît la relation conflictuelle à la mère avec son implication pulsionnelle orale : fixation et refus d'une mère nourricière, angoisses de dévoration, etc. Cette relation passionnée et mortifère à la mère cache des pulsions de mort extrêmement violentes et difficiles à mobiliser. La persistance de l'anorexie est, en effet, une tentative de suicide déguisée, alors que, dans le discours, la maigreur et la mort sont à la fois déniées et magnifiées. Lacan fait remarquer que, dans le cas de l'anorexique, la demande de la mère gavante ne laisse pas de place au désir de se nourrir, la pulsion orale de l'adolescente s'exprime alors dans le « se nourrir de rien », et l'on sait quelle force elle met à réaliser ce souhait, jusqu'à en mourir parfois.

Quand la pulsion de savoir est interdite, le désir reste en rade. De même que l'anorexique mange du rien, le sujet en état d'anorexie scolaire mettra toute son énergie à ne *rien* savoir. Avant de revenir sur cette problématique de l'inhibition, sachons déjà que la raison la plus fréquente de cet arrêt est à chercher du côté de la demande écrasante de l'Autre, que ce soit le « mange » ou le « apprends ».

« Le symptôme de l'enfant se trouve en place de répondre à ce qu'il y a de symptomatique dans la structure familiale. » Cette phrase de Lacan donne à réfléchir sur le pourquoi des symptômes de l'enfant. Elle doit être complétée par une autre : « l'enfant réalise la présence de l'objet “a” dans le fantasme. Il sature en se substituant à cet objet le manque où se spécifie le désir de la mère, quelle qu'en soit la structure : névrotique, perverse, ou psychotique » (« Deux notes sur l'enfant », *Ornicar?*, n° 37).

Nous pourrons apprécier la justesse de ce dire lorsque nous parlerons des enfants en analyse. Il est vrai que l'enfant reste un objet pris dans l'économie libidinale de ses parents, il est partie prenante des pulsions, fantasmes et désirs de ses père et mère. C'est à travers les demandes qui lui sont faites qu'il en prend conscience : mange, fais (caca), sois beau, propre, gentil, travailleur, etc. A travers ces demandes, il se pose la question du désir de l'Autre : il me demande cela, mais que veut-il? Si l'enfant se voue à satisfaire la seule demande de l'Autre, il risque de rester piégé dans son statut d'objet. Derrière la demande, il devra subodorer ce qu'il en est du désir et de l'amour. C'est en mesurant les incertitudes et les limites de l'Autre (sa castration, disons-nous) qu'il pourra se libérer de son emprise, et se construire comme être de désir.

Les névroses ont à voir avec les ratés de la demande et du désir : névrose orale de l'hystérique, névrose anale de l'obsessionnel. L'enfant peut longtemps satisfaire à la demande de l'Autre et paraître s'en satisfaire lui-même sans que cela contrarie la construction de son être imaginaire. Les choses se compliquent quand la demande change de registre, quand l'autre (maternel, le plus souvent) passe du « mange, sois sage » au « apprends, réussis ». Car répondre à cet impératif suppose que le sujet auquel il s'adresse soit lui-même en position *active,* qu'il puisse poser un acte autonome. Un enfant en échec scolaire me disait : « Ça rentre par une oreille, ça sort par l'autre », car apprendre n'est pas écouter, mais *élaborer* le savoir qui vous est proposé, la passivité n'est plus de mise.

Montaigne le disait joliment (*Essais,* I, XXVI) : « Les abeilles pillotent deça les fleurs mais elles font après le miel, qui est tout leur, ce n'est plus thin ny marjolaine. » Apprendre implique un désir, un projet, une perspective, ça n'est pas seulement comprendre.

Quant à *réussir,* briller, être le meilleur, c'est déjà pouvoir assumer une position phallique. Or c'est là, dans ce virage, que le bât blesse.

Nous verrons, avec les cas cliniques rapportés ultérieurement, que les moments clés de cette problématique de dégagement du sujet sont la période de résolution œdipienne, quand l'angoisse de castration est à son maximum, et la période d'adolescence, quand le sujet remet en question ses identifications œdipiennes. Dans ces deux cas, nous sommes dans le travail de deuil qu'implique la *séparation.*

Demande et désir en période œdipienne

L'entrée en primaire. Les 6-8 ans

La démocratisation de l'enseignement implique que les enfants soient égaux ou le deviennent. Or cette idéologie égalitaire est un leurre, elle veut ignorer la disparité des enfants dès l'entrée en primaire. L'aspiration à un enseignement unique, le même pour tous, suppose en effet que tous les enfants soient semblables au départ. A partir de cet *a priori,* il y a uniformisation, rigidité des programmes. Certains critères d'âge peuvent aussi paraître aberrants. L'âge exigé pour l'entrée en primaire est fixe et ne peut être facilement transgressé, alors que l'on retrouve dans la même classe des enfants ayant un an d'écart, puisque nés du début janvier à la fin décembre de la même année. Ce nivellement des programmes, de l'âge, des conditions de scolarisation ne tient pas compte de la disparité qui existe entre les enfants qui ont entre 6 et 8 ans. Cette diversité tient à plusieurs facteurs.

C'est d'abord la différence de niveau culturel familial en relation très souvent avec le milieu social. Une bonne qualité des échanges langagiers et affectifs des premières années, une stimulation intellectuelle mettent l'enfant en situation d'aborder facilement les premiers apprentissages scolaires. Les enfants issus de famille où l'on aime lire, parler, discuter, où les observations quotidiennes sont matière à apprentissages ludiques – compter les objets de la vie courante, lire les lettres sur les boîtes du petit déjeuner par exemple –, n'auront aucune peine à aborder la lecture et l'écriture. La crèche, puis la maternelle peuvent aussi amorcer un travail de déchiffrement des signes, en même temps qu'un début de socialisation et d'adaptation à la vie de groupe.

A l'inverse, l'enfant qui n'a pas eu la chance de cette mise en condition, celui qui maîtrise mal le langage, qui n'est pas familiarisé avec le dessin, l'écriture, les jeux de forme, aura un handicap de départ. Cet handicap sera aggravé s'il entre directement en primaire sans avoir fréquenté la maternelle.

Mais il y a une autre disparité entre les enfants, c'est celle qui a trait à la crise que traverse le sujet à cette période clé de son évolution. En pleine crise œdipienne, il doit renoncer à sa position de petit enfant protégé, sécurisé par le milieu familial, il devient un être social, confronté à la loi du groupe. C'est l'âge auquel il doit relâcher son lien à sa mère. La séparation implique un travail de deuil, un douloureux travail psychique de réaménagement des positions subjectives. Au lieu d'être l'objet qui satisfait l'Autre, l'enfant doit devenir un sujet à part entière : du statut d'objet comblant pour l'Autre, il doit passer au statut de sujet désirant. Ce travail de séparation, nous disons de castration, est souvent empêché ou retardé par la mère qui ne peut elle-même « lâcher » son enfant du fait de la reviviscence de ses propres conflits œdipiens, nous en donnerons de multiples exemples. Or, dès l'entrée en CP, l'entourage, parents et enseignants, se comporte comme si le problème était résolu – « Tu es grand maintenant » ; on disait autrefois : « 7 ans, c'est l'âge de raison » –, chacun fait comme si l'orage était passé, comme si l'enfant était entré dans la période de latence dès l'instant où il a franchi la porte de la grande école.

Nous verrons à quel point cette problématique œdipienne, non résolue, empoisonne les premiers pas du sujet dans sa vie scolaire. La résolution œdipienne, le dépassement de l'angoisse de castration sont des étapes obligées du développement. L'amplitude que revêt cette crise varie d'un enfant à l'autre, de même que le temps de résolution s'avère plus ou moins long. On peut cependant affirmer que, quelle que soit la façon dont l'enfant aborde cette période, ce ne sera pas sans effet sur l'éveil de son intelligence logique et sur l'intérêt qu'il portera aux apprentissages scolaires.

L'échec scolaire de l'adolescence est souvent une reprise de la crise œdipienne. L'adolescent doit aussi surmonter l'épreuve de la séparation, mais la crise se complique de nouvelles remises en question identificatoires : l'idéal du moi, calqué le plus souvent sur les imagos parentales, est remis en question, et les études, valorisées par le milieu, font souvent les frais du désir d'émancipation. La poussée pubertaire, avec la nécessité pour le sujet de déterminer ses choix sexuels, vient bouleverser d'autant plus les repères d'identité. Chacun sait combien les classes de troisième sont difficiles !

Approche phénoménologique de quelques situations d'échec scolaire

Avant de développer la position psychanalytique face à l'inhibition intellectuelle et aux difficultés scolaires, je me permettrai d'élaborer quelques scénarios imaginaires afin de mettre en relief, une fois de plus, la complexité des facteurs en jeu dans ce processus.

Il n'y a jamais de cause unique à l'échec scolaire, il y a toujours conjonction de plusieurs causes qui, jouant les unes sur les autres, interfèrent. Cette interaction, avec ses effets de boomerang, évoque une sorte de cercle vicieux, avec la difficulté, quand ce n'est pas l'impossibilité, à un moment d'en sortir.

Imaginons quelques situations possibles.

Le mauvais départ

Prenons un enfant de milieu socio-culturel défavorisé. Dans ce type de famille, la survie au quotidien laisse peu de place à un investissement culturel autre que celui que dispense l'audiovisuel. On y observe souvent un certain désintérêt pour les activités scolaires des enfants, plus par ignorance ou lassitude que par franche hostilité. Les parents assistent rarement aux réunions parents-enseignants et encore moins aux réunions de parents d'élèves. Tout un travail d'information et d'incitation à la participation reste à faire. Dans ce milieu, l'expression langagière est souvent pauvre. Dans certaines familles d'immigrés, il arrive que les enfants entendent leurs parents parler entre eux une langue qu'ils ne comprennent pas, et quand ces parents s'adressent à eux, c'est dans un français rudimentaire et déformé. Ces enfants, jusqu'à leur scolarisation, ne connaissent donc que le français de la rue.

Ils ne pourront compter que sur les structures scolaires pour se familiariser avec une langue correcte, or cette langue se donnera d'emblée comme langue écrite. Cela n'est pas sans poser question. Dans ce contexte, l'enfant qui arrive en primaire, s'il n'a pas ou s'il a peu fréquenté la maternelle, sera désavantagé. La non-maîtrise du langage courant, le retard pris dans la somme de connaissances qu'un enfant emmagasine dans ses échanges avec un milieu stimulant, le manque d'entraînement aux opérations d'abstraction et de jugement vont entraîner d'emblée des difficultés d'apprentissage de la lecture et de l'écriture. Ce ne pourrait être qu'un simple retard, un décalage par rapport à d'autres enfants plus favorisés au départ. Ce sera plus grave si l'exigence scolaire est telle qu'elle dépasse de loin les capacités d'apprentissage *immédiat* de l'enfant, c'est alors un sentiment d'échec qui apparaît. Nous avons évoqué la pression exercée dès la première année du cycle primaire pour une acquisition uniforme des connaissances. La position d'échec que l'enfant ressent, si elle perdure, entraîne un processus d'exclusion, de rejet. Celui qui « ne suit pas » est souvent abandonné à son sort ; autrefois, il était relégué au fond de la classe : ne faut-il pas que la classe « avance » ? que le programme soit respecté ? que tous les enfants sachent lire à Pâques ? Si l'on ne parle plus de cancre ni de bonnet d'âne, la cruauté des enfants reste la même : « t'es débile », « t'es nul » sont les mots que l'on entend actuellement. Si à cela s'ajoutent les critiques, souvent exaspérées, des enseignants, qui se sentent impuissants devant lui, c'est un sentiment de honte qui accable l'enfant. Or rien n'est pire que la honte pour un être qui ne possède pas encore les moyens de se défendre.

Toute une littérature, de Jules Vallès à Jules Renard, et plus près de nous Annie Ernaux, rapporte les effets ravageants du mépris, de l'humiliation et de la honte chez l'enfant. Se sentir différent des autres, être pauvre, laid ou bête... mieux vaut être méchant... La révolte est au bout du chemin.

Nous avons imaginé une conjoncture socio-culturelle à un mauvais départ, nous aurions pu évoquer d'autres causes événementielles. Certains enfants déclenchent les mêmes états de sidération, avec inhibition massive, parce qu'ils ont peur de la maîtresse : un enfant me disait : « Elle a des cheveux rouges comme un lion ! » ; un autre peut présenter un état régressif dans l'immédiat après-coup d'un événement traumatique : naissance d'un petit frère, hospitalisation, divorce des parents, maladie de la mère ou mort d'un proche. Ce pourrait être aussi un handicap sensoriel non décelé : mauvaise vue, audition défectueuse, etc.

Que va-t-il se passer après ces premières difficultés ?

Première hypothèse : l'enfant ne reste pas passif

Face à cette situation de ratage et d'exclusion, il réagit par des troubles du comportement. Pour compenser son échec, il cherche à se faire remarquer par des exploits autres que scolaires : il fait le pitre en classe, par exemple, pour faire rire ; il peut aussi multiplier les « bêtises » pour en imposer à ses camarades et retrouver un certain prestige auprès d'eux. La condamnation dont il va être l'objet renforcera chez lui le sentiment d'injustice (c'est ainsi que l'enfant le verbalise) et aggravera les passages à l'acte plus ou moins délictueux. Les conduites déviantes, si elles se perpétuent, accentuent le rejet. Du rejet scolaire, avec la révolte qui s'ensuit, on en arrive au rejet social, avec les attitudes de marginalisation et de délinquance. Le jeune s'est désormais fait une « réputation », quelque chose s'est fixé dont il lui sera bien difficile de sortir.

Deuxième hypothèse : l'enfant accepte son échec

Cette souffrance, il la fait sienne, il devient « le mauvais élève » et s'identifie désormais à cela. Il s'installe dans une position passive masochiste. Il sera étiqueté débile, et cette « débilité », qui n'était qu'un mauvais accrochage de départ, lui collera désormais à la peau. Ce sont ces enfants qui « traînent » de rééducation en classe de rattrapage avec une sorte d'indifférence et d'immobilisme. Cet état de passivité qui perdure devient une seconde nature, l'enfant s'y habitue, puis s'y complaît, il lui sera difficile d'en sortir.

Troisième hypothèse : tout s'arrange, soyons résolument optimistes

Le système scolaire présente plus de souplesse : les jugements de valeur sont relativisés. La notion d'échec n'est plus liée au temps, car le temps n'est plus marqué par les fatidiques barrières à franchir, lecture, écriture, etc. Les programmes ne sont plus gérés de façon obsessionnelle. Au lieu du « peut mieux faire », rengaine obligée du bulletin scolaire, l'accent est mis sur les réalisations du sujet.

On a remplacé la crainte du ratage par les encouragements pour les efforts et les progrès accomplis. Il y a encore dans ces classes un peu de cette gaieté liée aux apprentissages ludiques que l'enfant connaissait en maternelle. Si parents et enseignants sont moins angoissés, l'enfant est plus disponible dans son nouveau rôle d'écolier. Certaines écoles de campagne, à classe unique, ne connaissent pas l'échec scolaire. Comme il n'y a pas de séparation très marquée d'une division à l'autre, chacun peut marcher à son rythme, avec le temps qui est le sien. Plus de liberté dans les apprentissages, moins de pression favorisent l'intégration de l'enfant au système.

La réaction des parents à l'échec de leur enfant

Dans ces trois hypothèses simplifiées à l'extrême, nous n'avons pas parlé des réactions familiales aux premières difficultés scolaires, or ces réactions sont déterminantes quant à l'évolution du trouble. Nous mesurerons, là encore, l'intrication des déterminismes et leur interaction. Nous allons évoquer quelques types de comportements parentaux, en nous souvenant qu'ils ne sont que la traduction de la problématique inconsciente de la relation parents-enfants. Nous ne nous attachons pour l'instant qu'à la partie émergée de l'iceberg, nous réservant pour plus tard d'approfondir la question des positions inconscientes qui déterminent tous les comportements que nous décrivons.

Désapprobation

Quand les parents manifestent leur déception, leur désapprobation, leur colère même à la vue des mauvais résultats scolaires, l'enfant peut voir dans cette condamnation un retrait d'amour. Se déclenche alors une autre forme d'engrenage que celui qui a été décrit plus haut ; un état dépressif s'installe dont les manifestations sont souvent somatiques. Il tombe malade, pas seulement d'un petit mal de ventre du dimanche soir, mais de « vraies » maladies, otites, angines à répétition, troubles intestinaux, troubles du sommeil, etc. : « Il attrape tout ce qui passe », disent les mères. En relançant ainsi l'inquiétude des parents, il s'assure de leur amour. L'état régressif qu'induit la maladie, l'absentéisme scolaire qui s'ensuit ne font qu'aggraver le retard pris. Quand l'enfant revient en classe, les difficultés redoublent, il se sent comme un étranger parmi ses camarades, ignorant ce qui s'est passé en son absence, ce qui renforce son sentiment d'exclusion.

Indifférence

A l'opposé, quand les parents ne s'inquiètent nullement, quand leur désintérêt pour les résultats scolaires est manifeste, l'enfant peut le ressentir comme un manque d'amour. Il s'agit parfois de parents séparés qui préfèrent ignorer ce qui se passe en classe. Ils se rejettent mutuellement le soin de surveiller les devoirs et de signer le carnet de notes, tant chacun désire rester le parent gentil qui ne se fâche jamais. Ils ont peur de perdre l'amour de leur enfant en étant sévères et exigeants pour le travail. Cette trop grande indulgence peut pousser l'enfant à multiplier les échecs pour les faire réagir. Une simple mise au point permet souvent de mettre fin à ce malentendu.

L'absence d'intérêt pour les résultats scolaires, bons ou mauvais, peut aussi être liée au modèle culturel parental. Ainsi que nous l'évoquions plus haut, l'absence d'investissement intellectuel, l'absence de projets de réussite pour leur enfant peuvent ressortir d'une mauvaise appréhension des exigences sociales du milieu, d'une mauvaise information des familles qui se débattent dans des difficultés matérielles. L'enfant n'est alors nullement troublé, nullement culpabilisé par sa situation d'échec scolaire. Elle représente au contraire, pour lui, une sorte d'adéquation, de continuité avec son milieu d'origine, le signe de son appartenance même. Il peut d'ailleurs revendiquer cet échec et en faire l'étendard de sa révolte et de ses revendications contre une société qu'il taxe d'incompréhension et de rejet.

Cette situation est sous-tendue par une problématique œdipienne un peu particulière dans le milieu immigré. Nous savons, nous analystes, que les pères, bien qu'ils s'en défendent farouchement, tolèrent mal d'être « dépassés » par leurs propres enfants. Cette ambivalence ressortit à un complexe de castration mal résolu. Or cette situation devient encore plus intolérable quand l'évolution des fils et des filles se fait dans une culture qui diffère radicalement de celle du pays d'origine des parents. Le clivage entre les générations est d'autant plus marqué que les modèles culturels divergent, et cette discordance engendre malentendus, conflits, désarroi : chez les parents d'abord, qui ont le sentiment que la société qui les accueille leur vole leurs enfants, et chez les enfants qui, en tentant de s'adapter au modèle culturel ambiant, croient trahir leurs pères.

Les remèdes proposés

Nous avons vu combien l'échec affectait le sujet dans sa totalité. Dans son être intime d'abord, quand, en désaccord avec lui-même, il ne peut réaliser ses aspirations, quand il voudrait réussir et qu'il en est empêché par des forces qu'il apprécie mal et ne contrôle pas. L'enfant en échec scolaire nous dit : « *C'est pas ma faute,* je fais ce que je peux. » La plainte de l'obsessionnel, qui se lave les mains trente fois par jour, est sensiblement la même : « *C'est plus fort que moi,* je ne peux pas m'en empêcher. » Nous reconnaissons là le sujet divisé par les forces inconscientes qui agissent à son insu.

A cette souffrance du conflit inconscient s'ajoute, pour l'échec, une dimension spécifique qui ne se rencontre pas dans les autres structures névrotiques, c'est la blessure narcissique d'un être déprécié à ses yeux et au regard des autres. De bons névrosés obsessionnels, hystériques ou paranoïaques peuvent faire de brillantes carrières et ne ratent pas à tout coup leur vie publique et privée.

Le fait que la position d'échec affecte le sujet dans deux domaines aussi différents que sont l'*intimité* et la *représentation sociale* laisse entrevoir la complexité du problème et la diversité des remèdes proposés. Les mesures envisagées seront essentiellement extérieures au sujet, puisque la composante névrotique intime de l'échec scolaire est très généralement ignorée ou déniée.

Mesures prises par l'État et l'Éducation nationale

Le gouvernement, qui édicte les lois en matière d'éducation, œuvre pour faire baisser le pourcentage d'échecs scolaires et prendre en charge les laissés-pour-compte du système. L'Éducation nationale, en accord ou en désaccord avec l'orientation du pouvoir politique, multiplie les initiatives afin de remédier à ce fléau.

Rappelons quelques structures mises en place dans cette perspective. Les réseaux d'aide spécialisée aux élèves en difficulté sont larges et diversifiés. Citons le GAPP (Groupe d'aide psychopédagogique) créé en 1970. Les textes prévoient deux formes d'aide : le « soutien à dominante pédagogique », dispensé par les maîtres d'adaptation, et le « soutien à dominante rééducative », dispensé par des rééducateurs en psychopédagogie et en psychomotricité. Les psychologues scolaires interviennent à l'intérieur de l'école, où ils ont mission de prévention, d'observation, de dépistage, de rééducation, d'orientation.

Par ailleurs, des classes avec enseignement adapté sont prévues pour les élèves qui ne suivent pas, classes dites « de perfectionnement ou d'adaptation », prolongées par les SES (Section d'éducation spéciale) où se poursuivent les recherches sur les « remédiations cognitives ». Ce rappel n'est pas exhaustif, le principe en reste l'application d'une pédagogie plus personnalisée, d'une aide plus spécifique aux enfants en difficulté.

La pédagogie

C'est la grande question qui reste posée. Comment éduquer, comment enseigner? Nous laissons le lecteur méditer sur les grandes figures qui ont marqué ce parcours. Platon (*La République*, VII, 537) ne nous disait-il pas déjà que, pour apprendre, le désir devait être libre : « Il n'y a point d'objet d'étude dont, chez un homme libre, un comportement servile doive accompagner l'étude ! Si en effet, pour le corps, les travaux, qui sont des travaux imposés par force, n'ont sur celui-ci aucun effet fâcheux, *dans l'âme au contraire aucune étude forcée ne s'établit de façon permanente,* [...] garde-toi bien [...] de donner par force aux enfants l'aliment des études mais que ce soit en te mêlant à leurs jeux, afin d'être encore plus capable d'apercevoir quelles sont les inclinations naturelles de chacun. » Nous pourrions poursuivre avec Rousseau et son Émile, et bien d'autres aussi célèbres. Les concepts modernes d'éducation produisent une littérature abondante, les rayons « pédagogie » des grandes surfaces du livre en sont pleins, certains films récents ravivent l'émotion du public sur une vision idéalisée de l'adolescence et de l'enseignement. Proviseur, ingénieur reconverti à l'enseignement, font des best-sellers en relatant leur expérience et leurs réflexions sur ce sujet. Nous traduirons la question qui revient le plus souvent par ceci : comment user de la séduction sans perdre son autorité ?

Les initiatives pédagogiques vont de la formation des maîtres : « comment apprendre à apprendre ? », à la mise en place de protocoles qu'on discute, qu'on expérimente, dont on vante l'efficacité par rapport au précédent. Rien n'est acquis en ce domaine, soyons sans illusion. Aux deux métiers « impossibles » décrits par Kant, « éduquer et gouverner », Freud en ajoutera un troisième : « psychanalyser ». Nous ne sommes donc pas au bout de nos peines !

L'heure du bilan

Quand les mesures pédagogiques ont échoué se pose la question fatidique : serait-ce psychologique ? Nous entrons alors dans l'aire des malentendus. Dans le langage commun, cela signifie : « Il a peut-être des problèmes... c'est dans sa tête que ça se passe, il fait un blocage... » Ce qui pourrait se résumer en : pourquoi ne *peut-il* pas apprendre ?

Il est rare que ne soit pas évoquée la « mauvaise volonté ». C'est-à-dire le refus délibéré de travailler. Les parents sont particulièrement friands de ce type d'explication qui libère leur agressivité. Cela correspond au « peut mieux faire » du bulletin qui sous-entend : « Il pourrait s'il voulait. » L'école de Jules Ferry ne s'embarrassait pas de ces subtilités : si l'élève refusait d'apprendre, c'est qu'il était paresseux ou n'avait pas les moyens. Débile ou fainéant, il fallait faire avec, et l'instituteur tentait d'en tirer le maximum et d'exploiter toutes ses capacités jusqu'au moment où il quitterait l'école, à 12 ans au plus tôt.

Aujourd'hui, les enseignants demandent à être informés sur la nature du « il ne peut pas », ils posent la question de l'insuffisance de moyens intellectuels, disons le mot, d'une débilité constitutionnelle. Je ferai remarquer que cette démarche est à l'opposé de celle que nous avons exposée jusqu'ici, à savoir l'impuissance par inhibition. Quelles démarches l'enseignant va-t-il entreprendre pour savoir si son élève est « débile » ? La réponse est : en l'envoyant faire un bilan psychologique. Les tests de niveau sont censés mesurer l'intelligence, puisqu'ils s'expriment en terme de QI (quotient intellectuel). Or c'est une erreur grossière, car ils ne mesurent que le niveau de performance rapporté aux acquisitions scolaires de la *moyenne* des enfants du même âge (on dit aussi âge mental). La pseudo-scientificité de ces épreuves séduit les esprits cartésiens, mais conduit à des aberrations quant aux orientations qui en résultent.

Quand un mauvais élève a un QI normal, s'il n'a pas de trouble « psychologique » associé, troubles de comportement, troubles d'adaptation, etc., après consultation de la psychologue scolaire, il sera généralement orienté vers une aide pédagogique, ou une rééducation, psychomotrice, orthophonique, ou autre.

Si le mauvais élève a un QI normal mais des troubles évidents de la personnalité, il sera adressé à une consultation spécialisée, type CMP (centre médico-pédagogique) ou CMPP (centre médico-psychopédagogique). Là, on lui proposera soit une rééducation, soit une psychothérapie.

Dans ces deux derniers cas, on évoquera une PDI, pseudo-débilité intellectuelle, concept contestable qui laisse penser qu'il y aurait deux formes de déficience intellectuelle, une vraie, constitutionnelle, de naissance pourrait-on dire, et une fausse, dont on ne sait trop de quoi elle est faite. Des auteurs l'inscrivent dans le cadre plus général des « dysharmonies évolutives ».

Enfin, si le mauvais élève a un QI faible, il sera orienté de préférence vers une structure plus marginalisée, type classe d'adaptation ou de transition. C'est un engrenage dont l'enfant peut difficilement sortir, alors que le diagnostic de débilité porté à partir des inévitables tests de niveau est discutable. Pour de multiples raisons, dont nous reparlerons, le QI est susceptible d'évoluer dans le temps et ne représente en aucun cas une composante définitive du sujet.

Quand, en maternelle, un enfant a des troubles du comportement, isolement, agressivité, agitation par exemple, ou un retard de langage, le réflexe est d'en informer les parents pour qu'ils consultent un « psy ». J'utiliserai le terme générique de « psy » qui peut désigner le pédopsychiatre, le psychologue, le psychanalyste ou tout autre qui se dit psychothérapeute, en attendant d'en expliciter le contenu et d'en préciser les différences.

Quand apparaissent les difficultés scolaires, dans la majorité des cas, le diagnostic porté est celui de trouble instrumental : dyslexie, trouble du langage, etc., et l'enfant est adressé, par quelque voie que ce soit, à un technicien de la rééducation. Il est très rare que d'emblée il soit question de *psychothérapie*. Le mot fait peur encore. Les enseignants répugnent à évoquer les difficultés psychologiques de leurs élèves et à conseiller directement aux parents de consulter un psy. Essayons d'analyser les réticences des enseignants.

Positions de l'enseignant

Il y a, me semble-t-il, plusieurs raisons à cette réserve. Ils craignent d'autant plus d'outrepasser leur rôle qu'ils se font une haute idée de leurs responsabilités. Je dirais que leur réticence est à la mesure de leur conscience professionnelle. N'est-ce pas eux, et eux seuls, qui doivent, par leurs qualités pédagogiques, mener à la réussite les élèves qui leur sont confiés ? En cas d'échec, ils se sentent mis en accusation d'autant plus directement que le système éducatif favorise ce type de réaction : ne sont-ils pas jugés en effet sur les bons résultats de leur classe? Combien d'enseignants redoutent le passage de l'inspecteur, attendant dans l'angoisse la note qui évaluera leur compétence, et cela, paradoxalement, à partir des bonnes ou des mauvaises réponses que vont faire les enfants?

Il m'est arrivé de diriger un groupe thérapeutique d'enseignants ayant présenté des états dépressifs. Après un long arrêt de travail, ils rechutaient dès qu'il était question d'une reprise d'activité. La médecine du travail parlait curieusement à ce propos de « phobie scolaire de l'enseignant ». Pour chacun, patient ou médecin, la fonction enseignante était en grande partie responsable de l'état dépressif. J'avais noté à quel point ces sujets étaient, en effet, identifiés à leur fonction. Au début, le groupe ne parlait que des difficultés inhérentes à la profession : faire face à la mauvaise volonté des élèves, à leur agressivité, au mécontentement des parents, à l'incompréhension de la hiérarchie, à leur « solitude », expression qui revenait souvent. Tous leurs malheurs venaient de là. Peu à peu, le travail dans ce groupe fut de mettre en lumière la composante personnelle des difficultés imputées au système scolaire. Chacun prit conscience du déplacement qu'il opérait en attribuant à la seule activité professionnelle des difficultés d'ordre névrotique ou psychotique. Plusieurs de ces enseignants purent recentrer les problèmes, subjectiver le symptôme, replacer cette « phobie » dans leur histoire ; ceux-là entreprirent un travail personnel et reprirent sans angoisse leur activité. D'autres, plus fragiles, plus atteints dans leur narcissisme par la relation conflictuelle avec les élèves ou l'environnement, durent être réorientés.

Je citerai le cas d'une jeune institutrice de maternelle que je connus par l'un de ses élèves, un petit bonhomme de 4 ans qui avait réussi à la mettre en difficulté : il venait régulièrement vomir sur son bureau. Cet enfant avait été un bébé vomisseur, opéré tardivement d'une sténose du pylore. Il retrouvait ce réflexe de vomissement quand il voulait manifester son désaccord avec l'adulte. Cette jeune femme avait interprété ce comportement comme une agression personnelle et s'était sentie persécutée par cet enfant. Elle avait dû arrêter son travail pour état dépressif. Dommage qu'elle n'ait pas eu l'idée d'adresser l'enfant à une consultation médico-psychologique et parlé elle-même de ses difficultés à quelqu'un qui aurait pu l'entendre ! Quand je vis ce petit garçon, l'affaire avait pris une tournure dramatique, exclusion de l'école, parents traumatisés, tout cela sans commune mesure avec la bénignité du trouble.

La formation des maîtres devrait prendre en compte cet aspect de la fonction éducative. Un enseignant ne devrait pas être aussi profondément blessé par l'agressivité des élèves ou par leurs échecs. Il est bien connu que, très souvent, l'enfant ou l'adolescent règle ses comptes « œdipiens » sur les figures du maître, c'est le phénomène de transfert que nous connaissons bien, nous, analystes. Si l'enseignant s'identifie totalement à la fonction de *maître*, il aura des déconvenues ; s'il croit que les vertus pédagogiques suffisent à faire entrer le savoir dans la tête des élèves, il risque aussi d'être déçu, les conséquences peuvent en être fâcheuses, l'échec sera taxé de mauvaise volonté, et, dans ce cas, la rétorsion n'est pas loin. L'observation des conseils de classe met en lumière ces réactions de rejet provoquées par la déception des maîtres ; c'est à leur impuissance qu'ils croient être confrontés. Quand « tous les efforts entrepris sont restés sans résultat », phrase bien connue avec le « pourrait mieux faire », l'élève est invité à aller ailleurs. Lorsque cette « condamnation » se double de celle des parents, elle peut le pousser au découragement et à la désespérance.

Pourquoi l'enseignant a-t-il tant de mal à faire le rapprochement entre des difficultés scolaires et d'éventuels problèmes psychologiques ? Pourquoi ne peut-il faire le lien entre l'échec et la souffrance psychique ? Je pense qu'il y a plusieurs raisons à cela, dont une que j'ai pu observer dans ma pratique clinique.

L'enseignant n'a en général pas eu de difficultés d'apprentissage scolaire, il a souvent été un bon élève et n'a pas connu de problème spécifique à l'école. S'il a rencontré des difficultés psychologiques dans l'enfance ou dans l'adolescence, elles n'avaient aucun rapport avec le rendement scolaire, les symptômes étaient ailleurs. S'il y avait une relation entre scolarité et névrose, elle s'établissait dans un rapport totalement ignoré du sujet, et, qui plus est, dans une tout autre configuration. Ce n'est plus l'échec dans ce cas qui devient révélateur des difficultés psychologiques du sujet, mais la réussite. Nous ne parlons pas ici, bien évidemment, de la seule scolarité des enseignants, mais de tous ces petits génies du primaire ou du secondaire qui ne tiennent pas leurs promesses à l'âge adulte. Un investissement intellectuel très poussé peut servir de cache, de couverture à des troubles névrotiques ou psychotiques qui, de ce fait, ne se révéleront pas dans l'immédiat. Qui n'a pas connu ces élèves, travailleurs acharnés, brillants, accrochés à leur place de premier, se montrer totalement démunis au moment de sortir de leur bulle et d'affronter la vie? Un tel investissement est, en fait, une conduite d'évitement, de protection, qui fait l'économie du symptôme. J'ajouterai que le succès dans les études et l'admiration qu'il suscite renforcent chez ces sujets une image d'eux-mêmes dans laquelle le sentiment de leur supériorité contribue à annuler leur angoisse de castration. Chez ces bons élèves, quand surgissent les manifestations névrotiques ou psychotiques, ce n'est jamais dans le domaine intellectuel, ce serait davantage dans celui de la communication ou de la relation affective. Quand ce type de problématique se retrouve dans les antécédents de l'enseignant, nous comprenons très bien qu'il continue à penser que le rendement intellectuel est indépendant du développement affectif. C'est ce que soutient Piaget. La relation entre difficultés scolaires et inhibition névrotique leur restera étrangère.

A l'opposé de ce type de méconnaissance, nous rencontrons des enseignants sensibles à la souffrance d'un enfant qui vient se confier à eux. En s'intéressant à lui, ils nouent une relation dont l'impact est difficilement appréciable au départ. Cet intérêt, quand il se centre sur les études et se maintient dans certaines limites, peut être extraordinairement stimulant et bénéfique pour l'enfant qui n'a pas toujours dans sa famille le soutien qu'il serait en droit d'attendre. Nous avons tous en mémoire ces « enfants du peuple » sortis de leur condition grâce à un instituteur qui les faisait travailler le soir chez lui pour qu'ils puissent obtenir la bourse nécessaire à la poursuite de leurs études.

Il peut aussi arriver que cette relation les entraîne trop loin, car, en méconnaissant la dimension transférentielle du rapport enseignant-enseigné, ils risquent de se retrouver dans une impasse, l'élève déplaçant sur l'enseignant des demandes qui, en fait, s'adressent à d'autres, les parents, la société, mais aussi, parfois, au partenaire d'une relation amoureuse. La résolution de ce lien devient parfois difficile quand elle ne se révèle pas dramatique. Je pense à une enseignante qui travaillait dans une institution accueillant plusieurs enfants de la DASS. Une de ses jeunes élèves s'était confiée à elle. Émue par la détresse de cette jeune adolescente, elle l'avait « prise sous son aile », c'était son expression. Après un certain temps, cette jeune fille avait considéré que ces marques d'amour étaient suffisantes pour qu'une adoption puisse être envisagée. L'affolement et la dérobade qui s'étaient ensuivis déclencha une crise grave chez cette jeune fille, avec, en particulier, un chantage au suicide.

Une des meilleures façons de procéder serait, me semble-t-il, que l'enseignant ne méconnaisse pas une souffrance psychique derrière une situation d'échec. Dans ce cas, il pourra, sans se départir d'une certaine neutralité de pédagogue, conseiller une approche psychologique du problème ; cela peut se faire par l'intermédiaire du ou de la psychologue de l'établissement. Je n'ai jamais vu d'enfants ou de parents réagir agressivement à cette offre, quand les choses sont dites avec tout le respect nécessaire, sans intention dépréciative. J'ai vu en consultation privée beaucoup de lycéens adressés par des professeurs ; ces professeurs étaient souvent des parents ayant eu des difficultés avec leurs propres enfants, certains d'entre eux étaient venus me voir pour cela. Cette expérience leur permettait d'être plus à l'aise pour conseiller la rencontre avec un psychanalyste.

Ces remarques sur la fonction de l'enseignant sont tout à fait ponctuelles et mériteraient un plus grand développement, mais ce serait là matière à un autre livre !

Je pense cependant qu'au-delà de toutes les considérations pédagogiques, que ce soit les « recommandations » aux professeurs, les programmes établis, les théories sur l'éducation, etc., il y aurait lieu de travailler certains points qui me paraissent fondamentaux dans le métier d'enseignant.

Qu'en est-il du désir de l'enseignant ? Cette question ne devrait-elle pas se poser au même titre que celle du « désir du psychanalyste » ?

De quelle nature est le transfert dans la situation enseignant-enseigné ? Comment gérer ce transfert ? A la différence de l'analyste, l'enseignant n'interprète pas le transfert, il l'utilise pour la transmission du savoir. Comment alors l'utiliser, comment user de la séduction sans tomber dans son piège, comment l'utiliser sans en abuser ? Quand nous aborderons la psychothérapie, nous soulignerons les dérives du transfert dans des abus de *pouvoir*. Or le pouvoir est un élément sous-jacent à toute entreprise pédagogique. Ce pouvoir que le maître a sur ses élèves, il le subit lui-même du fait de sa position dans la hiérarchie de cette grande institution qu'est l'Éducation nationale.

Comment fonctionnent les identifications aux figures professorales ? Chacun sait que les meilleurs enseignants sont ceux qui aiment ce qu'ils enseignent, ceux qui paraissent oublier les impératifs du programme pour faire passer quelque chose de leur passion. Rien n'est aussi contagieux que l'amour du savoir.

Il y a aussi l'amour que l'on porte aux enfants, et celui qu'ils vous portent ou qu'on attend d'eux, mais cela nous mènerait trop loin.

Si certains enfants m'étaient adressés par l'école, la plupart de ceux dont je parlerai ici venaient sur les conseils de leur médecin, généraliste ou pédiatre. Ces médecins sont des praticiens attentifs à la santé psychique de leurs patients ; médecins de famille ou pédiatres, ils connaissent les événements familiaux, les conflits, les avatars du développement de l'enfant, ils savent écouter les plaintes qui ne sont pas que somatiques, et, conscients des limites de leurs compétences... et de leur temps, ils n'hésitent pas à faire appel à un praticien spécialisé. Il est très rare qu'une famille refuse ce type de consultation. Un climat de confiance s'établit, en même temps qu'un réseau de communication entre le généraliste, le spécialiste mais parfois aussi l'enseignant, pour un travail collectif dans lequel chacun conserve sa place et ne cherche pas à copier la technique de l'autre. Le médecin n'a pas à se faire psychiatre, le psy à devenir pédagogue et encore moins l'enseignant à jouer les psys.

Le terme de psychothérapie prête à confusion, car, appréhendée de l'extérieur, toute cure psychothérapique se ressemble : l'enfant vient à ses séances à un rythme régulier, il rencontre une personne avec laquelle il parle, fait du modelage, dessine, et cet échange est censé l'aider à comprendre le pourquoi de ses difficultés et à les dépasser. Ce qui diffère radicalement d'un psychothérapeute à l'autre est la conception qu'il a de son travail, c'est la nature des concepts qui le guident dans sa pratique. Avant d'expliciter les concepts fondamentaux qui orientent sa technique, je signalerai deux écueils que rencontre tout thérapeute qui prend en charge un enfant en situation d'échec scolaire :

– *Le piège pédagogique.* Le symptôme échec scolaire a ceci de particulier qu'il touche à des opérations intellectuelles en apparence éloignées de toute charge affective ; la souffrance et l'angoisse ne sont jamais évidentes, tout au moins dans un premier temps. Le trouble n'est pas rapporté d'emblée à un conflit psychique, il n'est pas subjectivé, il ne fait pas encore symptôme, dirions-nous, il y a d'ailleurs souvent dénégation (le « c'est pas ma faute »). Il faut donc attendre, ne pas s'intéresser directement au symptôme, ne pas « l'attaquer de front », mais se rappeler que c'est un *épiphénomène,* le signe d'un mal-être plus profond du sujet. Or certains thérapeutes travaillent sur le symptôme, très souvent d'ailleurs sur la pression de l'enfant qui demande qu'on s'y intéresse – « Explique-moi, j'ai pas compris ce problème », et il sort ses cahiers. L'enfant peut donc induire une attitude pédagogique chez le thérapeute. Si ce dernier s'y laisse prendre, la cure ne fera que reproduire la situation scolaire, donc répéter l'échec.

– *Le piège de la bonté. Le fantasme de réparation.* Nous avons évoqué la blessure narcissique que l'échec inflige au sujet. Si le thérapeute se laisse aller à rassurer, à prodiguer des encouragements, l'enfant pourra, dans certains cas d'inhibition pris au début, reprendre confiance et redémarrer. Mais si le symptôme est installé, les paroles d'encouragement et de réassurance sont ressenties comme dénégation de ses difficultés, méconnaissance de sa souffrance, donc de ce qu'il est réellement. Le « tu es capable de t'en sortir » est un rappel du « tu peux mieux faire », et le « tu vas voir, ça va s'arranger » ne rassure que le thérapeute. La relation psychothérapique, avec son moteur qu'est le transfert, n'est pas une relation de maître à élève. Les encouragements, venant du maître, qui a à juger un travail réel fait par l'élève, ont un autre sens, une autre portée que les dires du psychothérapeute dans ce domaine. C'est pourtant une inclination à laquelle cèdent beaucoup de psys dans des cures qualifiées d'ailleurs souvent de « psychothérapies de soutien ».

Psychologie-psychanalyse

Nous allons, à travers les cures d'enfants qui nous ont été confiés, tenter de mettre en relief ce qui fait la singularité de notre travail d'analyste au regard d'autres prises en charge psychothérapeutiques.

Nous avons vu que, dans la majorité des cas d'échec scolaire, l'accent était mis sur la déficience d'une ou de plusieurs fonctions cognitives, ce que l'on désigne sous le nom de troubles instrumentaux. Cela peut concerner l'altération de la perception des formes et des structures, des troubles de la représentation, du temps (dyschronies), de l'expression parlée, de l'expression écrite (dyslexie, dysgraphie, dysorthographie), des troubles des opérations du calcul... Les méthodes utilisées, rééducation psychomotrice, orthophonique, etc., tendent à réparer les atteintes de ces fonctions. Sans préjuger de ces méthodes qui, dans de nombreux cas, se révèlent efficaces, nous nous devons de préciser dans quel contexte elles s'inscrivent et en quoi elles diffèrent de la psychanalyse. Nous voyons déjà qu'elles appréhendent l'individu comme une mosaïque de fonctions dont il y aurait lieu de restaurer celle qui serait déficiente.

L'opinion générale ne fait pas toujours la différence entre rééducation et psychothérapie, mais la confusion est à son comble quand il s'agit de définir la praxis psychothérapeutique : *qui* la pratique d'abord? le pédopsychiatre? le psychologue? le psychanalyste? Quelle différence dans leur *technique*? et quelle *théorie* soutient leur exercice?

Quelle que soit la qualité du praticien, psychiatre, psychologue, psychanalyste, nous pouvons distinguer deux orientations fondamentales à ces pratiques : ce sont la *psychologie* et la *psychanalyse.*

Qu'est-ce que la psychologie ?

La psychologie prend en compte les composantes de la personnalité *. Ce terme est dérivé du latin *persona,* qui désigne le masque que portaient les acteurs de théâtre, dont les expressions correspondaient à des caractères fixes et induisaient chez le spectateur l'attente d'un comportement déterminé.

La personnalité a été définie par Shelton en 1951 comme « l'organisation dynamique des aspects cognitifs, affectifs, pulsionnels, physiologiques et morphologiques de l'individu ». Cette définition met l'accent sur le côté organisation de traits propres à un individu. Cette somme de traits apparaît relativement stable et constante et laisse inférer un sentiment d'unité de la personne.

De la notion de *personne civile,* représentée dans le droit romain par le système de nomination, on passe à la *personne juridique,* sujet de droits et de devoirs déterminés par la loi. Les stoïciens romains, puis la théologie chrétienne y superposent la notion de *personne morale.* A partir du XVIIe siècle, la philosophie définit la personne comme *conscience psychologique.* C'est Ribot, en 1865, qui introduit le terme de « personnalité ».

Le terme de « personnalité » va devenir un concept que chacun accorde à l'idée qu'il se fait de la personne humaine. Beaucoup de ces élaborations sont imprégnées de l'apport freudien avec des distorsions que nous mettrons en évidence. Nous nous apercevons que, pour la grande majorité des auteurs, le terme de personnalité

* Voir Émile Jalley.

est très proche de conceptions plus générales, telles que le *tempérament,* la *constitution,* le *caractère.* Nous y retrouvons un cocktail savant, propre à chaque auteur, de composantes biologiques, morphologiques, affectives, pulsionnelles, volitionnelles. Ces types de classification sont séduisants et rassurants dans la mesure où ils semblent livrer des clés pour répondre à l'éternelle question du « qui suis-je ? ». D'apprendre qu'il appartient à telle ou telle classe d'individus bien déterminée, constante, laisse croire au sujet qu'il est un, sans faille ni manque.

La psychologie fonctionne donc sur un mode de repérage de traits de caractères, associés dans un collage propre à chaque auteur. J'en donnerai quelques exemples.

Pavlov, repris par Eysenck, décrit les types colérique, mélancolique, flegmatique, sanguin. Pour Heymans, il y a huit tempéraments : nerveux, sentimental, sanguin, flegmatique, colérique, passionné, amorphe, apathique. Je ne cite pas les multiples composantes de chaque tempérament, les auteurs qui s'en inspirent y adjoignent toujours quelques éléments de leur cru. L'anthropologie culturelle utilise beaucoup les critères psychologiques dans l'étude des ethnies : Mead, Kardiner, Linton, par exemple. Les psychiatres se sont appuyés sur l'observation des malades mentaux pour leur classification. Kretschmer (1921), par exemple, décrit trois types constitutionnels, pycnique, leptosome, athlétique, avec de nombreux sous-groupes, bien entendu. Jung lui-même définit deux types de tempérament : l'extraverti et l'introverti.

Comment la pensée freudienne a-t-elle pu nourrir ce système classificatoire et imprégner tout le courant psychologico-psychanalytique actuel ?

Freud n'utilise quasiment jamais le terme de « personnalité ». Ce qu'il a avancé, ce sont essentiellement ses deux modèles de l'appareil psychique. Dans la première topique (1900), il distingue l'inconscient, le préconscient et la perception-conscience. Dans la seconde topique (1920-1923), il fait intervenir une nouvelle répartition des instances ; ce sont le ça, le moi et le surmoi. Il n'a jamais dit que la seconde topique annule la première ; elle la complète, au contraire.

L'apport fondamental de la première topique est la découverte de l'inconscient. Dans son texte fondateur qu'est *La Science des rêves*, Freud montre comment les processus du rêve permettent de saisir les manifestations de l'inconscient, un inconscient pris dans les structures du langage avec ses mécanismes de substitution, de déplacement, de condensation. Refoulement et retour du refoulé sont déjà là, le processus primaire est en place ainsi que la *Spaltung* (division du sujet).

Freud ne transigera jamais avec sa découverte princeps, il la défendra contre vents et marées, surtout contre les affadissements que voulaient lui faire subir ses collègues et disciples. Dans ses conférences, devant un public peu averti, il en viendra à s'excuser de ce que peuvent avoir de choquant ses avancées ; l'on pense en particulier à sa découverte de la sexualité infantile qui irrita tant ses contemporains !

Dans la seconde topique, Freud met l'accent sur les conflits entre le ça, le moi et le surmoi. Le moi est le siège de la conscience, proche en cela du concept de personnalité. Le moi se construit pour assurer la stabilité de la personne, soutenir son identité, sorte de « monarque constitutionnel », dit Freud, voué à la « fausseté diplomatique », chargé de se défendre contre « trois despotes » que sont le ça, le surmoi et le monde extérieur (Freud, *Essais de psychanalyse*). Le ça reste le réservoir pulsionnel et le surmoi l'instance critique, la conscience morale. Nous voyons bien que, dans la pensée freudienne, le moi est toujours travaillé par les forces inconscientes qui cherchent à se manifester. L'unité, l'identité ne sont jamais acquises, le conflit est permanent.

Cette seconde topique, avec un moi fonctionnant sur le mode du processus secondaire (la pensée logique, la chaîne signifiante de Lacan), était certainement plus accessible aux tenants d'une logique cartésienne. Cette seconde topique a en quelque sorte fait oublier la première, elle en a effacé le tranchant, et a pris une place prépondérante dans l'esprit des disciples de Freud, à commencer par sa propre fille, Anna. L'annafreudisme ressortit plus à une psychologie du moi, et son analyse de l'enfant s'oriente plutôt vers la pédagogie. Des premiers disciples de Freud aux psychanalystes d'aujourd'hui, nous percevons comme une pente irrésistible qui consiste à diluer la spécificité de l'inconscient freudien (Jung n'en faisait-il pas déjà un inconscient collectif?).

La dimension d'aliénation structurale du sujet disparaît dans cette conception. Le scandale qu'il y a à envisager un sujet divisé, décentré, vivant dans la méconnaissance foncière de son être, agi par son inconscient (le destin), soumis à la répétition, tout cela disparaît. Freud ne disait-il pas en arrivant en Amérique : « Ils ne savent pas que nous leur apportons la peste », et Lacan, après l'une de ses interventions que l'on retrouve dans les *Écrits* sous le titre « Subversion du sujet et dialectique du désir », n'avait-il pas été traité d'« ahumain »? Le mot d'« enfer » avait même été prononcé, dit-il (*Écrits*, p. 827).

Dans l'approche psychologique, tout cela disparaît pour laisser place à une conception rassurante d'un sujet unitaire, possesseur de soi, autonome, maître de ses actes, libre de son vouloir. Le moi assurerait la stabilité et l'identité de la personne toujours menacée cependant par quelque résurgence inconsciente inattendue, qu'elle vienne du ça ou du surmoi, névrose oblige! Dans cette perspective, il faudra donc « renforcer le moi », aider le sujet à « mieux se connaître » pour mieux se défendre contre les intrus, il faudra l'aider à « retrouver confiance en lui ». Ne serait-ce pas une façon de renforcer le refoulement au lieu de le « lever »? Pour cela, nous avons à notre disposition de nombreuses techniques psychothérapeutiques : thérapie systémique de l'école de Palo Alto, retour en force de l'hypnose, certaines thérapies de groupe, dont l'idéologie varie d'un fondateur à l'autre, celles, par exemple, de l'épanouissement du corps, dans des pratiques où le contact peut être recommandé ou, au contraire, prohibé (le concept du « moi peau » est très prisé actuellement) ; citons encore un courant très en vogue : le cognitivo-comportementalisme. Dans toutes ces pratiques, les maîtres mots sont écoute, injonction, déconditionnement, conditionnement, restructuration...

Quelle que soit la technique utilisée, il s'agira toujours pour le psychothérapeute de se situer en position de « maître », en ce sens qu'au départ il est censé découvrir ce qui ne va pas chez le patient et prescrire le remède : il connaît la nature du mal, il sait aussi ce qui est bon pour lui, où est son bien, et va l'aider à le réaliser. Le plus souvent, c'est une modification des conduites, une adaptation sociale, une résolution du conflit, une révision des identifications qui est visée, le « faux self » doit tomber !

Nous ne mettons pas en doute l'efficacité de ces méthodes, de tout temps elles ont fait leurs preuves. L'homme a toujours cherché un sens à sa vie, un grand Autre crédible, il a de tout temps cherché des remèdes à son impuissance et tenté de parer au mieux à son manque à être et à sa castration. Le phénomène de la croyance est universel, l'homme a toujours eu besoin de croire à une idée ou à un être qui le transcendent, cela l'aide à supporter la vie et à apprivoiser la mort. Dieu ou gourou, ce grand Autre est porteur d'un *savoir*. La croyance et la soumission à cet Autre peuvent aller très loin. Nous en avons eu un exemple tragique quand tous les adeptes d'une secte se sont suicidés sur ordre de leur chef.

Dans tous les cas où un sujet fait appel à un autre, qui est supposé détenir un savoir, nous avons affaire au phénomène du *transfert*. Le transfert est le ressort essentiel de l'analyse, Freud a été le premier à le prendre en compte et à en faire un outil de travail. Il a eu le courage de l'affronter et de l'interroger, il ne l'a pas fui comme son collègue Breuer. C'est essentiellement dans le maniement du transfert que les psychothérapies diffèrent. Le thérapeute peut se positionner en *sujet qui sait,* auquel cas il utilise le transfert comme outil d'influence et de pouvoir ; les « injonctions paradoxales » des thérapies systémiques en sont un exemple. Le thérapeute enjoint au patient telle ou telle conduite « paradoxale », sortie de son propre imaginaire, bien qu'il dise s'inspirer au départ du symptôme du patient.

A cette position du thérapeute qui croit détenir un savoir Lacan n'a cessé d'opposer sa conception du « sujet supposé savoir ». Le psychanalyste ne doit pas oublier que ce n'est pas lui qui sait, c'est le patient ; l'analyste n'est là que pour soutenir l'image que l'analysant inscrit sur sa personne ; c'est dans la mesure où il reste dans le *semblant* que le transfert reste un levier pour que se réalise la « mise au travail de l'inconscient ». Nous voyons tout de suite à quel point cette question touche à l'éthique : d'un côté, être dans la position du maître, de l'autre, à la place du mort, ou de l'objet « a », mais toujours dans le « semblant », pour laisser surgir la vérité de l'analysant.

Pour résumer, disons que la psychologie se fixe pour objectif l'étude de la personnalité. Elle s'inspire en partie de la conception freudienne du moi ; le moi serait du côté de la conscience et du discours logique, le vouloir serait libre.

Bien qu'elles ne méconnaissent pas le déterminisme inconscient, les approches théorique et pratique dérivées des concepts psychologiques se veulent le plus souvent ignorantes de la dimension inconsciente.

Le *DSM III* ainsi que les méthodes d'études cliniques, tels les tests psychométriques (WAIS, MMPI) ou les tests projectifs (Rorschach, TAT), se penchent sur les manifestations globales de la personnalité. Les traits de caractère, les conduites, les manifestations cliniques sont décrits, répertoriés, classés pour être regroupés en catégories qui rappellent les « syndromes » de la médecine somatique.

L'approche thérapeutique elle-même, tout en reconnaissant l'existence de l'inconscient, refuse de le prendre en compte. C'est la « boîte noire » de la théorie systémique, on préfère travailler sur les manifestations extérieures, essentiellement comportementales, plutôt que de prendre le risque d'ouvrir la boîte !

Si la psychologie s'intéresse essentiellement au moi, la psychanalyse s'intéresse au sujet, le $, sujet barré par le refoulement. Dans son souci de « retour à Freud », Lacan a réintroduit avec force la dimension de l'inconscient. Pour cela, il a clairement différencié les instances du moi et celle de sujet, en avançant les catégories du Réel, du Symbolique et de l'Imaginaire. *Le moi est du côté de l'imaginaire* et se met en place à partir du stade du miroir dont Lacan fait un « carrefour structural » ; il en différencie clairement les composantes, moi idéal, idéal du moi, ce dernier « plus proche des coordonnées inconscientes du moi » (« Remarque sur le rapport de Daniel Lagache », *Écrits*).

Le sujet est du côté du symbolique. L'approche symbolique va s'enrichir avec Lacan de l'outil linguistique que n'avait pas Freud. Avec sa formule « l'inconscient est structuré comme un langage », il explore les arcanes linguistiques des formations de l'inconscient, lapsus, dénégation, etc. Il va ensuite, en créant l'objet « a », reprendre la catégorie du pulsionnel de Freud (le ça) pour l'articuler au fantasme, au désir, et pointer à travers cet objet ce que la jouissance a d'indestructible et d'insistant (ce qui nous ramène à l'« au-delà du principe de plaisir » de Freud et à sa question de la « réaction thérapeutique négative »). Nous verrons dans les exemples cliniques que je rapporte combien le symptôme peut receler de jouissance et se soustraire ainsi à toute mobilisation, à toute « guérison » parfois.

De s'attaquer au « sujet » ne rend pas la tâche facile. Étymologiquement, « sujet » signifie ce qui est soumis, subordonné, le sujet est subordonné à son inconscient, il est clivé, « porteur d'un savoir qui ne suppose aucune connaissance », dit Lacan. Le symptôme est une formation de cet inconscient, il est « la vérité du sujet qui surgit dans la faille du savoir ». Le patient ne cesse de le crier : « Ce n'est pas moi, dit-il, qui veux cela, cette souffrance, cette violence, la répétition de ces échecs, de ces actes stupides, ce n'est pas moi, et c'est pourtant moi. »

Dans les cas cliniques d'échec scolaire que nous allons aborder, nous verrons d'où s'origine chaque fois l'inhibition, et comment le transfert vient révéler au sujet la vérité de son symptôme et lui permettre, dans les cas heureux, de s'en délivrer...

Deuxième partie

Cas cliniques

Arthur

Arthur a 10 ans. Il m'est adressé par sa pédiatre, qui le suit depuis sa naissance. Elle sait qu'Arthur a des difficultés scolaires depuis le début du primaire, mais ce n'est pas pour cette raison qu'elle s'inquiète, c'est le fait qu'Arthur ait eu des crises d'angoisse quand il a su que sa rééducation allait s'arrêter, il ne supporte pas l'idée que sa rééducatrice l'« abandonne ».

Je reçois, dans un premier temps, Arthur avec sa mère. Mme R. raconte comment, dès l'enfance, les soucis ont commencé. A 9 mois, on découvre une hypermétropie et un strabisme. Dès l'âge de 18 mois, il devra porter des lunettes. « Il s'affolait, dit la mère, dès qu'on lui cachait le bon œil. » Ce type de rééducation peut être hautement traumatique pour les enfants qui perdent brutalement leurs repères dans l'espace quand on leur cache successivement des portions de leur champ visuel.

J'ai vu des enfants s'isoler, prendre une apparence autistique tant le bouleversement des repères spatiaux les plongeait dans l'angoisse et la déréliction. Je remarque qu'Arthur porte toujours ses lunettes et que son strabisme est toujours là. Il continue sans doute à se défendre contre les exigences de la rééducation orthoptique en tentant de regarder au-dessus des lunettes, ce qui lui donne un aspect craintif et un peu pataud. Le regard est un élément important qui reviendra sous différentes formes au fil des séances.

La mère poursuit : « A la naissance d'Arthur, j'ai heureusement pu arrêter mon travail, ce qui m'a permis d'être totalement disponible pour lui. » Elle ajoute de façon incongrue : « Vous comprenez, je suis autoritaire. » Elle me dira très vite qu'elle souffre de crises de perte de connaissance, elle en a eu deux durant la grossesse d'Arthur et deux ou trois autres en sa présence.

Elle en viendra ensuite aux avatars de la scolarité de son fils : « C'est la lecture surtout ; dès la maternelle je m'en suis occupée, mais c'est surtout en CP que j'ai dû prendre les choses en main, bien que je sois enceinte de mon deuxième. »

La naissance d'un autre enfant ne lui fera pas « relâcher sa surveillance », car « Arthur ne peut rien faire sans elle ». Ce sont là ses propos.

A 10 ans, il a déjà eu trois ans d'orthophonie ainsi que des cours de rattrapage. La rééducatrice a décidé d'interrompre, elle ne voit plus l'utilité de cette prise en charge, puisque avec elle tout se passe bien. C'est alors qu'Arthur panique, se déprime, et que je suis amenée à le voir.

Après l'entretien avec Mme R., je vois Arthur seul en séance. Il m'explique d'emblée ses difficultés. Voici textuellement ce qu'il me dit (ce sont ses paroles mêmes que je note pendant la séance) :

« ARTHUR : Quand je lis tout seul ou que ma mère est dans une autre pièce, je lis bien. Avec les autres, dans la classe, je peux pas, les enfants autour de moi, la maîtresse qui m'écoute, je lis mal… je me dis, je veux pas lire depuis que je lis. C'est ma mère qui m'a appris à lire, au CP elle était enceinte, avec des problèmes de maîtresse et de maître. La maîtresse allait voir sa famille, le maître ne donnait pas de lecture, alors ma mère m'a dit : on va lire, elle se fâchait, elle voulait absolument que je lise, même après la naissance [de sa sœur]. Quand elle veut me faire lire, ça me fait un drôle d'effet comme si j'étais dans un autre monde. Assis à côté d'elle je la regardais avec des yeux d'ahuri. La lecture, ça a pas changé, j'avais pas envie.

A. C. : Que veux-tu dire par ahuri ?

ARTHUR : Ma mère, c'est comme ma maîtresse. Hier il y avait des gommettes, je lui montrais, elle a dit : "Tu mens." J'avais des yeux d'ahuri comme si je me moquais d'elle. *J'ai eu peur*. Je le lui ai dit. »

Dès cette première rencontre, l'accent est mis sur l'importance qu'ont prise pour cette mère les difficultés de lecture ; elle en fait son affaire, dit-elle, au point de se substituer au maître et à la maîtresse qu'elle trouve insuffisants. On repère aussi quelque chose qui se joue pour Arthur autour du regard : son propre regard qu'il dit ahuri, le regard des autres enfants quand il lit, celui de la maîtresse… ahuri, c'est bien un peu cette impression qu'il donne derrière ses lunettes. Je pense que c'est la mère qui a dû l'interpréter comme « tu te moques de moi » ; lui, il dit : « J'ai eu peur. » Nous verrons par la suite quel impact joue le regard maternel.

A la troisième séance, Arthur nous livre l'une des clés de ses peurs. Il dessine une pente de montagne avec un skieur qui descend ; derrière lui, une grosse boule de neige, au moins trois fois plus haute que le skieur. Voici ce qu'il en dit : « C'est un bonhomme qui descend une piste, derrière c'est une avalanche, une grosse boule de neige qui le poursuit, il essaie de se dépêcher, il peut pas tourner, il y a des ravins de chaque côté. Il continue, il pousse sur ses bâtons, c'est une piste noire, pleine de bosses, elle va plus vite que le bonhomme, elle est derrière. Comme il arrive tout en bas vers une bosse, il se dit : si je la fais, ça va bien se passer ou pas ? Elle était tellement grosse qu'il est tombé, la boule de neige s'est cognée contre la bosse et elle s'est détruite. »

Ce jour-là, après ce récit, il n'en dira pas plus, il semblait à la fois angoissé et soulagé par cette fin heureuse qu'il venait d'inventer.

Arrêtons-nous un instant sur ces premiers entretiens. L'impression d'ensemble concerne la relation d'Arthur avec sa mère. L'exigence scolaire, qui est très précoce, puisque dès la maternelle elle apprend les lettres à Arthur, passe par la voix et le regard. Le regard de Mme R. est tout à fait particulier, dur et fixe. Ce regard doit être terrorisant lorsqu'elle est en colère, j'aurai l'occasion de le constater le jour où je lui suggérai de laisser Arthur se débrouiller seul. Arthur a de plus assisté à plusieurs crises d'évanouissement où le regard révulsé, les mouvements désordonnés du corps sont particulièrement impressionnants. Le regard d'ahuri est donc aussi bien le sien que celui de sa mère. Un jour, il me dira : « Quand elle crie, j'ai peur, je tremble, elle me bat. » Cette mère est décidément terrifiante. Le dessin et son commentaire évoquent la poursuite, la chute, l'écrasement. Ne dit-elle pas, elle-même, évoquant les difficultés scolaires de son fils, qu'elle doit le « *pousser* pour qu'il apprenne » ? Dans l'histoire qu'il raconte, elle le poursuit, le *pousse,* finalement il tombe et elle s'écrase. Le fantasme rejoint ici la réalité, car il l'a bien vue tomber comme une masse sur le sol au cours de ses crises.

Arthur dit : « Quand je lis, j'ai peur de faire des fautes, je tremble. » Il tremble devant sa mère, mais aussi devant la maîtresse, qui lui dit « tu mens » et semble occuper la même position d'autorité que la mère. Seul ou avec sa rééducatrice, il lit correctement. Il peut satisfaire cette dame, il peut lui faire plaisir à elle sans que cela le mette en danger, elle est « gentille », il « l'aime bien », elle ne lui fait pas peur. Elle est une sorte de substitut maternel, une bonne mère dont il redoute l'abandon.

Bien lire, être un bon élève serait combler la mère, ce qui signifie pour lui un rapprochement insoutenable de l'ordre du être écrasé, englouti par elle. N'oublions pas que cette période du CP correspondait à la naissance du deuxième enfant que la mère nourrissait. La vue de l'enfant au sein réveille chez les aînés des angoisses de dévoration, manger la mère, être dévoré. Arthur va se défendre, dire « non » au gavage ; « je veux pas lire, comme si je partais dans un autre monde », dit-il ; il s'évade.

Ce refus va renforcer les conduites de surveillance et d'intrusion de cette mère qui en fait son affaire, « je suis comme ça, autoritaire », dit-elle.

J'avais demandé à rencontrer le père. La cure avait commencé avec son accord, mais il ne viendra que deux mois après le début du traitement. Il m'annonce d'entrée : « Arthur est anxieux, comme ma femme. Depuis qu'il vient vous voir, à l'école, ça va beaucoup mieux. » Je lui demande comment se passait, pour lui, la scolarité. « J'ai fait des études en queue de poisson, dit-il, j'ai passé la première partie du bac, pas la deuxième, pour moi c'était inutile que j'apprenne, je devais m'en sortir sans cela, c'était mon *optique.* » Il partira à l'étranger, fera de nombreux métiers. Arthur, qui écoute son père attentivement, intervient à ce moment-là pour dire : « pour moi, six lignes ça va, à sept lignes je fais des fautes bêtes. » Je lui fais remarquer que si son père s'est arrêté à la première partie du bac, lui s'arrête à la sixième ligne ! Arthur sourit, M. R. semble perplexe.

Dans le cours de la cure apparaissent des traits d'identification au père qui sont comme des marques d'amour. Comme son père, Arthur n'aime pas la foule, il se dit timide comme lui, mais ce désir de lui ressembler ne l'aide pas à se dégager de l'emprise maternelle.

L'identification à son père qui a « arrêté » ses études vient renforcer une inhibition plus profonde qui tient à son lien à sa mère. Nous mesurons là la surdétermination du symptôme, la pluralité de sens qu'il recèle. Ces types d'identification tombent en cours d'analyse, ils sont plutôt d'ordre mimétique et se soutiennent d'un malentendu identificatoire. M. R., quand il reviendra avec Arthur, parlera devant lui de sa propre histoire, de sa propre relation avec ses père et mère, du pourquoi il a abandonné ses études et est parti courir le monde.

Il signifie ainsi à son fils : « Tu n'es pas moi », il marque ainsi la coupure, la séparation.

J'ai d'ailleurs souvent entendu des pères dire à ce moment-là à leur enfant : « Tu ne vas tout de même pas refaire les mêmes conneries que moi ! »

Nous voyons ici le symptôme « échec scolaire » se construire à partir de la relation mère-enfant. Ce qui aurait pu n'être au départ qu'un refus devant l'exigence maternelle, ou un moment de régression après la naissance de la petite sœur, s'est renforcé de par un rapport de circularité entre lui et sa mère : plus elle exige, plus il s'évade, plus il se bloque, plus elle insiste, etc. Les mesures de soutien mises en place, rééducation et autres, soulagent en partie l'angoisse de la pression maternelle mais confirment aussi l'idée d'incapacité : « Il ne peut rien faire seul. » La mère ne suffisant pas, d'autres personnes viendront l'assister, rééducatrice, institutrice du cours de rattrapage, et renforcer son statut d'incapable, de « nul ». Il restera dans cette position d'objet voué à satisfaire l'autre : la rééducatrice, en lui faisant plaisir – n'oublions pas qu'avec elle il lit correctement –, la mère en maintenant son incapacité, puisqu'au fond c'est *ce qu'elle désire*. Derrière la demande « travaille, réussis », Arthur a bien compris que ce que sa mère désire avant tout, c'est qu'il reste son objet sur lequel elle exerce sa toute-puissance, c'est qu'il ne se libère à aucun prix de sa tutelle en devenant autonome.

Car le symptôme « échec scolaire » est devenu, pour cette mère, une manne dont elle se nourrit et qui la fait vivre : le *temps* d'abord qu'elle passe à s'occuper des devoirs d'Arthur, le faire lire, l'amener à ses séances de rééducation, pour ses yeux, pour la lecture, surveiller qu'il mette bien ses lunettes… et tout le *souci* qu'elle se fait pour lui ! Le symptôme est ce qui les rapproche, ce qui les lie l'un à l'autre, ce qui les aliène. Cette mère réalise sur son fils son désir de maîtrise et de toute-puissance, elle qui doit accepter toutes les frustrations et les limites que lui impose sa maladie. Arthur va répondre à ce désir en ne pouvant rien faire sans elle, tout en s'y refusant. Comment affirmer son indépendance ? Ce serait se séparer d'elle, et, tout au fond, il *sait* qu'il ne peut renoncer à son symptôme sans mettre en péril l'équilibre maternel.

Je percevais, depuis le début, la réticence de Mme R. à ce type de prise en charge, qui mettait en question sa relation à son fils. Dès qu'Arthur commença à faire des progrès à l'école et à s'émanciper de son emprise, elle parla d'arrêter la cure, « d'ailleurs, disait-elle, il n'a plus tellement envie de venir vous voir ». C'est une réflexion que l'on entend souvent, l'enfant ne pouvant manifester ouvertement son désir de poursuivre le travail analytique face à une mère qui ne voit pas d'un bon œil l'attachement transférentiel de l'enfant et surtout son changement, son amorce d'émancipation. Mme R. sentait bien le danger de ce côté-là, elle qui n'avait jamais manifesté aucune animosité vis-à-vis de la rééducatrice, considérée plutôt comme une alliée.

Les conditions n'étaient pas favorables à la poursuite de la cure, la mère risquant à tout moment d'y mettre fin. Je demandais donc à revoir le père.

Je les reçus tous les trois et, m'appuyant sur les progrès d'Arthur et sur son désir de « s'en sortir », je proposai à la mère de relâcher sa surveillance et demandai au père s'il lui était possible de superviser pendant quelque temps le travail de son fils. Mme R. me foudroya du regard, j'y sentis une telle fureur que je compris la peur que pouvait éprouver Arthur sous ce regard. Cette proposition, que je fis pourtant avec toutes les précautions utiles, en ayant soin de ne pas la disqualifier en tant que mère, éveilla chez elle une véritable panique : ce n'était pas possible, qu'allait-il se passer ? Arthur allait perdre tout son acquis, etc. Heureusement, le père fut ravi de s'entendre rappeler son rôle de père. Il n'osait pas, pour des raisons qui lui étaient personnelles, rompre le lien mère-fils, mais il était prêt à reprendre auprès de son fils une place que sa femme semblait lui interdire.

Cette façon d'intervenir n'est pas habituelle, mais je pensais ainsi garantir l'avenir d'Arthur.

Sentant l'hostilité de plus en plus marquée de Mme R. à mon égard, en passant la main au père, je préservais, me semblait-il, le travail en cours.

Nous avons parlé avec Arthur de cet arrêt prématuré, il venait seulement depuis trois à quatre mois. Il fut donc convenu qu'il partait en sachant que, *le jour où il le désirerait,* il pourrait reprendre le traitement ; cela avait été dit aussi devant les parents.

Je prévins la pédiatre du risque de décompensation de Mme R., je craignais chez elle une réaction dépressive. Si cela se produisait, je lui conseillais d'en parler au généraliste ou de l'adresser directement à un psy. De ma place, il m'était impossible d'intervenir directement.

J'eus des nouvelles d'Arthur. Il fit des progrès rapides, son père l'aidait dans son travail scolaire.

Quelques années plus tard, alors qu'il était dans le secondaire, j'appris que Mme R. était à nouveau en difficulté. De ce fait, Arthur avait des réactions somatiques, et c'était sa sœur qui, maintenant, était dans la même situation qu'Arthur quand je l'avais vu : échec scolaire et autres troubles. C'est seulement à ce moment-là que Mme R., se confiant à la pédiatre de ses enfants, put pour la première fois faire une demande personnelle de thérapie, cela après quelques entretiens avec cette pédiatre à qui elle put commencer à parler de son enfance, une enfance où elle avait connu la violence et l'abandon.

Position œdipienne d'Arthur

Nous avons vu que, pour apprendre, le désir de savoir devait être libre. Or, ici, ce désir est inhibé. Écoutons-le : « Je me dis que je *veux* pas lire, je *peux* pas devant ma mère, devant la maîtresse, devant les enfants. » Pour les autres activités scolaires, c'est la même chose, à un moment il n'est plus là, il part dans un autre monde, ou bien il fait n'importe quoi, des « fautes bêtes », dit-il. Pourquoi cet *arrêt*? Quelle place occupe Arthur dans les fantasmes parentaux qui puisse à ce point barrer son désir de savoir?

La mère

Mme R., bien qu'elle ait très peu parlé d'elle, révèle l'essentiel de sa problématique à travers le discours qu'elle tient sur son fils. Nous savons qu'elle souffre de ses pertes de conscience et de la gêne qu'elles entraînent dans ses réalisations professionnelles et personnelles. Or les premières inquiétudes que lui cause Arthur tournent, comme par hasard, autour d'un handicap corporel, les troubles de la vue, et très vite, dès la maternelle, c'est la crainte de l'échec scolaire. Ce sont bien là les deux signifiants majeurs dans la problématique de Mme R. : handicap corporel et handicap social.

Il semble que, pour Mme R., la naissance de ce premier enfant soit une revanche sur le sort. Elle va se consacrer uniquement à la réussite de sa tâche éducative. Elle arrête son travail pour mieux s'occuper de lui, et l'arrivée d'un autre enfant ne la détournera pas de son but.

La naissance d'un fils paraît représenter pour elle une réalisation phallique compensatoire.

Il est souvent question de « mère phallique » à propos des enfants névrosés ; peut-on dire de Mme R. qu'elle soit une mère phallique?

En soi, elle n'a rien de phallique, c'est une femme blessée dans son corps, limitée dans ses réalisations, dépendante de son mari, et pourtant, pour l'enfant, elle est bien une mère phallique. Elle reste pour lui en position de toute-puissance, sa parole fait loi, rien ne s'interpose entre elle et son fils. Qu'en est-il de la fonction paternelle dans ce cas? « Ce n'est pas uniquement de la façon dont la mère s'accommode de la personne du père qu'il conviendrait de s'occuper, mais du cas qu'elle fait de sa parole, disons le mot, de son autorité, autrement dit de la place qu'elle réserve au Nom-du-Père dans la promotion de la loi » (Lacan, *Écrits,* p. 579). Arthur pense qu'il doit combler sa mère, il ne peut imaginer qu'elle désire ailleurs puisqu'il est tout pour elle, elle se l'approprie. Aucune parole ne vient signifier à cette mère *la loi de l'interdit de l'inceste*: tu ne réintégreras pas ton produit.

Nous retrouvons ici l'incompatibilité de la demande et du désir, cette mère énonce une demande paradoxale que l'on pourrait énoncer ainsi : « Tu dois désirer apprendre (assume ton désir), tout en restant l'enfant docile et soumis qui ne peut rien faire sans moi. » Si Arthur a des succès scolaires, il répond à la demande mais contrevient au désir inconscient maternel qui est de le garder comme objet et de la combler en tant que tel. S'il se sépare d'elle, elle ne le supportera pas et lui-même sera perdu, « *abandonné* ». C'est cette crainte de l'abandon qu'il reporte sur sa rééducatrice. Il est probable que Mme R. répète avec son fils quelque chose de ses expériences infantiles, en particulier dans l'angoisse de l'abandon et dans la violence de sa possessivité.

Le père

Il est un bon père, aimant, copain de son fils. Nous pourrions dire que c'est un bon *père imaginaire.* C'est aussi sûrement un bon époux. Il sait que sa femme est fragile et doit penser que d'être absorbée par les soucis de la maternité l'aide à oublier ses propres problèmes. Ce que ce père ne sait pas, c'est que, pour l'enfant, il n'est pas en position de *père symbolique,* il abandonne son fils au bon vouloir maternel, il ne se pose pas en « agent de la castration », comme dit Lacan, ni en représentant de la loi. Or « la loi est au service du désir qu'elle institue par l'interdiction de l'inceste » (*Écrits*, p. 852). Circonstance aggravante pour ce père, il s'identifie à son fils dans son échec : n'a-t-il pas lui aussi refusé les études ?

Le symptôme

Nous voyons ici que le symptôme devient un *compromis*, il est un arrangement relativement satisfaisant entre toutes les forces en jeu. Quelles forces tiraillent Arthur ? Arthur est pris dans l'angoisse de castration. Nous voyons agir sur lui les pulsions maternelles, pulsions de pénétration, de maîtrise, de dévoration même. Arthur tente d'échapper à cette emprise, il se protège, il regarde ailleurs, un œil à droite, un œil à gauche, ahuri, dans un autre monde. Il est aidé en cela par des figures maternelles substitutives, sa rééducatrice, sa maîtresse du cours de rattrapage. En réussissant avec elles, en échouant ailleurs, il montre qu'il n'est pas idiot, mais que, d'une certaine façon, il est tenu de le rester. Il a très bien saisi la paradoxale attente de la mère : répare-moi en étant phallique, tout en restant châtré comme moi. C'est ce que fera Arthur, il satisfera au désir maternel en restant son objet tout en ne répondant pas à la demande : apprends, deviens un homme, sois intelligent.

La cure

Dans la cure, Arthur put exprimer les angoisses de castration sous forme de scènes d'écrasement, de destruction, tout cela à travers des récits imaginaires, comme celui que nous avons rapporté, ou à travers des récits de rêves. Les angoisses ont ainsi pris la forme de scénarios. Cette mise en scène des fantasmes est structurante, elle conforte le sujet dans son être, elle l'assure de son identité, elle permet un travail de symbolisation. L'angoisse de castration, reprise dans le transfert, mène le sujet vers la résolution du complexe de castration. Nous passons ici du symptôme au fantasme.

Parallèlement à ce travail en profondeur se poursuit le repérage des identifications imaginaires. Arthur se nourrit de la vie de ses copains, m'entretient de ceux qui restent bons élèves, de ceux qui sont mauvais mais font des progrès, etc. Il est dans une sorte de fascination pour les garçons de son âge, à la recherche d'une identification à un moi idéal, comme si c'était là aussi une façon de s'évader de lui-même. Arthur donnait ainsi l'impression de vivre sa vie par procuration. Le travail de l'analyse, même court, lui permit de laisser tomber tous ces masques et de retrouver un chemin qui était bien le sien. Il en fut de même de ses deux yeux, qui retrouvèrent la même direction. Sans que rien n'en soit dit, le strabisme diminua d'intensité et Arthur put abandonner ses lunettes dont les verres opaques lui cachaient toujours une partie du monde.

Floriane

Ce pourrait être un conte, c'est pourtant une histoire vraie, l'histoire de Floriane.

Floriane est une petite fille de 8 ans, blonde avec de longs cheveux bouclés, de beaux yeux bleus, toute menue. Elle vient, accompagnée de deux adultes que je crois d'abord être les grands-parents : ils sont tous les deux grands et bruns ; en fait, ce sont ses parents.

Ils viennent me voir en désespoir de cause ; après avoir tout tenté ; je suis leur dernier recours. Leur petite Floriane « ne fait rien en classe, à 8 ans elle ne reconnaît pas ses lettres, ne sait pas compter, rien, elle n'apprend rien ». Il est question de l'envoyer dans une institution spécialisée ; je comprends qu'il s'agit d'une institution pour enfants retardés. Pour eux, qui sont enseignants, c'est le drame, ils ne comprennent pas, elle est si mignonne, si dégourdie par ailleurs.

Pendant qu'ils me racontent le périple habituel des prises en charge, psychomotrice, orthophonique et *tutti quanti*, je ressens comme un sentiment de perplexité : qu'y a-t-il d'insolite dans ces trois-là ? Sans que je me sois vraiment formulée de question, je m'entends interroger la mère sur la naissance de l'enfant, avec une insistance qui ne m'est pas habituelle. Je surprends alors entre ce père et cette mère un échange de regards qui me laisse encore plus perplexe. Madame a accouché, dit-elle, à la maternité de X, l'endroit où ils habitent. Tout s'est bien passé.

Pendant l'entretien, je rêvasse au mystère de l'hérédité qui fait que ces deux grands bruns ont fait cette petite chose on ne peut plus fragile et blonde. Ai-je posé une question du type « vous êtes du Midi ? et les grands-parents, d'où sont-ils ? » ? J'ai perçu alors le malaise. J'ai donc demandé à Floriane d'aller faire un dessin et du modelage dans la pièce à côté, pendant que ses parents me raconteraient leur histoire à eux.

Après le départ de Floriane, nouveau regard interrogatif entre les parents, puis un échange entre eux : « Il faut le dire. – Dis-le, toi. – Non, toi. »

J'apprends ainsi ce qu'ils n'ont jamais dit à personne : Floriane est une enfant adoptée. Seuls les grands-parents le savent. Pour mieux le cacher, ils sont venus habiter la ville où se trouve la pouponnière dans laquelle Floriane a vécu le premier mois de sa vie. Je m'informe des conditions d'une telle adoption : ne leur a-t-on pas dit que la vérité devait être dite à l'enfant ? Oui, bien sûr, *mais ça n'est pas possible.* Je sens chez les deux une incapacité absolue à « avouer » cette adoption. Il est vrai que leur histoire n'est pas ordinaire. Leur vie a été rythmée par les nombreuses grossesses de Madame, six en tout. Chaque fois elle a accouché d'enfants morts ou qui ont très peu vécu. Traumatisés par une telle série, ils se sont décidés à adopter un enfant.

Je leur dis tout de suite qu'à mon avis Floriane sait au fond d'elle qu'elle a été adoptée, elle sait sans savoir, puisqu'ils ne lui ont pas permis de le savoir. Les parents démentent avec force cette hypothèse, c'est absolument impossible, disent-ils, puisque eux seuls et les grands-parents le savent, tout est en règle, le livret de famille, etc. Ils ne l'ont même pas dit aux enseignants, aux rééducatrices, aux médecins qui se sont occupés de Floriane. Je réaffirme la nécessité de dire eux-mêmes à Floriane ce qu'il en est de leur histoire et de la sienne, mais j'insiste : *c'est à eux de le faire, pas à moi.* Ils me répondent : « Jamais. » Je les laisse méditer dans la salle d'attente et vais rejoindre Floriane. Quel n'est pas mon étonnement quand elle me montre le dessin qu'elle a fait : une maison, dans cette maison, au premier étage, une table, un monsieur et une dame assis à cette table. Elle me dit : « C'est un papa et une maman, ils sont tristes parce que le loup a mangé leurs six petits enfants. » Je ne me souviens pas de la suite de l'histoire. Je ne m'étais pas trompée quand je pensais que Floriane savait, de ce savoir, dit Lacan, qui ne suppose aucune connaissance, d'un savoir refoulé qui est là et fait du forcing pour se manifester, mais qu'il faut repousser car *il est interdit de savoir,* et on ne saura donc rien, même pas compter jusqu'à six ! Le non-savoir s'étend à tout...

Il est vrai que ce que les parents avaient à dire, ce que Floriane avait à savoir était particulièrement lourd, il y était question de vie et de mort, d'enfants morts, de rapt d'enfant, de l'enfant qu'on prend à une autre pour remplacer ceux que le ventre maternel a tués, autant d'images terribles, autant de fantasmes qui hantent ce couple.

Floriane ne pouvait grandir que protégée de tout cela, elle poussait comme une fleur dans un monde où les dures réalités de la vie ne pouvaient l'atteindre, elle se représentait d'ailleurs dans ses dessins sous la forme d'une marguerite.

Je revis le couple et l'enfant une fois, puis le couple seul. Je leur redis la nécessité de parler à Floriane, c'était à eux et à eux seuls de le faire, il était inutile que je la revoie ou d'entreprendre quelque thérapie que ce soit, avant que la vérité ne soit dite. J'ajoutais qu'elle n'apprendrait rien à l'école tant que l'interdit de savoir serait maintenu.

Je rencontrai les parents seuls plusieurs fois. Ils me firent part de leur souffrance, de leur culpabilité, de la crainte qu'ils avaient à parler.

Alors que je ne les avais pas vus depuis longtemps, ils prirent rendez-vous pour m'annoncer qu'après mûre réflexion ils avaient décidé de tout dire à Floriane. Ils le feraient pendant les grandes vacances, ils partaient camper tous les trois et pensaient que ce serait le bon moment! Je les revis à la rentrée, ils étaient épanouis. Pendant l'été, un jour, à son lever, ils annoncèrent à Floriane qu'ils avaient une chose importante à lui dire. Ils commencèrent donc à raconter l'histoire de l'adoption. L'enfant les arrêta assez vite et leur dit : « Je sais, je vous ai souri et vous m'avez choisie. »

Je proposais de mettre Floriane dans une école dont je connaissais la pédagogie très souple et imaginative : je recommandais Floriane à la directrice, persuadée que l'enfant allait démarrer. Je l'assurais que je « suivrais » Floriane qui avait quelques petits problèmes psychologiques sans gravité ; c'était un pieux mensonge fait pour rassurer les enseignants, car le retard était massif et je craignais un refus de l'institution. En fait, je proposais de voir Floriane tous les deux mois pour faire le point. Cette orientation, prise en accord avec les parents, était un pari.

Un pari réussi : Floriane laissa libre cours à son désir d'apprendre, elle rattrapa le temps perdu en deux ans, sa curiosité n'avait pas de limite, les parents me tenaient au courant de ses progrès. Eux, qui étaient des enseignants traditionnels, assez conformistes dans leur pratique, furent gagnés par la pédagogie nouvelle. Ils n'en revenaient pas de voir leur fille se mettre à parler anglais ! Ils entreprirent des stages de formation en ce sens, entraînés par le dynamisme de leur enfant.

Je ne cessais de me poser une question : comment Floriane savait-elle ? Quelle parole avait été entendue qui avait déposé en elle ce savoir ? Les parents démentaient toute révélation directe. Je les questionnais sur la petite enfance de Floriane. Au fil des entretiens, j'appris que Floriane bébé était souvent confiée à ses grands-parents en province. La grand-mère maternelle faisait de fréquentes visites au cimetière sur la tombe où étaient inhumés les nombreux enfants nés viables de sa fille. Je suppose aussi que tout le village devait être au courant de ce drame et je vois très bien la grand-mère en parler avec ses voisins tout en portant l'enfant dans ses bras. On oublie trop qu'il n'y a pas d'oubli, les paroles s'inscrivent dans une mémoire inconsciente et y demeurent à jamais. Lacan ne disait-il pas, à propos de l'inconscient, qu'il était « la mémoire de l'oubli » ? Pour Floriane, un seul mot suffit à lever cet oubli.

Richard

Richard est un bel adolescent de 14 ans. Il arrive dans mon cabinet accompagné de sa mère, qui tient un bébé dans les bras, et de son beau-père. C'est le médecin généraliste qui a conseillé à cette famille de venir me voir. D'emblée je perçois entre ces quatre personnes une atmosphère tendue, chargée d'agressivité. La mère me rapporte les mauvais résultats scolaires de son fils : excellent élève jusqu'à la sixième, il a fait une cinquième faible, une quatrième désastreuse ; il est aujourd'hui question de redoublement ; qui plus est, son comportement devient de plus en plus inquiétant au point qu'il risque de se faire renvoyer du collège. Richard conteste tout ce que dit sa mère, taxe les profs d'incompétence, reproche à ses camarades de « foutre le bordel dans la classe », ce qui l'empêche de travailler, etc. Le ton monte, il devient grossier avec sa mère, l'accuse de mentir, de se mettre du côté de ceux qui lui en veulent…

Le beau-père ne dit rien dans un premier temps, il se propose seulement de prendre dans ses bras et de calmer le bébé qui s'est mis à pleurer, perturbé sans doute par les éclats de voix. La mère poursuit : elle a divorcé du père de Richard quand ce dernier était tout petit, elle a vécu plusieurs années avec son mari actuel, mais *ils ne sont mariés que depuis deux ans.* Je fais remarquer la coïncidence du début du fléchissement scolaire avec la date du mariage. D'une seule voix les trois me répondent que cela n'a rien à voir et insistent sur le fait que le couple vivait ensemble depuis plusieurs années quand ils se sont mariés.

Quand je vois Richard seul, il reprend ses revendications avec une grande violence verbale : on le traite comme un chien, tout le monde est contre lui, on l'insulte, il « peut même pas aller chier » (!), il se fait punir pour un rien, mais maintenant c'est fini, ils vont voir, ça va péter… Je lui demande de se calmer, car nous sommes là pour parler et pas pour « gueuler », et lui dis d'un ton ferme : « Assieds-toi et parle-moi de ton père. » Il semble surpris et d'emblée le ton change. Il m'explique que son père est un homme très seul, avec une situation sociale instable, souvent au chômage, il a très peu d'argent… Puis à nouveau le ton monte quand il évoque son beau-père, qui, « lui, est bourré de fric, qui pense qu'à ça, faut voir sa bagnole, c'est dégueulasse, y a pas que ça dans la vie ! », etc.

En cours de séance, je note une phrase révélatrice à propos de son beau-père : « Au début, dit-il, je m'entendais bien avec lui, on était copains, je pensais pas qu'il deviendrait le mari de ma mère, après, il m'a pris pour son fils, il voulait avoir plus d'autorité. » Il y a donc bien une relation entre le début de la « dégringolade » et le remariage de sa mère. Richard ne fera pas allusion à la naissance de son petit frère, qui vient pourtant concrétiser le désir de sa mère. Je lui demande de faire un dessin. Il fait une corde avec au milieu un nœud qui « s'effiloche », la corde va casser, dit-il. Il y associe son « ça va casser, ça va péter » ; je reprends le signifiant « casser » et lui demande s'il a l'intention de devenir « casseur » ou de casser sa vie ?

J'ai pensé que tout allait se jouer dans ce premier entretien. Si Richard refusait de revenir, ce serait très vite l'escalade avec au bout une rupture qui pouvait se présenter sous la forme d'un passage à l'acte, j'imaginais une fugue ou un acte délinquant. J'étais aussi frappée par le système persécutif qu'il était en train de mettre en place : « Tout le monde m'en veut », etc., et me demandais si ce type de revendication n'allait pas se systématiser et virer au délire paranoïaque. La partie était serrée. Je proposai à Richard de revenir me voir seul pour reparler de tout ce qu'il avait dit là, aujourd'hui. Je lui dis que je pensais qu'il était assez intelligent pour comprendre que, lorsqu'il agressait tout le monde, parents et enseignants, c'était lui qu'il allait bousiller, la corde allait péter, mais c'est lui qui serait foutu, pas les autres. Je lui répétai plusieurs fois tout cela en insistant sur le fait qu'à mon avis ce serait dommage pour lui, car il semblait avoir en lui des ressources pour faire autre chose dans la vie que ce gâchis. C'était à lui de choisir, personne ne pouvait le faire à sa place. Je lui proposai donc de revenir discuter de tout cela, après avoir réfléchi seul à ma proposition. Je lui fixai, ce faisant, un rendez-vous pour la semaine suivante, en lui laissant cependant la liberté de l'annuler par téléphone.

Richard revint me parler toutes les semaines pendant trois mois...

de la connerie des profs, de toutes ces préoccupations qui marquent la vie quotidienne des adolescents : les fringues, les groupes de rock, les petites histoires de collège. Il me racontait aussi ses « bêtises », qu'il prenait soin de maintenir dans les limites de la tolérance familiale et sociale. Il s'agissait de boums un peu trop arrosées où il « déconnait pas mal ». Il me parlait d'une copine de cœur qui l'avait lâché, le coup n'était pas trop terrible, mais il se posait des questions sur sa sexualité, et s'il était « homo » ? Il lui arrivait souvent d'évoquer la vie de son père, sa solitude, l'absence de relations féminines durables dans sa vie. A travers des récits qui pouvaient paraître d'une grande banalité émergeaient les questions essentielles énoncées comme en passant. Elles ont tout leur poids dans l'évolution de la crise d'adolescence, où l'expression des sentiments intimes reste pudique en contraste avec certains débordements de langage et de comportements.

A évoquer son père, sa vie difficile, il comprendra peu à peu qu'il peut continuer à l'aimer sans chercher à lui ressembler, ce qu'il était en train de faire en se marginalisant.

Nous assistons avec Richard au réveil d'une problématique œdipienne non résolue.

Ses parents séparés, il restait pour sa mère le seul objet d'amour. Un homme vivait bien à la maison, mais c'était un « *copain* », le copain de sa mère, son copain à lui, pas de quoi être jaloux, il suffisait de continuer à ne rien savoir du désir maternel. Mais voilà que ce désir apparaît au grand jour quand il est question de mariage et, qui plus est, quand cette mère désire un enfant de cet homme. Pour Richard, c'est la rencontre d'un Père, le copain est désormais en position paternelle, puisqu'il a été désigné par la mère comme objet de son désir et père de son enfant. La jalousie de Richard est féroce ; sa mère lui ayant préféré un autre, il lui fera payer sa « trahison » en l'attaquant au point sensible : il se présentera désormais sous les traits de ce premier mari qu'elle a autrefois aimé puis rejeté, il s'identifiera à ce père exclu, marginalisé, en s'enfonçant lui-même dans l'échec, la révolte et une amorce de délinquance.

La cure

Elle nous a permis de reconstruire la démarche inconsciente de Richard. Il est évident que le remariage de sa mère n'avait apparemment rien changé à la vie de cette famille, c'est ce qu'ils affirmaient tous les trois avec un bel ensemble à la première séance. Le jeune mari n'a pas compris pourquoi Richard le rejetait tout d'un coup si brutalement, lui qui s'était toujours situé auprès de lui avec une bonne volonté d'éducateur, l'aidant dans son travail scolaire, sans plus de prétention à l'autorité maintenant qu'avant. C'est la position subjective de Richard qui a été bouleversée. C'est son angoisse de castration avec le refoulement qui s'est ensuivi qui l'a fait basculer d'un coup. Quand sa mère a fait apparaître son désir au grand jour en demandant la légalisation de son lien à un homme, il devenait évident pour Richard qu'il devait renoncer désormais à être son petit homme, nous dirions son phallus. La crise œdipienne fut d'autant plus violente qu'elle se manifesta au moment de l'adolescence, en pleine poussée pubertaire, dans le temps des remaniements identificatoires obligés. Ce furent alors les attaques contre son beau-père et la mise en question de ses valeurs, la réussite et l'argent, idéal du moi apprécié par la mère : il crachait désormais dessus, comme font beaucoup d'adolescents, pour revenir assez vite à des évaluations plus modérées.

Si l'on avait ignoré, dans le cas de Richard, la valeur symptomatique de l'échec scolaire, si le médecin n'avait pas été alerté, on aurait pu prendre des mesures qui auraient aggravé le trouble. En effet, tout ce qui aurait été proposé de l'extérieur : changement d'établissement scolaire, punitions, exclusion, aide pédagogique (il l'aurait sans doute refusée), aurait exacerbé la révolte et la revendication. Or ces mesures auraient pu être logiquement envisagées face à une situation familiale on ne peut plus banale. En effet, en un premier temps, rien de pathologique n'apparaissait dans cette famille et dans l'histoire de Richard, un bilan psychologique, une enquête familiale n'auraient pas permis de mettre au jour le problème. Seule une rencontre singulière, une écoute de ce que dit un sujet au-delà de ses actes et de ses mots a révélé la dimension inconsciente du trouble. Cette crise, qui nous apparaît sans gravité *a posteriori,* aurait pu avoir des conséquences catastrophiques pour le devenir de ce sujet.

L'évolution se fit sans que rien n'en transparaisse ouvertement dans le discours. Quelques allusions me laissaient supposer que les choses s'arrangeaient. Un jour, Richard me dit qu'il allait demander à son beau-père de lui acheter une « mob » ; il ajouta avec un petit sourire : « L'argent a du bon quelquefois. » Une autre fois, il m'annonça que, l'an prochain, il demanderait à son beau-père de l'aider pour les maths ; « c'est pas la peine que ma mère me paie des leçons particulières », ajouta-t-il.

Il parlait toujours de son père, mais le ton avait changé, il était plus douloureux. Il regrettait que ce père soit si seul, il voulait le sortir un peu de son enfermement et organisait des sorties avec lui pour le week-end. Je ne savais rien de ses résultats scolaires, il ne m'en parlait jamais. A la dernière séance avant les vacances, je lui dis que nous allions téléphoner à sa mère pour l'informer de la date d'arrêt ; il prend l'écouteur. J'annonce mon départ et la date de rentrée. Elle me dit qu'elle vient de recevoir le bulletin, Richard monte de classe, il a 15 en maths, 16 en anglais... Richard saute de joie, prend le combiné, se fait lire les appréciations, il jubile, se tourne vers moi : « C'est une surprise, hein ? » dit-il. En effet, une bonne surprise. Dans cette dernière séance, apercevant sur mon bureau la revue *Ornicar ?,* il me pose la question du savoir : qu'est-ce que vous apprenez, vous, dans les livres? où avez-vous appris le métier que vous faites? Je ne le revis pas à la rentrée, il me téléphona que tout allait bien pour lui, qu'il n'avait pas besoin de reprendre. Je lui redis ce que je dis toujours dans ces cas, qu'il savait où me trouver si le besoin s'en faisait sentir.

Ainsi va la cure des adolescents, urgence, violence des réactions, remaniements rapides, revendication de liberté, oubli immédiat, on passe vite à autre chose, il y a tant à faire avec la vie.

Je terminerai sur une note à propos du transfert. La demande des adolescents est toujours problématique, à la fois ils veulent et ne veulent pas être aidés. Si le personnage du thérapeute leur rappelle les imagos parentales, ils sont immédiatement sur le qui-vive et rejettent toute interprétation. Si le thérapeute se veut trop compréhensif, complice même, ils le méprisent de ne pas assumer son rôle d'adulte. Quand le thérapeute est une femme jeune, l'adolescent ne peut pas toujours exprimer ses préoccupations sexuelles, tant le danger de la séduction est présent. Je pense avoir avec les adolescents l'avantage de l'âge, étant de la génération de leur grand-mère, donc avec une génération de décalage par rapport aux images parentales.

Dans des cas comme celui de Richard, je peux de ma place d'adulte d'expérience ne pas me laisser impressionner par la violence du discours et rester ferme quant au déroulement du protocole analytique, lui faire entendre que mon cabinet de travail est un lieu où l'on parle de l'essentiel, d'où sa surprise quand je lui dis : « Parle-moi de toi, parle-moi de ton père. » Quand Richard me racontait ses frasques, il me faisait témoin, mais je n'étais en rien complice, je le mettais au contraire en garde contre lui-même et les dangers qu'il encourait, il avait à se préserver et à prendre ses responsabilités. Il resta ainsi toujours en deçà d'une limite qu'il y aurait eu danger à transgresser : drogues, passages à l'acte, tout cela resta relativement anodin. Je ne portais bien entendu jamais aucun jugement sur qui que ce soit, bien qu'il sollicitât souvent mon appréciation, le renvoyant toujours à ses propres sentiments et à ses associations.

Thierry

Thierry, 13 ans, vient me voir sur les conseils de sa rééducatrice. Voilà des années qu'elle le suit sans que les résultats soient probants. Thierry fait toujours de vingt à quarante fautes par dictée et les autres résultats scolaires sont plus que médiocres : redoublement, changement d'école, menaces ou récompenses, rien n'y fait. Ce qui étonne sa rééducatrice, c'est qu'avec elle il ne fait pratiquement pas de fautes d'orthographe, alors elle a ces paroles surprenantes : « Ça me désespère, je ne peux plus rien faire pour lui, Thierry aurait besoin d'un *précepteur* » (!). Sur ce, elle conseille aux parents d'aller voir un psy.

Mme T., sa mère, qui est là avec lui, met en avant un fait nouveau apparu récemment : Thierry falsifie ses notes, imite la signature des parents sur le livret, *il leur ment.* Ce comportement ne correspond pas à l'attitude générale de ce garçon qui a toujours été « doux, gentil, serviable, sensible ».

Pourquoi agit-il ainsi ? Pourquoi ne *veut-il* rien faire ? On sait qu'il *peut,* puisque les tests ont montré qu'il avait une intelligence normale. Sur tous les bulletins, c'est pareil : « Pourrait mieux faire. »

Ainsi parle cette mère sur un ton à la fois exaspéré et angoissé. Pendant ce temps, Thierry a de grosses larmes qui coulent sur ses joues, il se mettra même à sangloter à un moment du récit. J'étais étonnée de voir une telle réaction émotionnelle chez ce grand garçon adolescent, dont le corps est déjà celui d'un homme et dont le visage, rose et poupin, garde encore les traits de l'enfance.

J'apprends que Thierry a été fils unique jusqu'à 7 ans, date à laquelle naîtra un petit frère, Victor. Entre-temps, Mme T. a été très malade, elle a eu une grossesse gémellaire qui s'est mal terminée, les jumeaux sont morts à la naissance. Victor a été très bien accueilli, dit-elle, par Thierry. Mme T. avait arrêté son travail et, en femme active, s'occupait à la fois du bébé et des premiers pas de Thierry à la grande école. Il est fréquent de retrouver cette conjoncture dans les premières difficultés scolaires : naissance d'un autre enfant, hyperactivisme de la mère qui nourrit les deux, l'un de lait, l'autre de livres. Mme T. précise qu'elle ne manquait pas de faire travailler Thierry tous les soirs. Est-ce là, pour les mères, une façon de réduire la culpabilité qu'elles éprouvent à négliger le grand pour le plaisir du pouponnage ? En CP, dit Mme T., c'était parfait, tout allait bien, c'est en CE 1 que tout a commencé à se dégrader. Cette année-là, un accident survint à l'école, Thierry l'évoquera très souvent, un incendie se déclare, il n'y eut pas de blessés graves, mais un affolement général et une peur qu'il n'a pas oubliés. Quand il évoque ce traumatisme, il ajoute sur un ton de colère : « Il n'y avait que des femmes dans cette école ! », comme s'il avait associé le danger de mort, l'école et les femmes. Au lycée, il dit regretter qu'il n'y ait que des femmes profs. De cette période Thierry confiera : « A 7 ans et demi, j'étais content, j'apprenais les leçons avec maman, mon frère avait pas 1 an, il tenait pas beaucoup de place. »

Aucun de ces éléments ne paraît en soi suffisant pour déclencher une inhibition intellectuelle, mais ils vont s'ajouter, se conjuguer et interagir pour favoriser une fixation du symptôme, nous en aurons la confirmation en cours de cure.

Dès cette époque commence l'engrenage des prises en charge diverses, orthophonie, rééducation de la lecture puis de l'orthographe. Malgré cela, Thierry devient triste et renfermé ; on l'enverra donc faire quelques mois de psychothérapie : « Quand *on* a arrêté la psychothérapie, dit la mère, il était un peu plus décontracté » (*sic*).

Les rééducations se poursuivent, les redoublements aussi, mais surtout les reproches permanents. Je fais alors remarquer à Mme T. que Thierry semble très touché par ses paroles de réprobation, car, le visage tuméfié, Thierry pleure toujours. Mme T. s'agace d'avoir un fils aussi sensible, il ferait mieux de travailler, de prendre ses responsabilités, au lieu de pleurer ! Elle ajoute : « Il n'y a que pendant les vacances où tout le monde est heureux, Thierry le premier, qui oublie les soucis scolaires et redevient gai et actif. A ce moment-là, il reprend espoir, prend de bonnes résolutions mais tout s'effondre à la rentrée. »

Quand je vois Thierry seul, après cet éprouvant monologue maternel, il est incapable de parler, il continue à pleurer.

Je lui propose de faire un dessin. Il fera une maison et me dira : « J'ai pas réussi, elle est ratée. » Je lui dis qu'ici il n'est pas question de juger ce qui est réussi ou raté, il est là pour dire des choses de lui, ce qui lui passe par la tête et moi je l'écoute. Il s'anime un peu pour me décrire l'architecture de la maison que ses parents sont en train de faire construire et la manière dont il va organiser son domaine, c'est-à-dire sa chambre et le jardin. Puis son visage se ferme à nouveau, il revient sur ses échecs, les fautes idiotes qu'il fait. Il se plaint ensuite du rôle de « nounou » qu'on lui fait jouer vis-à-vis de son frère. « Il faut tout le temps que je m'occupe de lui, dit-il, que j'aille le chercher chez la dame qui le garde, y a plus moyen de travailler ! Si j'ai pas fait mes devoirs avant, c'est foutu. » Le Thierry gentil et docile se révèle plutôt agressif et accusateur vis-à-vis du petit frère « adoré ».

J'ouvrirai ici une parenthèse sur l'intérêt des premiers entretiens. Ils disent souvent l'essentiel de la problématique du sujet en difficulté, ils soulignent le point d'ancrage de l'enfant dans les désirs parentaux et font apparaître les directions dans lesquelles il y a lieu de chercher le sens et la valeur économique du symptôme. Les premiers récits se font sans retenue, avec une spontanéité que l'on ne retrouve pas toujours par la suite quand des résistances surviennent avec leur cortège d'ambivalences et de réticences. Il est important pour l'analyste de garder présent à l'esprit ce qui s'est dit dans ces premières rencontres. Bien que le thérapeute n'ait pas à en faire état, elles restent pour lui un point de repère pour la suite de la cure. Cela est valable aussi bien dans les cures d'enfant que pour les entretiens dits « préliminaires », dans la cure analytique classique. Thierry, par exemple, ne reparlera plus de Victor. Je percevais cependant cette jalousie toujours active de façon sous-jacente, elle me donnait l'une des clés de la persistance de son symptôme. Elle apparaîtra dans toute sa violence seulement en fin d'analyse, au moment de la crise d'adolescence, quand toutes les pulsions agressives se déchaîneront.

Que disent les parents de Thierry de leur propre histoire ?

Ils forment un couple qui paraît uni. Je les sens particulièrement en accord dans un projet commun qui est la réussite sociale. Ils aiment profiter de l'aisance matérielle acquise au prix d'un dur labeur. Pour des raisons propres à chacun, ils n'ont en effet pas eu le privilège de pouvoir faire des études supérieures quand ils étaient jeunes. Mme T. est issue d'une famille nombreuse, relativement modeste. Elle est partie jeune à l'étranger travailler dans des familles, ce qui lui a permis d'apprendre plusieurs langues. A son retour en France, elle a repris des études tout en travaillant, et a rapidement amélioré sa situation. C'est une jeune femme intelligente, dynamique, avec un grand esprit d'entreprise. Elle n'hésite pas à refaire des stages de perfectionnement et à changer de cap quand il s'agit d'améliorer son statut professionnel. L'exigence qu'elle a pour elle se reporte sur son fils : « Il faut qu'il prenne ses responsabilités », « nous exigeons que son travail soit bien fait » sont des phrases qui reviennent souvent dans sa bouche. Ce qui frappe, c'est l'*acharnement* qu'elle met à exiger, à surveiller et à contrôler le travail de Thierry. C'est elle qui vérifie le carnet de textes, va voir les professeurs, décide de la conduite à tenir : redoublement, rééducation, psychothérapie, comme si elle devait gérer la réussite de son fils au même titre que la sienne. Elle semble vouloir diriger le destin de Thierry comme elle a maîtrisé son propre destin en dépassant les difficultés rencontrées dans son enfance. Elle ne peut envisager que quelque chose lui échappe, elle restera irrémédiablement imperméable à toute approche de la problématique inconsciente, jamais je ne pourrai lui faire entendre que les problèmes de Thierry ont un sens et qu'elle doit lui laisser un peu d'air pour qu'il s'exprime autrement que par ses échecs. Elle ne voit qu'une chose, l'analyste est quelqu'un qui doit l'aider à *vaincre* la mauvaise volonté de son fils. Nous verrons que cet acharnement fait le lit du symptôme qui n'a plus qu'à s'y maintenir et à s'y développer.

J'en donnerai pour exemple un petit billet que je reçus d'elle après deux ans de traitement. Alors qu'elle et son mari sont convoqués par le proviseur, elle m'écrit : « Que va-t-il advenir s'il ne fait pas d'*effort*? Il m'a avoué que cela le barbait d'apprendre ses leçons ; peut-on le sortir de cette *paresse*? Avec toute ma confiance… » Ce qui signifie : « Qu'attendez-vous pour le sortir de là, soyez plus énergique, dois-je encore vous garder ma confiance ? »

Le père de Thierry est fils de commerçants. Il regrette que ses parents ne se soient pas plus occupés de lui et n'aient pas été plus exigeants pour ses études. Il était, dit-il, beaucoup plus libre que Thierry et ne faisait pas grand-chose en classe. Nous percevons là une contre-attitude vis-à-vis de son fils : surtout ne pas refaire avec lui les maladresses que ses parents ont commises avec lui, c'est pourquoi il trouve les exigences de sa femme tout à fait fondées. Il a « lui aussi » redoublé sa cinquième, puis a passé un BTS. Ce n'est qu'une fois dans la vie active, à l'intérieur de l'entreprise, qu'il a repris une formation et gravi les échelons pour atteindre une situation tout à fait confortable dans un travail qui le satisfait pleinement.

Avec un handicap scolaire au départ, ces deux parents ont donc, grâce à leur énergie et à leur persévérance, acquis un statut social enviable. Ils voudraient épargner à leur fils les difficultés qu'ils ont connues, lui donner toutes ses chances au départ… et voilà que ça ne marche pas !

La cure

La cure de Thierry présente les difficultés inhérentes à cette classe d'âge. La plupart des préadolescents ne se livrent pas facilement, ils se défendent d'une approche trop intime, occupés qu'ils sont à scruter l'émergence de leur désir et à contenir les pulsions sexuelles qui se font jour. Dans cette période s'élabore le travail de deuil des figures parentales et la naissance de nouveaux intérêts, de nouvelles identifications. Le jeune, pour préserver son équilibre précaire, s'accroche à la réalité, redoute les questions sur lui-même, craint de se laisser aller à la régression. Cela peut donner l'impression d'une stérilisation de l'imaginaire. Il en résulte une pauvreté d'expression qui frise la débilité. Dans les premiers mois d'analyse, Thierry avait cette présentation, il ne savait dire qu'une chose : « J'ai rien à dire », ou : « Je ne sais pas ». Il ne se souvenait d'aucun rêve bien sûr, et, sur mon invite à raconter ce qui lui passait par la tête, il me faisait régulièrement le récit circonstancié de ses activités journalières dans lesquelles je pouvais repérer immanquablement « je suis allé chercher mon petit frère » et « j'ai eu de mauvaises notes ».

Cette immersion dans la trivialité quotidienne n'était pas uniquement le fait de sa structure et de son âge, elle caractérisait aussi le discours parental. M. et Mme T. sont des gens pragmatiques, plus attachés à la réalité des faits qu'à une cogitation sur leurs états d'âme.

Quand le sujet est dans l'incapacité de se laisser aller à parler librement de ce qui lui vient à l'esprit (règle des associations libres), l'analyste doit respecter le plus possible le mode d'expression choisi, fût-il source d'ennui et de lassitude. Il se doit de rester attentif au moindre petit signe inattendu, au moindre dérapage verbal, à tout ce qui peut être l'amorce d'une ouverture du discours. Dans les premiers temps de l'analyse, Thierry reproduisait avec moi cet état de passivité dans lequel il était vis-à-vis de ses parents, de ses rééducatrices et de ses professeurs. Il attendait que je lui dise ce qu'il devait dire ou faire et s'étonnait que je ne fasse pas de commentaires sur ses mauvaises notes, qu'il me rapportait régulièrement. Pensant que ma présence même pouvait l'inhiber, je lui demandais d'écrire un petit texte, seul, avant le début de la séance : c'est ce texte que je lui demandais ensuite de commenter. Voici un exemple de ce type de production où l'on repérera le style conventionnel et les fautes d'orthographe dont le nombre toutefois n'atteint pas le record du lycée qui était de quarante !

« Lundi, il y avait une réunion parents-proffesseurs, maman y a été et ils ont dit que je n'était pas assez attentif. Je pense que c'est vrai.

Je ne suis pas daccord car je pense que je suis attentif, j'écoute bien le proffesseur et je ne me distrais pas. Au cours de dessin, je ne suis pas très attentif car j'aime bien le dessin mais pas la prof, c'est pareille pour la musique, personne de ma classe n'aime bien se prof, elle n'est jammais contente. La prof de dessin n'a pas compris que quand on a 12 ou 13 ans on dessine moins bien que quand on a 15 ou 16 ans, c'est pour cela qu'elle ne trouve jammais mes dessins bien. Quand à la prof de math, elle n'est pas assez sévère et il y a souvent du bruit dans la salle se qui nous empêche de nous concentrer.

En Anglais, je suis attentif mais je pense que le prof voudrait que je le sois encore plus, elle trouve aussi que je ne participe pas assez aux exercices oraux que l'on fait en cour, il arrive quand elle interroge quelqu'un que je lève le doigt trop tard pour répondre. »

Après qu'il m'eut lu ce petit texte, je demandais à Thierry de dire ce que signifiait pour lui « être attentif », car il dit qu'il l'est, tout en ne l'étant pas, ce qui pose problème. Dans un premier temps, il adhère au point de vue des professeurs et de sa mère, il n'est pas attentif, c'est vrai. Puis il se reprend, il est attentif puisqu'il écoute et ne se distrait pas. Je lui demande ce que veut dire « écouter » pour lui. Suffit-il d'écouter pour apprendre ? Il évoquera alors l'expression « entrer par une oreille, sortir par l'autre ». N'y aurait-il pas une opération plus personnelle, plus active dans le fait d'écouter pour enregistrer, retenir, fixer les choses dans sa tête ? Il en convient. Pourquoi n'est-ce pas possible pour lui ?

On voit là qu'un certain questionnement sur lui-même peut s'amorcer, il s'agit de subjectiver le symptôme, c'est-à-dire de prendre l'inhibition à son compte. Mais cela n'ira jamais très loin pour lui, il ne se sent pas responsable de ses échecs, il ne se reconnaît pas dans cette conduite pathologique, il n'en veut rien savoir : « Ce n'est pas de ma faute, je le fais pas exprès », dit-il. De plus, il passe vite à « c'est la faute des autres » : c'est le prof de dessin trop exigeant, le prof de maths qui ne sait pas se faire obéir, le prof d'anglais (sa meilleure matière) avec laquelle il réussit à lever le doigt, mais trop tard.

Tout ce qu'il put dire autour de son échec ne le fera pas changer pour autant. Nous comprendrons ultérieurement les raisons qui font que ce symptôme ne peut disparaître, la place qu'il occupe dans l'économie psychique du sujet étant ici fondamentale.

Dans les premiers temps de la cure, que j'ai évoqués plus haut, Thierry était quasi mutique, méfiant, réticent. Il devait m'assimiler à quelque nouvelle imago féminine toute-puissante qui allait encore lui demander des comptes. Devant mon attitude attentive mais neutre, il fut d'abord perplexe, puis la confiance s'installa, et le transfert permit un travail de renarcissisation, avec, pour première évidence, la sortie de son état dépressif. Thierry me parlait de ses goûts, de ses désirs. Il n'était plus le gros bébé grandi trop vite, pleurnichard et timoré, il faisait des compétitions sportives et surtout se passionnait pour différents sujets dont il m'entretenait, informatique, électronique, en particulier. C'était un habitué de la Cité des sciences de la Villette, il me racontait ses visites et me commentait les articles de *Sciences et Vie* sur des questions auxquelles je ne comprenais pas grand-chose, ce qui le faisait beaucoup rire. Il bricolait chez lui des montages compliqués, c'était un garçon joyeux et débrouillard que j'avais alors en face de moi. Il redevenait sombre dès qu'il évoquait le lycée, car, là, ça ne s'arrangeait pas. A la fin de la cinquième, le conseil de classe proposa une quatrième technique. Cette proposition fut très mal accueillie par les parents qui continuaient à espérer pour leur fils un cursus classique, un bac « valable » et des études supérieures. Ils refusèrent ce qu'ils considéraient comme une « voie de garage » et préférèrent le redoublement. Thierry, à qui je demandais son avis, restait, comme toujours quand il s'agissait des études, d'une grande passivité. Il était d'accord pour rester dans ce lycée qu'il aimait bien, malgré la mauvaise réputation qui lui collait à la peau, et cela « à cause des copains ».

Le redoublement se révéla catastrophique, les résultats furent plus mauvais que l'année précédente. Mais c'est surtout à ce moment-là que les relations de Thierry avec ses parents prirent une autre tournure, il passa de la résistance passive à la guerre. Il refusa ouvertement de faire son travail scolaire, c'est là que je reçus le petit mot de la mère dont je parlais plus haut, il refusa de se plier aux diktats maternels et devint agressif. Son attitude avec le petit frère suivit le même chemin. Fini le grand frère « nounou », il ne cessait de harceler Victor, de le traiter de nul, de débile (qualificatifs qui, en fait, auraient pu s'appliquer à lui). Thierry commençait sa crise d'adolescence, et c'était son symptôme qui lui servait d'étendard à sa révolte et d'alibi pour prendre ses distances avec ses parents. C'est dans le même temps qu'il désinvestit l'analyse, que nous arrêtâmes d'un commun accord.

Quelque temps après l'arrêt de la cure, la mère me téléphona, elle était débordée, ne savait plus que faire devant une situation qu'elle ne maîtrisait plus. Le père demanda à me rencontrer pour « quelques conseils ». Je lui redis la confiance que j'avais en Thierry, qui trouverait sûrement sa voie après la crise d'adolescence, mais probablement pas pour réaliser ce qu'espéraient ses parents. Ce père apparaissait désarmé, impuissant, il m'avoua se « retrouver » beaucoup dans son fils : « J'ai vécu ça aussi, disait-il, j'aurais pu mieux faire. » C'était le père maintenant qui se dévalorisait, se déprimait devant ce qu'il ressentait comme son propre échec.

Commentaires

Reprenons le symptôme à son origine. Thierry, au moment de l'entrée en CP, est un garçon heureux, il est resté pendant sept ans l'enfant unique du couple et, s'il a craint un moment l'arrivée de deux petits frères, il a été vite rassuré. Après cette épreuve, la mère, à nouveau enceinte, mènera avec joie, mais aussi inquiétude, une nouvelle grossesse. C'est encore un garçon qui naît. Tant que l'enfant est dans son berceau, Thierry oublie sa présence, d'autant que Mme T. a arrêté son travail et s'occupe beaucoup de lui, essentiellement en le faisant travailler. Mais voilà que Victor commence à se manifester et à prendre beaucoup de place. Il en est souvent ainsi : c'est lorsque le petit frère ou la petite sœur commence à marcher que la jalousie de l'aîné éclate.

Je ferai deux remarques sur la situation de Thierry pendant cette période. Il a probablement adopté, au moment de la naissance de Victor, une position régressive en identification au bébé; c'est fréquemment ce qui se passe, l'aîné refait pipi au lit ou réclame le biberon. Thierry, lui, rejoue le bébé avec sa maman qui tente de lui apprendre à lire, il fait celui qui ne comprend pas, fait répéter, l'accapare en somme. Cette situation n'aurait dû être que passagère; en général, l'aîné finit par accepter sa place de grand frère et oublie sa jalousie. Thierry, lui, ne sortira pas de sa position passive-régressive. Pourquoi?

Cela tient à plusieurs faits. Le premier est la personnalité même de Victor. Cet enfant manifeste une vitalité exceptionnelle, il marche et parle très tôt, chacun est en admiration devant ce phénomène. Cet enfant, à qui l'on ne demande rien, comble les parents de ses exploits, de ses drôleries, tout à fait l'opposé de Thierry, qui devient de plus en plus sombre. Thierry fait une autre constatation, ses parents ne l'aiment plus comme avant, Victor l'a supplanté, son dynamisme les séduit tous, lui compris, qui dit sur un ton à la fois admiratif et douloureux: « Victor veut être pilote, moi à son âge je voulais être boulanger pour manger beaucoup de gâteaux. » Victor est devenu l'enfant phallus, alors que lui s'enfonce dans sa régression et sa tristesse, car sa mère commence à se fâcher, à l'accabler de reproches; il la déçoit, et cette déception tourne à la hargne, au rejet. Thierry va désormais occuper dans le fantasme maternel la place d'un objet « a » anal (nous avons longuement évoqué cette situation dans le récit du cas). La jouissance que chacun en tire se révèle dans la partie de bras de fer qu'ils se livrent tous les deux. Elle exige, impose, veut garder la maîtrise: tu dois, tu peux, tu fais. Lui se soustrait à cet impératif de façon passive, ce qui renforce l'exigence et l'implication maternelles. Une relation sado-masochiste se met en place, qui se substitue pour lui à l'amour qu'il croit avoir perdu. En refusant de réussir, il dit non à ses exigences et garde ainsi ses distances vis-à-vis d'elle, car, ne l'oublions pas, satisfaire la mère prend pour l'enfant le sens d'une réalisation incestueuse. Dans tous les cas, c'est le point d'angoisse qui déclenche l'inhibition. Ici il échappe à la mère, mais, ce faisant, il la garde, il la maintient très proche sur le mode agressif. Il faut souligner que si Mme T. ne cesse de crier après lui, lui-même est très revendicateur, il exige qu'elle vienne le chercher au lycée en voiture, qu'elle lui prépare le repas de midi car il n'aime pas la cantine, etc. Ils ne cessent de « s'asticoter » l'un l'autre.

Il est assez aisé pour le praticien qui a une certaine expérience clinique de repérer la relation entre le symptôme névrotique de l'enfant et la problématique parentale à laquelle il renvoie, et ce, dans la façon dont les choses sont dites ; on y trouve toujours le ton de la *passion*. Il semblait que, pour Mme T., une chose comptait dans sa vie, la réussite de son fils. Au téléphone, dans la rue quand je la croisais, elle m'accablait des reproches qu'elle faisait à son fils, comme si j'en étais responsable : « Qu'attendez-vous pour faire quelque chose ? », semblait-elle dire. Aucune parole, aucun argument ne pouvait la distraire de cette préoccupation : il devait poursuivre le cycle normal, faire ce qu'elle désirait, elle se refusait à voir qu'il était doué pour autre chose, qu'il avait d'autres capacités. Comme tout ce qui relève de la passion, elle gardait ses ruminations secrètes, c'était son affaire personnelle. Elle restait au regard des autres une jeune femme sociable, épanouie, une mère aimante, attentionnée, préoccupée de l'éducation de ses enfants, appréciée du corps enseignant pour sa coopération.

Dans les familles, c'est l'enfant qui est pris comme objet d'une jouissance pulsionnelle d'un des parents qui est le plus marqué : jouissance orale, anale, ainsi que nous l'avons déjà repéré, jouissance au niveau du regard dans des cas d'eczéma par exemple. L'enfant Victor, lui, échappe à cela, il est aimé pour lui, il est aimé d'amour, car aimer, c'est renoncer à faire de l'autre son objet, ainsi que le rappelle Lacan.

Nous venons d'évoquer l'élément pulsionnel et passionnel de la relation de Thierry à sa mère. Dans la demande de réussir qui lui est faite entre un autre élément qui renforce le premier, il a trait à la personnalité des *deux* parents.

Tous les deux ont été empêchés de suivre des études normales dans leur jeunesse, l'aîné de leurs enfants devra réaliser ce rêve de réussite scolaire. N'ont-ils pas assez payé pour cela ? Ce qu'eux n'ont pas eu la chance de faire, lui le fera parce qu'on lui fournira les conditions optimales pour cette réussite : le meilleur enseignement, les pédagogies de soutien, les répétitions, le confort matériel, les récompenses, etc. Ils payèrent même de leur personne et de leur temps en le surveillant étroitement et en l'aidant : « Mes parents ne m'ont pas assez poussé », dit le père.

Quel sens cela a-t-il pour Thierry ?

Derrière cette exigence de réussite que font les parents, il y a l'espoir que l'enfant répare les blessures de leur jeunesse. En fait, ils demandent à Thierry de prendre à son compte un idéal du moi qui reste de l'ordre d'un rêve nostalgique pour eux, devenir l'intellectuel qu'ils ne sont pas devenus. Il y a comme une tromperie dans cette attente, car cet idéal du moi, cette valeur qu'ils accordent à l'« intellect » et qui les fascine, n'a rien à voir avec leurs propres valeurs. Nous pourrions dire que leur idéal du moi est en contradiction avec leur moi idéal. Cette antinomie ne fait pas névrose pour eux, elle le fera chez leur fils. Nous vérifions là ce qu'avance Lacan, à savoir que « le symptôme de l'enfant se trouve en place de répondre à ce qu'il y a de symptomatique dans la structure familiale ».

En effet, ces parents sont des gens dotés d'une grande intelligence pratique, leur astuce, leur inventivité, leur dynamisme sont remarquables ; or c'est bien à cela que Thierry va s'identifier, il leur ressemblera dans les traits les plus authentiques de leur personne : amour de la technique, du bricolage, du jardinage, exploits sportifs. Or ces qualités propres à leurs personnes ne sont ni reconnues ni appréciées chez leur fils. Ils attendaient de lui qu'il réalise leur rêve et non qu'il leur ressemble. Tout ce que Thierry va révéler de lui-même en cours d'analyse restera nul et non avenu pour les parents, *comme s'ils se reniaient eux-mêmes dans l'image que leur fils leur renvoie.*

Nous rencontrons souvent ce phénomène de rejet, les parents ne supportant pas que soit mise à nu chez leurs enfants leur propre problématique inconsciente. Cette levée du refoulement par personne interposée est plus douloureuse chez les parents rigides, de structure obsessionnelle ou psychotique, par exemple. Elle peut éveiller des pulsions sadiques ou destructrices vis-à-vis de l'enfant ou provoquer des décompensations graves chez eux. Nous comprenons la rage de Thierry devant l'aveuglement de ses parents. C'est ainsi qu'après avoir joué les victimes il se révolte et leur jette à la tête leur bac, leurs études ; « j'en veux pas, ça me barbe », dit-il.

Cette observation montre que l'analyse ici n'a pas fait disparaître le symptôme. L'échec scolaire était inscrit de trop longue date dans le mode relationnel de Thierry avec ses père et mère, et la jouissance qu'il en tirait n'était plus mobilisable. Nous avons pu en montrer les différents niveaux de structuration qui allaient de l'implication pulsionnelle avec la mère au refus d'identification à un idéal du moi inauthentique. La cure analytique a cependant permis à Thierry, tout en conservant son symptôme, de sortir d'une identification masochiste à un objet nul, il est sorti de sa dépression et a poursuivi sa route, se construisant à la manière autodidacte de ses parents. Il acquiert son savoir dans les conférences de la Cité de la Villette, ou dans les revues scientifiques, tout en continuant à mépriser le savoir scolaire.

Ainsi que nous le constatons très souvent dans les cas d'échec scolaire, le père ne soutient pas l'investissement culturel de son fils, il l'abandonne d'abord aux mains de sa femme et, qui plus est, s'identifie à lui dans l'échec : « J'étais comme lui, dit-il, j'aurais pu mieux faire. »

Pour l'analyste, cette cure n'est pas un échec. Notre désir n'est pas que le sujet soit conforme à quelque idéal, social ou autre, mais qu'il puisse vivre au plus près de sa vérité. Thierry a manifesté un désir décidé, fût-ce au prix d'une déception, celle de ses parents, mais aussi la sienne, car lui aussi aurait bien voulu être le premier, le meilleur.

Que M. et Mme T. ne s'attristent pas : Victor réalisera leur rêve. C'est toujours celui à qui on ne demande rien, c'est l'enfant qui se faufile dans les mailles du filet pendant que l'attention est accaparée par les problèmes d'un autre qui peut prendre à son compte les rêves de gloire. Il le sait depuis toujours, il sera pilote.

Damien Maisonneuve

Damien est un garçon de 8 ans plutôt petit pour son âge. Il est brun de peau, les cheveux noirs, raides, toujours ébouriffés, les yeux bruns et vifs. Il m'est adressé par son pédiatre qui s'inquiète d'un refus scolaire total ; en classe, Damien est parfaitement inerte, absent, ne répond pas aux questions posées, ne participe aucunement aux activités. Son pédiatre me signale aussi un refus de nourriture, il s'alimente peu, et les repas tournent invariablement aux scènes d'affrontement avec son entourage. Un autre comportement l'intrigue. En rentrant de l'école, Damien s'enferme dans sa chambre, se pelotonne dans son lit avec ses peluches après s'être mis des couches, des Pampers exclusivement (!). Là il se berce en suçant son pouce pendant des heures.

Je rencontre Damien avec sa mère, une jeune femme belle et élégante. Elle me conte d'emblée « leur » histoire. Damien est un enfant adopté, il vient d'un pays lointain, particulièrement pauvre. C'est elle surtout qui voulait un enfant, son mari en ayant déjà plusieurs d'un premier mariage. Il a accepté cette adoption avant tout pour lui faire plaisir. J'apprends que Damien est arrivé à l'âge de 6 mois, il avait passé les six premiers mois de sa vie en nourrice dans son pays d'origine. A son arrivée en France, il devra faire un séjour à l'hôpital tant son état physique est mauvais : dénutrition grave, retard de croissance. Jusqu'à 1 an, il ne boira que du lait au biberon, ensuite jusqu'à 2 ans du lait épaissi, puis des bouillies ; actuellement il refuse la viande et les plats que lui prépare sa mère.

Pendant ce récit, Damien est très attentif et ne se prive pas de faire des commentaires. Quand sa mère évoque l'adoption, il dit par exemple : « C'est peut-être une grand-mère qui m'a fait, là-bas. » On voit que la question des origines se pose de curieuse façon pour lui. Quand Mme D. évoque le pays d'où il vient, il dit : « C'est un pays où on mange pas, les gens ont du mal à grandir. » Cette réflexion renvoie peut-être à son refus de se nourrir. C'est ce type d'association, pris sur le vif, que l'analyste enregistre et garde en réserve pour la suite.

La mère fait ensuite le récit détaillé des avatars scolaires de Damien. Ce récit, fait dans un premier temps, se révélera incomplet, il ne mentionne pas l'essentiel, que j'apprendrai ultérieurement quand je la rencontrerai seule. Ce jour-là, elle me dit donc que Damien a parlé tard. Il aura de ce fait un an et demi d'orthophonie, puis c'est la série habituelle, ici la classe d'adaptation et le soutien pédagogique. Mme D. insiste sur le fait qu'elle-même a fait « tout ce qui était en son pouvoir », elle l'a toujours « assisté » (c'est son terme), le faisant travailler deux heures le soir en plus de l'école.

Ce qui se repère déjà, c'est un « non », c'est un refus à une mère omniprésente ; refus de se nourrir, refus de manger les plats qu'elle cuisine pour lui, refus de grandir, refus d'apprendre. S'y ajoute une opposition coléreuse à toutes les demandes de la mère, s'habiller, se lever, se coucher, éteindre le poste de télévision, etc. Alors que je vais mettre fin à l'entretien pour voir Damien seul, Mme D. me dit sur le pas de la porte qu'elle est suivie en psychiatrie depuis plusieurs années, elle a fait quatre épisodes délirants avec hospitalisations.

Dans la séance qui suit cet entretien, Damien, seul avec moi, évoque d'emblée ce qui est au cœur de sa relation à sa mère : « Quand ma mère dit des mots de n'importe quoi, mon père la gronde, elle pleure, elle était malade. »

Cette seule phrase est révélatrice de la situation dans laquelle se trouve Damien. Il sait que sa mère est malade dans sa tête, dans ses mots, son père le dit, il sait que ses mots à elle peuvent être du « n'importe quoi » et que c'est ça sa maladie. Ce savoir qu'il énonce montre qu'il se situe à l'extérieur de la problématique maternelle, il a entendu le jugement paternel et il l'a fait sien au point de refuser actuellement en bloc tous les impératifs maternels. Et pourtant, il fait partie de ses mots à elle, de ses dires, de ses actes. Je pense à ce moment-là que c'est la question cruciale qui va se poser dans la cure. De quelle façon cet enfant est-il partie prenante dans le désir maternel ? Quelle place occupe-t-il dans son fantasme ou dans son délire ? L'échec scolaire serait-il une conséquence de cet état de fait ou serait-il en rapport avec la souffrance des premiers mois de la vie, la malnutrition, le retard de développement et sans doute une carence des liens affectifs du tout premier âge ?

Je parlerai un peu plus tard du déroulement de la cure. Je peux déjà dire que, dès les premières séances, le contraste était frappant entre cet enfant décrit comme mutique à l'école, caractériel à la maison, et celui que j'avais en face de moi. Je lui dis, dès le premier jour, qu'il venait pour parler de lui, de ce qu'il aimait, de ce qu'il n'aimait pas, de ses ennuis, de ses peurs, etc., qu'il pouvait le dire de la façon qui lui convenait, dessin, modelage, récits de rêve… que tout cela restait pour moi de l'ordre du secret, et que je n'en dirai rien à personne. Par ailleurs, je lui précisais que je n'étais ni rééducatrice ni institutrice, mais quelqu'un qui allait l'écouter pour comprendre avec lui ce qui n'allait pas dans sa vie.

Après que je lui eus signifié les règles de l'analyse, il s'engagea dans le processus avec fougue et se trouva dans ce lieu de parole et de liberté comme un poisson dans l'eau. La situation me paraissait à la fois inquiétante et de bon augure, inquiétante du fait de la pathologie maternelle grave, de bon augure par la rapidité de l'engagement de Damien dans le processus analytique et par la richesse du matériel qu'il amena dès les premières séances.

Le travail avec les parents dans cette cure

Il fut très important du fait que la pathologie maternelle était au premier plan.

Je tiens à dire et à redire que la « participation » des parents à la cure de leur enfant est indispensable, mais sur des modes qui varient d'un cas à l'autre et d'un enfant à l'autre. Cela peut aller du simple coup de fil ou d'une unique rencontre en début de cure jusqu'à l'entretien avec un ou les deux parents avant chaque séance de leur enfant, mais je le souligne bien, *toujours en présence de l'enfant.* Si la nécessité se fait sentir de voir les parents seuls, l'enfant doit en être informé et donner son accord pour bien signifier que c'est lui qui est concerné et qu'il ne s'agit pas de prendre les parents en analyse. En général, il comprend très bien que des choses intimes de la vie de ses parents puissent le concerner indirectement mais qu'elles n'aient pas à être étalées devant lui. Dans le cas qui nous occupe,

Mme D. me répétait à chaque séance le soulagement qu'elle éprouvait à savoir son enfant en de « bonnes mains », elle se sentait tellement coupable de ne pas savoir l'élever, sa propre mère ne lui étant d'aucun secours. Elle arguait pourtant de sa bonne volonté : ne prenait-elle pas tous les médicaments prescrits par son psychiatre ? Elle me dit un jour qu'elle aimerait justement me parler de cela. Damien fut d'accord pour cette rencontre en dehors de sa présence.

Le récit de Mme D.

Mme D. connaissait depuis de nombreuses années des périodes de crises où alternaient les épisodes dépressifs et les épisodes euphoriques. Des idées délirantes pouvaient apparaître au cours de ces états. On peut supposer que, lors de l'adoption de Damien, Mme D. était en période euphorique, voici ce qu'elle m'en dit, que je transcris ici textuellement.

« C'était l'enfant salvateur..., il était parfait..., c'était un don du ciel..., un enfant différent des autres, qui avait des ressources insoupçonnées..., il triompherait de tout, j'avais une confiance extraordinaire. Dans ces périodes-là, je veux une chose, que le monde soit heureux, que ce soit le bonheur universel. Quand mon humeur a changé, j'ai douté, j'étais coupable de ne pas avoir su le faire s'exprimer, lui apprendre. La situation de Damien avec ses difficultés scolaires me fait souffrir, je ne veux pas qu'il souffre d'être mal compris par son environnement scolaire où il n'a aucune qualification. » J'apprendrai par le père que, sans le consulter, au moment où elle croyait l'enfant persécuté par le système scolaire, elle l'avait fait rayer des listes scolaires, ce qui provoqua une série de difficultés indescriptibles avant que l'enfant soit repris dans une autre école. Cet acte eut au moins le mérite de révéler l'étendue du désastre maternel et de provoquer l'intervention paternelle dans le réel.

Qu'entend-on dans ce récit ?

Damien est l'enfant Dieu venu du ciel (il se représente dans ses dessins en extra-terrestre qui descend d'une soucoupe volante ou en ange piqué par la fourche du diable). Damien a connu dès son arrivée en France, à l'âge de 6 mois, une période paradisiaque. Après avoir souffert de la faim et de l'abandon affectif, il trouve une mère aimante, en adoration devant lui, qui prévient et satisfait tous ses besoins, nuit et jour, elle est là, toujours prête à le combler. Nous percevons dans ce récit que Damien est l'objet inclus dans le délire de grandeur maternel. Le « il triompherait de tout » évoque le discours religieux sur l'enfant Dieu. N'est-ce pas cet état de béatitude que Damien tente de retrouver quand il rejoue le nourrisson au fond de son lit avec ses peluches, ses couches et son bercement ?

Puis vient, pour cette mère, le temps de la mélancolie. Elle s'accuse des échecs de Damien, de son retard de langage, de ses difficultés d'apprentissage scolaire. Elle persiste cependant dans son rôle de mère comblante et de pédagogue – « j'ai fait l'institutrice pour lui », dit-elle –, les impératifs se multiplient : « Mange, répète, apprends. » Quand l'échec scolaire se confirme, elle vit cela comme son propre échec : « Je souffre, dit-elle, c'est moi qu'on persécute dans la personne de mon enfant. » Elle s'identifie massivement à son fils ; lui, c'est elle. Elle dira aussi : « Nous étions *soudés* à cette époque. » Cette phase du délire persécutif avec ce passage à l'acte qu'est la radiation de Damien des listes scolaires précipite la catastrophe. A partir de ce moment, Damien fait le mort, il se met en sommeil, il ne peut subsister sans doute que dans cet évanouissement qui le met hors de portée de l'Autre. Car comment exister soi-même, soutenir son identité quand on est là pour faire exister cet

Autre, pour combler son vide existentiel ou donner corps à des idées délirantes?

Mme D. va mieux actuellement, mais Damien n'en reste pas moins le pôle de sa vie. Après l'avoir comblée dans la période de bonheur, déçue dans la période dépressive, il occupe maintenant tout son espace-temps... et cela dans l'angoisse. Ses propos en rendent compte : « Je suis toujours en train de dire : Damien, dépêche-toi, les repas sont longs, les devoirs n'en finissent pas, tout mon temps est réduit à cette tâche. Je ne trouve plus de temps pour moi, je suis *obstruée* par Damien. » Cette expression dit bien la place de l'enfant qui fait bouchon, qui obstrue quelque chose... mais quoi? un vide, une explosion psychotique? Elle dira une autre fois : « A la rentrée des classes, j'ai peur, l'école, c'est le point névralgique pour moi, cette angoisse me réveille, c'est *la sardine qui bouche le port de Marseille.* » Nous retrouvons la métaphore du bouchon qui, chez elle, a un sens très fort.

Damien aurait pu devenir fou si cette situation avait duré. Il aurait pu aussi, en continuant à faire le mort, passer pour un débile et le devenir de fait, car il y avait bien chez lui un *arrêt* de tout investissement. Nous verrons comment le processus analytique a rompu ce cercle vicieux. En donnant la parole au sujet, l'analyste a introduit la fonction de séparation qui a permis à l'enfant de sortir de cette position d'objet piégé dans le délire maternel.

Le père ne resta pas en dehors de cette cure. Il se vivait impuissant devant le couple mère-enfant qu'il tentait en vain de dissocier pour que « Damien trouve son autonomie ». Il insistait par exemple pour que l'enfant ne reste pas le mercredi entier absorbé avec sa mère par l'écran de télévision. Il inscrivait Damien dans des activités de loisirs, mais, Damien se refusant à sortir, sa mère n'insistait pas. Il s'arrangeait cependant pour que l'enfant et sa mère passent les vacances, quand lui n'était pas présent, dans des familles amies où il y avait beaucoup d'enfants de l'âge de son fils... mais il restait désarmé devant le comportement imprévisible de sa femme, comme on peut l'être quand les motivations de l'autre échappent totalement à la norme. Il accompagnait souvent Damien à ses séances et c'était une occasion de parler de la situation familiale. Nous verrons comment il intervint de manière efficace pour lever l'inhibition scolaire.

Dès que je lui en eus précisé les règles, Damien entra de plain-pied dans le processus analytique. C'était bien « une mise au travail de l'inconscient » qui s'engageait avec les premières questions abordées : celle du corps et celle des origines qui, au fond, n'en faisaient qu'une pour lui. Contrairement aux enfants plus âgés, qui se défendent de soulever les questions essentielles, Damien s'y attaqua avec une fraîcheur émouvante. Il explora d'emblée son fantasme fondamental, à savoir le fantasme des origines. Cela débuta par des histoires d'œufs d'autruche ; il dessinait d'un côté les plus petits, ceux qui étaient dans le ventre de l'autruche, de l'autre côté les gros, ceux qui en étaient sortis. Il n'en finissait pas de découvrir et de s'étonner que, pour éclore, les œufs n'aient pas besoin d'être à l'intérieur du ventre de la mère autruche. Cette question touchait à sa propre naissance. Dans quel ventre était-il ? Sa vraie naissance avait-elle eu lieu à la sortie du ventre maternel ou à l'extérieur, à son arrivée en France, par exemple ? Il parla ensuite beaucoup des origines de la Terre, du Soleil, qu'il dessinait avec minutie. Dans le même temps, il représentait l'intérieur du corps. Les préoccupations sur son corps rejoignaient chez lui la question des origines, car il restait assez typé, et cela le renvoyait à ses père et mère biologiques. Sur des pages entières, il faisait « l'estomac d'un nain qui fabriquait de la bouillie ». Ce dessin voisinait avec les intestins, la tête de Charlemagne, le cœur et les gros vaisseaux qui en sortaient comme autant de bras tendus vers le ciel. Pourquoi le nain revenait-il si souvent dans ses associations ? Je compris que, en refusant la nourriture que lui préparait sa mère, il cherchait à ressembler aux hommes de son pays qui restaient petits comme des nains, car ils n'avaient pas de quoi manger. Par son refus de s'alimenter, il marquait son identification à sa race, à sa mère et à son père de sang, et se démarquait ainsi de sa mère adoptive. Refuser de grandir, c'était aussi rester le petit enfant adulé qu'il avait été, c'était tenter de retrouver le paradis de sa petite enfance, du temps où son estomac ne fabriquait que de la bouillie (c'était son interprétation du nourrissage).

Son dessin de prédilection est la maison. Il y a une raison à cela, c'est son patronyme, qui porte un signifiant ayant trait à la maison et que je pourrais traduire par « Maisonneuve ». Ses maisons sont bien construites ; il dit par exemple : « Elle est bien protégée, elle a cinq fenêtres, une grande porte. » Il les dessine en coupe pour que l'on puisse voir l'intérieur : escaliers, salle de bains, chambres d'enfants, chambre des parents avec deux oreillers sur le lit, tout y est. Ça grouille de petits personnages : enfants, amis, parents. A l'extérieur, il y a le soleil, des fleurs.

Si l'on pense que la maison est une représentation du corps ainsi qu'une image du sujet, nous pourrions nous étonner de l'harmonie, de la solidité qui se dégage de ces dessins et des commentaires qui les accompagnent. Cela contraste avec l'image que Damien donne de lui à l'extérieur du lieu analytique : enfant fermé, mutique, hargneux. Cela confirme ma première impression : Damien a été un bébé à qui l'amour passionné et un peu fou d'une mère a redonné la vie. Les soins dont elle l'a entouré l'ont tiré d'une mort à peu près certaine. Cet amour lui a donné un narcissisme de base solide. Mais quand vient le temps de se dégager de cette passion maternelle envahissante, quand vient le temps de la séparation, de la structuration œdipienne, il n'y parvient pas. Ses tentatives, en fait, ne visent qu'à se protéger, soit en régressant au fond de son lit dans un état de bonheur primitif, soit en faisant le mort devant les exigences sociales comme l'école, soit en refusant de grandir, soit en se cabrant systématiquement devant toute approche maternelle.

La maison est bien l'image d'un corps solide qu'il s'est bâti avec une riche structure imaginaire. Mais c'est aussi la maison du père, puisque c'est le père de nom qui se nomme ainsi. Or ce père, même impuissant devant le fait maternel, n'a jamais failli. A propos des enfants qui sont dans la maison, Damien évoque les enfants du père avec lesquels il entretient des liens très chaleureux.

Damien fait des projets d'avenir. Il veut être « voleur ». Pensant qu'il s'agissait d'une mauvaise utilisation du mot, je lui demandais de préciser. C'était bien « voleur » qu'il voulait être, « à tous les âges de la vie, précise-t-il. A 9 ans il volerait tous les albums, les Crados, les Picsous, les Chevaliers du Zodiaque, plus tard il volerait autre chose ». Cette curieuse vocation est à rapprocher de ses origines ; beaucoup d'enfants adoptés pensent qu'on les a volés ou achetés. Dans le cours de la cure, le signifiant « voleur » apparaîtra dans de multiples scénarios fantasmatiques, le Chevalier du Zodiaque, créature phallique toute-puissante, « vole » dans les airs et atterrit sur une soucoupe. N'est-il pas lui aussi arrivé par les airs pour sa seconde naissance ? Je ne faisais aucun commentaire sur tout cet imaginaire qui se déployait pour ne pas risquer de fermer la production fantasmatique par un rappel trivial à la réalité.

Les Picsous et les Crados sont à considérer sur le versant de l'analité. Il fera allusion aux « sous » dans le deuxième métier qu'il envisage, métier aussi surprenant que le premier. Il fera un élevage de chats : « Je ferai faire des bébés chats, dit-il, pour les *vendre* à des vieilles mémés qui s'ennuient. » N'y a-t-il pas, là aussi, comme un rappel de sa propre histoire ?

En cours de cure, les thèmes évoluent. Les dessins deviennent de plus en plus élaborés. Damien ajoute maintenant des bulles aux personnages et des légendes. Il m'a posé des questions sur le fait que je prenne en note ce qu'il me dit ; cette trace, c'est lui maintenant qui la fait sur le papier, alors qu'il se refuse à tenir un crayon à l'école.

Cependant, les histoires changent, il est beaucoup question de bagarres, les rivalités se jouent entre les hommes de différentes nations. Les pirates sont anglais et attaquent les bateaux français, par exemple. Il manifeste beaucoup de curiosité pour les coutumes des autres pays. On constate là à quel point son histoire, qui aurait pu être une cause de repli, le pousse maintenant à élargir son champ imaginaire et son désir de savoir. Le matériel de la cure permet de suivre cette évolution. Il arrive que certains thèmes du début soient repris par la suite de façon différente. Par exemple, il dessine une usine de transformation de lait sur le même modèle topologique qu'il avait dessiné l'estomac du nain qui fabriquait de la bouillie. Les intestins sont maintenant des routes sur lesquelles roulent les camions remplis de bidons de lait... Le lait en poudre sort de l'usine à l'autre bout de la chaîne, les déchets vont à la mer par un égout, l'eau de nettoyage rejoint le tuyau de l'égout, etc. En me quittant après cette séance, il me dit en riant : « J'aime plus le lait maintenant ! »

Ce « j'aime plus le lait maintenant » était significatif du travail de séparation qui se faisait d'avec sa mère, celle qui l'avait si bien nourri. C'est à peu près à ce moment-là qu'il lui dira : « Puisque tu n'es pas ma vraie mère, je t'appellerai Élisabeth maintenant. » Cela dura quelques jours. Il devint moins agressif avec elle comme si le lieu analytique était une maison protectrice qui lui permettait de l'affronter sans crainte et sans angoisse. Il acceptait maintenant de se plier à un minimum d'obligations, se lever, s'habiller, fermer le poste de télévision quand il était l'heure de se coucher.

Pendant les premiers mois, je n'entendis plus parler de l'école, j'avais demandé à la mère de ne plus le faire travailler, ce qu'elle avait accepté d'assez mauvaise grâce. Son instituteur, informé par les parents de la prise en charge analytique, me téléphona pour me dire sa perplexité quant à la conduite à adopter avec lui. Je lui demandais s'il était possible, pendant quelques mois, de surseoir à toute décision d'orientation, « descendre » de classe, changer d'école, par exemple, autant de solutions qui avaient été envisagées. Pouvait-il accepter de garder Damien dans sa classe, un peu à la manière d'un auditeur libre, en lui demandant de respecter les règles de la vie communautaire sans exiger de lui un travail productif? J'étais persuadée que, sous ses dehors de débile, Damien continuait à engranger des informations qu'il restituerait le moment venu. Cet homme, qui était sensibilisé aux problèmes psychologiques pour avoir travaillé avec des enfants handicapés, sut adapter sa position pédagogique au cas de Damien.

Un jour, à la dix-neuvième séance exactement, je fus étonnée d'entendre Damien se plaindre de ses mauvais résultats scolaires. Or j'avais fait une constatation qui inspira ma conduite ce jour-là. J'avais remarqué que, lorsque son père l'accompagnait, pendant qu'il s'entretenait avec moi, Damien dessinait de façon très précise sans faire de faute, ni dans les chiffres ni dans les lettres, le chèque que son père allait me donner pour le paiement de la séance. Il lui arrivait aussi, en présence de son père, d'écrire et de faire des opérations. Je lui demandais s'il aimerait que son père l'aide en calcul pour se remettre au niveau de la classe. Il en fut enchanté. Le résultat fut surprenant.

M. D. fut stupéfait de constater que Damien ne comprenait pas les énoncés. Par exemple, me disait-il, « il ne comprend pas ce que veut dire le double, un enfant a sept billes, l'autre le double, je n'arrive pas à lui faire comprendre cela. » La semaine suivante, le père, ayant sans doute renoncé à ses explications, me dit cette chose étonnante : « Maintenant, je lui lis les énoncés lentement. *Il comprend parfaitement si c'est moi qui lui passe le message, comme s'il entendait la voix de son père.* » J'ai beaucoup repensé à cette phrase ; elle nous dit que le message, véhiculé par la voix du père, balaie toutes les inhibitions. Car c'est en tant que père symbolique que M. D. parle à son fils. Il ne se pose pas en maître du savoir, renonce à jouer les pédagogues. Il lui dit, à sa façon, « tu as le droit de savoir, à toi de comprendre, je te fais confiance, je ne suis là que pour te passer le message ». C'est ce même père qui se pose comme garant de la loi du discours quand il dit à son fils : « Quand on dit des mots ou des phrases de n'importe quoi, c'est parce qu'on est malade, il y a des règles du bien dire. » Damien me fera remarquer un jour qu'on peut cependant dire des bêtises pour rigoler ; il adore les jeux de mots, les plaisanteries, les énigmes qu'il essaie de me faire résoudre.

En me référant à l'ensemble du contenu des associations, j'avancerai que le signifiant « double » était, chez lui, surdéterminé et créait de ce fait un élément de blocage, un point de départ de l'inhibition. Le terme lui-même est porteur d'une ambiguïté, puisque double signifie à la fois qui vaut deux fois la chose, qui est multiplié par deux, mais aussi qui est formé de deux choses identiques. Or, dans l'histoire de Damien, plusieurs choses sont doubles : le père n'a-t-il pas le *double* de l'âge de la mère ? n'a-t-il pas, lui, deux mères, donc une double origine, une double vie, celle d'avant, dans le pays lointain, celle d'après, en France ? Le père n'a-t-il pas eu deux familles, lui aussi ? On pourrait allonger la liste des liaisons inconscientes autour de ce signifiant ; sans que je l'aie moi-même entendu de la bouche de l'enfant ou des parents, je pourrai dire que la mère, dans sa vie, peut donner l'impression d'avoir une *double identité,* femme gaie, expansive dans ses états euphoriques, sombre, persécutée, angoissée dans ses moments dépressifs.

Nous remarquons ici que le signifiant « double » est au centre d'un réseau de significations multiples. Il est aussi porteur d'une forte charge affective. Quand le sujet le rencontre, quelque chose se brouille dans son esprit, il y a arrêt de la pensée, arrêt des opérations intellectuelles, compter par exemple : l'enfant « ne comprend plus rien ».

Avec l'exemple de cet arrêt sur le signifiant « double », nous prenons conscience de l'inanité de toute explication logique, de toute intervention pédagogique, quand l'inhibition touche au point central de l'être du sujet, quand il y a rencontre avec une configuration signifiante dont « il ne veut rien savoir ».

L'intervention paternelle a levé cette inhibition par la voix d'abord, qui a agi avec toute la force affective qu'elle recèle, puis avec le « tu peux savoir, tu en as le droit, toi *seul* le peux ». Cette levée rapide de l'inhibition est fréquente dans les cures ; il suffit parfois de reprendre le point litigieux à partir du contexte qu'il sous-tend, pour que le voile se déchire. J'ai vu des enfants bloqués sur les opérations pousser leur « eurêka ! » après des séances où étaient évoqués quelque addition (un enfant de plus), soustraction (un mort ou une perte) ou quelque partage douloureux quand il s'agit de diviser.

Après environ dix mois de traitement, Damien partit en classe de mer avec son instituteur et ses camarades. Il s'y montra parfaitement adapté, y compris dans son travail scolaire où il rattrapait peu à peu son retard. A son retour, sa mère put le faire à nouveau lire le soir, sans que cela provoquât des drames : son père, lui, continuait à s'occuper du calcul. Je n'entendais plus parler depuis longtemps déjà des problèmes de nourriture ni des caprices de la vie quotidienne.

Je rapporterai maintenant une séance, la dixième, qui me paraît rendre compte de façon exemplaire du travail de l'analyse, en particulier du phénomène de transfert et de son mode d'expression dans la cure. Cette séance suivait de peu la rencontre que j'avais eue avec la mère seule.

En arrivant, Damien fit rapidement un dessin qu'il commenta aussi vivement, sans vouloir rien ajouter à ses premières associations. Cette façon de faire me rappela le récit de rêves de transfert rencontré chez les analysants adultes, en cours de cure.

Il dessina une maison avec au premier plan l'angle de la façade et d'un mur de côté. Sur la façade, une porte et une fenêtre ; sur le mur de côté, deux fenêtres. Il fit ensuite un personnage allongé devant l'angle de la maison, un bras caché sous son vêtement, une sorte de grande cape, l'autre dressé très haut avec une grande main dont le majeur est pointé vers les fenêtres à la manière d'un phallus géant qui sortirait du sol. Puis il fit une tête à la fenêtre de la façade et une autre à l'une des fenêtres du côté. Il traça ensuite des lignes de pointillés, l'une joignait le personnage couché à la fenêtre de la façade et une autre, après avoir pris la même direction, obliquait à angle droit pour se diriger vers le personnage posté à la fenêtre du mur de côté. Voici ce qu'il dit que je transcris textuellement.

« L'homme, il dit : "Oh ! Madame, que vous êtes belle !" Les traits d'union c'est au lieu de voir la fille qui est très jolie, il regarde la vieille femme parce qu'il croit que c'est la jolie fille qui s'est déguisée en vieille dame. Comme le jeune homme, "elle" a pas vu que c'était la jolie fille, comme le monsieur il voit pas la jolie femme, elle dit "comme ils me voient pas, je peux voir". Elle aussi elle a des traits d'union comme si elle voyait le jeune homme. »

Reprenons les termes mêmes de cette histoire :

« *L'homme, il dit : "Oh ! Madame, que vous êtes belle !"* » On pense tout de suite à la mère, qui, aux yeux de l'enfant, a pu séduire le père par sa beauté. Lui-même semble y être sensible, car, un jour, il me fit cette réflexion : « C'est pas parce qu'elle est belle qu'elle a le droit de… », je ne me souviens plus ce qu'il avait à lui reprocher ce jour-là.

Ce qu'il appelle les « traits d'union » sont en fait des pointillés. Le mot est joli dans ce qu'il dit si bien : il y a un lien entre tous ces personnages, des traits les unissent.

« *Au lieu de voir la fille qui est jolie il regarde la vieille femme… parce qu'il croit que c'est la jolie fille qui s'est déguisée en vieille dame.* » On ne peut mieux dire le transfert. Il y a ici substitution : au lieu de regarder la jolie, c'est la vieille qu'on regarde, la jolie s'est-elle « déguisée » en vieille ? On parle à l'une, c'est de l'autre qu'il s'agit, on choisit de parler à la vieille pour évoquer la jeune, les pointillés le disent qui changent de direction. Ce qui se cache derrière la figure de l'analyste, ici la vieille femme, c'est l'objet que l'analysant y met. L'analyste occupe bien la place d'un « semblant d'objet », il y a « déguisement », ainsi que Damien le suggère. C'est parce que je ne suis en rien la mère que la figure maternelle peut surgir à travers moi dans le dire, en dehors des apparences.

Quand Damien parle de vieille femme ou de vieille dame, je pense qu'il y a aussi une référence au contenu de ses fantasmes des origines. A notre première rencontre, les premiers mots qu'il ait prononcés en ma présence étaient une question sur sa mère biologique : « C'est peut-être une grand-mère qui m'a fait, là-bas? » Pourquoi cette fantaisie? Je l'associerai notamment à des évocations sur les habitants de son pays d'origine. Il a vu des reportages à la télévision et a été frappé par l'aspect des femmes, brunes au visage buriné, et des hommes, petits et bruns. N'oublions pas bien sûr que j'ai l'âge d'une grand-mère et que sa mère me situe à cette place lorsqu'elle me « confie » l'enfant, elle qui n'a pas de mère à qui avoir recours, dit-elle.

Comme le jeune homme, « elle »... au lieu de « il »... Par ce lapsus qui féminise le jeune homme, il montre combien il colle à la femme. La mère ne dit-elle pas : « Nous étions soudés »? Il a bien failli disparaître dans la « chose » maternelle.

Cependant, le « elle » a sûrement d'autres significations, c'est peut-être un carrefour de sens que nous ne pouvons explorer, faute d'associations. C'est aussi le « elle a pas vu ». Qui n'a pas vu? Et quoi? Serait-ce la mère qui ne voit rien en opposition à l'autre femme qui, elle, voit sans être vue, à la fin de l'histoire?

Dans le récit, il distingue l'homme et le jeune homme, alors que le dessin ne représente qu'un seul personnage à terre. Ici il semble bien identifié à l'homme qui regarde les femmes, qui est séduit et se fait duper! L'homme et le jeune homme n'en font qu'un, et l'élément phallique, le bras et le doigt pointé, ne fait aucun doute. La parole est maintenant à la vieille femme.

« *Elle dit "comme ils me voient pas, je peux voir". Elle aussi, elle a les traits d'union comme si elle voyait le jeune homme.* » C'est parce que l'analyste ne se dévoile pas que l'analysant peut accrocher à cette place vide l'objet de ses fantasmes et en faire l'objet mythique cause de son désir. C'est en tant qu'effacé du réel qu'il peut laisser advenir le sujet de l'inconscient. Cet effet de vérité, l'analysant pense que c'est au savoir de l'analyste qu'il le doit, alors que c'est de *lui*, en tant qu'il parle, que la vérité de l'inconscient peut surgir ; l'analyste n'a que le savoir que l'analysant lui prête, il est un sujet supposé savoir, ainsi que le nomme Lacan. C'est ce savoir supposé qui fait retour vers l'analysant ; le transfert, c'est « la mise au travail de l'inconscient », dit Lacan. Damien représente ce savoir par les traits d'union qui, cette fois, partent de la vieille femme à la fenêtre vers le jeune homme : « Elle a des traits d'union *comme si* elle *voyait* le jeune homme », dit-il. Le « comme si » rappelle la dimension de semblant, de leurre, présents dans l'analyse, et le « voir » évoque une sorte de voyance, de reconnaissance, d'un voir qui se situerait au-delà du regard.

Le lien de transfert permet à l'enfant de sortir de sa position d'objet pour advenir comme sujet. Ce statut, il le trouve au fil de la cure en verbalisant ses fantasmes, ses désirs, se démarquant ainsi de l'imaginaire maternel, travail de liaison et de séparation que l'analyste soutient.

Le travail avec les parents

L'histoire de Damien nous donne l'occasion de parler de la participation des parents à l'analyse de leur enfant. Beaucoup la refusent prétextant que l'enfant est un analysant à part entière et que la relation analytique doit rester pure de toute interférence extérieure. Je ne suis pas de cet avis. Un petit enfant n'aborde pas l'analyse comme un adulte, il n'est pas d'emblée un analysant à part entière, il a à le devenir. Il ne vient pas seul avec sa souffrance, il est amené par l'adulte, et c'est souvent l'adulte qui émet la plainte : « Cet enfant ne veut pas travailler, il a un comportement anormal, il *nous* en fait *voir*! » C'est ce regard sur lui qui est verbalisé, alors que sa souffrance à lui n'est pas encore subjectivée. Il est donc important, avant de laisser l'enfant parler seul, d'entendre les jugements portés sur lui, la façon dont sa propre histoire est narrée par l'autre, les qualités et les défauts qu'on lui prête.

L'aliénation dans l'imaginaire parental

L'enfant qui entend ses parents raconter à un tiers investi d'un savoir leurs difficultés et leur souffrance entend souvent un discours nouveau, lui qui n'a droit le plus souvent qu'aux impératifs : tu dois travailler, tu dois obéir. Quelque chose de la toute-puissance parentale est ébranlé, et s'introduit alors la dimension de la castration de l'Autre. Il arrive souvent que l'enfant découvre à cette occasion un épisode de la vie de ses parents ignoré de lui, tel mystère sur les origines, telle mort cachée, telle relation conflictuelle avec leurs propres parents, tel épisode traumatique qui peut justifier leur angoisse par rapport à leur progéniture, alors que l'enfant s'en croyait responsable.

Soulignons un élément important qui amorce le processus de séparation : c'est lorsqu'il s'aperçoit qu'il est en train de répéter, sans le savoir, l'histoire de l'Autre. Alors que les parents le soulignent avec complaisance, lui s'en inquiète. « Il est comme moi à son âge, aussi timide, aussi nul en calcul, aussi instable, etc. », disent-ils avec une sorte de contentement, alors qu'ils viennent se plaindre de cette conduite même. Je rétorque en général : « Et pourtant il n'a pas les mêmes parents que vous, ni la vie que vous avez eue. »

L'enfant perçoit alors que c'est son histoire qu'on est en train de lui voler, englué qu'il est dans l'histoire de l'Autre ; il prend conscience à ce moment-là de la nécessité de se démarquer des *signifiants* parentaux.

Il est souvent question, dans la littérature psy, de relation fusionnelle à la mère ; or la fusion ou la symbiose ne peuvent s'entendre qu'au niveau signifiant, un enfant n'est pas la mère, fusion et symbiose sont l'expression d'un fantasme de non-différenciation qui touche à l'être et au langage, c'est le « qui parle » du psychotique. Nous y reviendrons.

Chez les enfants dont il a été question ici, nous avons remarqué que certains signifiants maîtres pris dans les pulsions parentales et sans cesse martelés ont eu un impact sur la constitution du sujet : « Mange, fais, apprends. » A l'écoute du discours parental adressé à un tiers, l'enfant resitue ces signifiants dans l'histoire personnelle de l'Autre, il les retient comme éléments identificatoires et les commentera en cours de cure.

Le contrat

L'entretien avec les parents en présence de l'enfant a une autre fonction, aussi capitale, pour la mise en place du dispositif analytique. Bien que le père n'ait plus droit de vie et de mort sur ses enfants, il n'en reste pas moins que la vie de l'enfant dépend du bon vouloir de l'autre parental, l'angoisse de l'abandon n'est-elle pas au cœur de toute angoisse infantile ? La littérature enfantine, les contes sont pleins de récits d'enfants perdus, abandonnés... *Le Petit Poucet, Hansel et Gretel, Sans famille*... pour n'en citer que quelques-uns.

Alors que l'angoisse de la perte des parents est toujours vive, comment un enfant pourrait-il nouer un lien affectif privilégié, « faire ses confidences » à un autre adulte qui ne serait pas agréé par eux? Un enfant qui commence un traitement psychothérapeutique doit avoir clairement entendu la demande des parents qu'une aide soit apportée à leur enfant, qu'ils souhaitent le voir « plus à l'aise dans sa peau ». Cette demande a valeur de *contrat,* il faut l'entendre et la signifier comme telle. Si un des deux parents n'a pu être présent dans les premières rencontres, il doit donner son accord par écrit ou par téléphone, car nous savons, nous, analystes, que le changement de l'enfant peut bouleverser la vie des parents. En perdant ses symptômes, en devenant plus autonome, il rompt un équilibre libidinal installé parfois depuis sa naissance. Il n'est pas rare de voir alors un parent se déprimer ou déclencher une psychose, un frère ou une sœur tomber malade. Il arrive que les parents ne supportent pas ces remises en question et, forts de leur autorité, n'hésitent pas à interrompre le traitement. Si l'on perçoit ce risque, il faut rappeler les engagements pris au début et ne pas hésiter à parler de la douleur qu'implique la séparation. Il est parfois bon, à ce moment-là, de conseiller aux parents de rencontrer quelqu'un à qui ils puissent parler de leurs difficultés.

Si nous ne gardons pas à l'esprit l'antinomie entre la demande et le désir, nous ne comprendrons pas pourquoi des parents demandent avec tant d'insistance la disparition des symptômes de leur enfant et s'empressent d'arrêter le traitement au premier signe d'amélioration. Beaucoup de thérapeutes et de rééducateurs qui ne prennent pas en compte le *désir inconscient* qui se cache derrière la demande s'étonnent de leurs échecs ou des déplacements du symptôme. C'est ce que Freud avait désigné sous le nom de « réaction thérapeutique négative ». Nous avons montré dans les cas relatés ici les multiples facettes de cet au-delà de la demande.

Après ces remarques, nous ne nous étonnerons pas des difficultés rencontrées dans les prises en charge psychothérapeutiques en milieu scolaire ou institutionnel. Dans ces cas, c'est l'école ou l'institution qui est demandeur ; les parents, même s'ils ont donné leur accord, sont peu concernés, ils sont rarement entendus et peu ou pas impliqués dans cette démarche. Comment, dans ces cas, pourrait-il y avoir mise en place du travail analytique ? Comment l'enfant pourrait-il s'autoriser à parler en son nom et nouer une relation transférentielle avec une personne qui n'a pas l'aval parental ? Les résistances apparaissent d'emblée ; il sera heureux, bien sûr, de venir « jouer » ou « prendre un cours » avec une personne gentille qui s'occupe bien de lui (ce sont les termes fréquemment entendus), mais rien de l'ordre de l'inconscient n'est analysé. Il y a une répétition stérile du même discours, et s'il peut y avoir un apaisement momentané de l'angoisse, nous voyons rarement une modification structurale. On perd là un temps précieux, car très souvent le trouble se fixe dans une organisation névrotique, et il en vient à représenter à lui seul la vérité du sujet. Nous l'avons vu avec Thierry, ce qui n'était qu'une inhibition au départ est devenu un refus scolaire inscrit dans une organisation névrotique où dominaient l'élément dépressif et une position masochiste.

Quand il n'y a pas de prise en compte et d'analyse du transfert, il n'y a aucune raison que le lien avec le thérapeute s'arrête, puisque la dimension de la séparation et de la castration n'est pas abordée. Ce sont alors ces prises en charge rééducatives ou psychothérapeutiques qui perdurent dans la satisfaction mutuelle de la rencontre. La relation reste dans le registre imaginaire et n'aborde pas la dimension symbolique. La rééducatrice devient une sorte de figure tutélaire qui double l'imago maternelle, l'enfant se fait conforme à ce qu'elle attend de lui pour continuer à être aimé. Nous avons pu constater qu'il perd parfois son symptôme avec la rééducatrice pour le conserver ailleurs (lire, ou faire des fautes, chez Arthur et Thierry). L'angoisse de l'abandon peut rester vive quand le lien affectif est intense.

Il m'est souvent arrivé d'entendre des rééducatrices me poser cette question : « Comment faites-vous pour arrêter un traitement? » On n'interrompt pas une psychanalyse, elle s'arrête d'elle-même quand l'analyste devient caduc, quand le Sujet supposé Savoir a chu pour devenir un objet sans valeur.

En fin d'analyse, l'enfant fait souvent un rêve significatif : « J'ai rêvé que t'étais morte, me disait un enfant, que ta maison avait brûlé, y avait plus rien. »

Il est vrai que le vide se fait à ce moment-là, le leurre ne fonctionne plus. L'enfant n'éprouve plus le besoin de venir, et il le dit plus crûment que l'adulte en général ; la séparation est consommée. Après l'arrêt de la cure, le matériel est comme frappé de refoulement.

Je pense avoir montré que les entretiens avec les parents et le travail proprement analytique avec l'enfant relèvent de deux ordres totalement différents. La disparité des deux approches est radicale, mais elles n'en sont pas moins complémentaires. L'une se situe au niveau du récit conscient, il n'est pas question d'interpréter le dire des parents, bien qu'il éclaire le sens des symptômes de l'enfant ; l'autre approche, à savoir la cure proprement dite de l'enfant, relève de la mise au travail de l'inconscient dans le transfert.

Les parents de Damien

Il arrive parfois que la rencontre régulière avec les parents vienne soutenir efficacement le travail analytique de l'enfant ; ce fut le cas pour Damien, c'est le cas lorsque l'on a affaire à une problématique familiale difficile, telle que la maladie mentale d'un ou des deux parents ou la psychose de l'enfant.

Nous semblons bien éloignés de notre interrogation sur l'échec scolaire ; n'oublions pas cependant que c'est cela qui a motivé la consultation de Damien. La question que je me posais dans un premier temps était celle-ci : pourquoi Damien n'était-il pas devenu débile ou psychotique? Puis, ensuite, pourquoi la cure l'avait-elle remis sur pied aussi intégralement?

Je tenterai *a posteriori* de répondre à ces deux questions en reprenant l'histoire de Damien. Jusqu'à 6 mois, cet enfant a souffert de dénutrition et probablement de carence affective. A 6 mois, il trouve une mère qui le prend pour l'enfant Dieu, l'adore, le choie au-delà de toute limite. Cela semble lui avoir redonné la santé et le goût de vivre. C'est plus tard, à l'âge de la socialisation, que le monde bascule et devient mauvais, lui-même fait partie de la méchanceté de ce monde, puisque la mère affirme que c'est elle qu'on persécute à travers lui. Elle le soustrait au corpus social en le faisant rayer de l'école et tente ainsi de se le réapproprier. Damien se vit alors comme un exclu, « ange déchu piqué par le diable ». La mère lui interdisant de grandir, il régresse et tente de retrouver le bonheur primitif avec ses couches, ses nounours, son biberon et son bercement. Ici, une remarque s'impose : cette régression nous apparaît davantage comme une mesure de survie, un refus de l'incohérence environnante, plutôt qu'une perte d'identité ou une déstructuration véritable comme nous pourrions le voir dans la psychose. Cependant, à rester dans cette position de repli, à refuser de grandir et d'apprendre, Damien serait devenu cela, un poids mort, un enfant dit débile ou étiqueté prépsychotique. C'est ici qu'intervient un signal d'arrêt, la consultation pédiatrique qui interroge le symptôme et adresse la mère et l'enfant à l'analyste. Quels leviers ont alors permis à cette prise en charge d'être opérationnelle très rapidement et d'arrêter le processus de régression? Ici, je répondrai que l'implication des deux parents fut essentielle.

Côté maternel

Ce que Mme D. énonce devant son fils est : j'ai fait du mal à mon enfant, je me soigne, ça va mieux maintenant, ma mère ne m'a pas dit comment on élevait les enfants, aidez-moi, je vous le confie. Elle me place d'emblée en position maternelle à son égard, donc grand-maternelle pour Damien.

Elle énonce aussi la chronologie de ses troubles qui n'ont rien à voir avec l'arrivée de Damien. Cela est très important quand on sait à quel point l'enfant se croit responsable des malheurs qui affectent ses parents. Mme D. ne parlera pas devant son fils du contenu de son délire, mais nous savons que certains éléments en sont repris dans ses fantasmes à lui.

En résumé, Mme D. nous dit : maintenant que je vais mieux, je sais que j'aime cet enfant pour lui et non pour ma propre satisfaction, je l'aime assez pour renoncer à l'avoir pour moi seule, à vous de l'aider. Ce faisant, la porte est ouverte pour qu'il se libère de sa tutelle et se tourne vers le père. Dans ce cas, il y a reconnaissance et critique de paroles et d'actes hors norme. La parole maternelle n'a plus force de loi. Or nous savons combien le discours délirant peut être convaincant. Damien s'autorisera d'autant plus à se dégager de cette emprise que d'autres circonstances l'y aident : son adoption, par exemple, quand il déclara à sa mère : « Puisque tu n'es pas ma vraie mère, alors je t'appellerai Élisabeth. » Cela ne dura qu'un temps, et Mme D. ne s'en attrista pas outre mesure, comprenant intuitivement le sens de cette manœuvre de détachement.

L'autre élément capital qui lui permit un rétablissement rapide fut l'attitude paternelle. Ce père qui pouvait apparaître comme incapable de séparer l'enfant de sa mère eut des paroles décisives pour le soutenir dans l'accession phallique. *Il dit d'abord la déraison de sa femme sans pour autant cesser de l'aimer et de la désirer,* il est donc pour l'enfant un père symbolique, dont le désir pour une femme perdure au-delà de tout jugement critique. Il ne la condamne ni ne la rejette en tant que personne, il disqualifie seulement son dire quand ce dire ne respecte pas la logique du discours, et qu'il conduit à des actes insensés. Il réintroduit l'enfant à la culture en réintroduisant la loi de l'enseignement obligatoire, il le réinscrit à l'école et, plus tard, en cours d'analyse, le renvoie à son désir de savoir : je ne peux désirer pour toi, lui dit-il, à toi d'assumer ton désir d'apprendre.

Nous avons là le paradigme d'une situation psychotisante pour l'enfant en même temps que les circonstances qui ont favorisé la sortie de l'état pathologique induit par le délire maternel.

Nous devons ici ouvrir une longue parenthèse pour expliciter notre formulation et préciser notre point de vue.

Enfant psychotique – enfant psychotisé

L'expérience clinique montre que certains cas d'apparence gravissime chez l'enfant sont rapidement amendés par une cure analytique ou une psychothérapie. C'est ainsi que beaucoup de thérapeutes se targuent de guérir la psychose. C'est sur ce malentendu que nous avons à réfléchir, car il n'a pas fini de jeter la confusion dans les esprits. Ces cas de guérison (miraculeuse) de sujets dits « psychotiques » sont, en fait, des guérisons de patients atteints de désordre psychique d'*apparence* psychotique. Ce que nous voulons mettre en évidence, c'est cette frontière entre pathologie psychotique et *structure* psychotique. C'est une question difficile qui nécessite une approche plus pointue que celle de la classique nosographie psychiatrique, formulée dans le *DSM III*, par exemple. Si cette dernière peut être utile au prescripteur de psychotropes, les éléments descriptifs et le regroupement symptomatique qu'elle met en avant ne sont d'aucune utilité pour une prise en charge psychanalytique. Nous devons, pour nous faire entendre, repartir de la notion de symptôme.

Signification du symptôme chez l'enfant

Les caractères propres à la symptomatologie chez l'enfant sont propices à semer la confusion et à brouiller les pistes. Nous en relèverons quelques-uns :

– les symptômes sont souvent multiples. Une énurésie, par exemple, peut s'associer à des troubles du comportement, à une insomnie, ou à des phénomènes psychosomatiques ;

– ils sont changeants, non fixés. Ils peuvent disparaître une semaine et réapparaître brusquement, sans raison apparente. Ils peuvent aussi changer de forme, les manifestations psychosomatiques, en particulier, peuvent se diversifier : otites, diarrhées, vomissements, etc. ;

– ils ne sont pas organisés en système. Il est rare de rencontrer une névrose obsessionnelle typique chez l'enfant ou, si elle se présente comme telle, la symptomatologie se modifie après quelques entretiens pour ne laisser subsister que quelques comportements ritualisés par exemple ;

– la gravité du symptôme chez l'enfant n'est pas en rapport avec la gravité de l'atteinte réelle, nous y reviendrons.

Cette labilité, cette mobilité peut s'observer quand la situation familiale se modifie, ce qui est significatif de la nature du trouble chez l'enfant. Il est fréquent de voir un enfant se rétablir rapidement, perdre tous ses symptômes quand le parent le plus impliqué dans la relation commence lui-même un travail personnel, une analyse par exemple.

Dans les cas cliniques que nous avons rapportés, nous avons vu le symptôme de l'enfant *répondre* à ce qu'il y avait de symptomatique chez les parents. C'était une réponse élaborée, qui, en se fixant, devenait névrose. Dans tous ces cas, le défaut de construction du sujet avait à voir avec le maintien de sa dépendance par rapport aux figures parentales.

Il est des symptômes autrement plus spectaculaires et inquiétants qu'un banal échec scolaire, une énurésie, un trouble du sommeil ou une anorexie. Nous voyons des enfants arriver dans une position autistique, sans contact, sans langage, avec des comportements aberrants, tels qu'une hyperexcitation, une agitation désordonnée, des conduites d'automutilation ou d'agressivité tournées vers l'autre avec parfois violence meurtrière. Quand langage il y a, ce peut être un langage fou, ou incompréhensible de par sa syntaxe ou son contenu.

Ces pathologies gravissimes peuvent évoquer d'emblée une psychose. Comment alors parler d'enfant psychotique ou d'enfant psychotisé ? Cela ne sera possible qu'après une observation prolongée avec parfois la séparation d'avec le milieu pathogène. Cela pourra se préciser après la prise en charge analytique. Le temps, l'écoute dans une relation singulière avec l'enfant vont être nécessaires pour mieux cerner ce qui peut être d'ordre réactionnel et ce qui est d'ordre structural. Nous donnerons deux exemples au dernier chapitre, les cas d'Antoine et de Justin, qui illustreront ces deux aspects.

L'enfant psychotisé

Ce sont ces enfants qui réagissent de façon massive à une situation traumatique, le plus souvent en rapport avec une relation mortifère à l'Autre. Ce sont ces enfants débordés par la violence de l'impact pulsionnel de l'Autre, totalement identifiés à l'objet de cette pulsion (sadique, en particulier) au point de se maintenir dans un état de sidération et de stupeur proche de l'autisme ou de la débilité. Ce que j'ai appelé « faire le mort » pour survivre peut mener à une mort psychique réelle quand la situation perdure.

Je pense aussi à ces enfants confrontés dès leur naissance à une pathologie grave d'un ou des deux parents, parfois du personnage nourricier, ce sont ces enfants de couple *paranoïaque*, de père ou de mère *délirants, pervers ou arriérés*. A vivre dans un monde où la *déraison* fait loi, comment l'enfant n'adhérerait-il pas à la folie ambiante, comment ne deviendrait-il pas fou lui-même ? Nous préférons ici le terme de folie à celui de psychose. La folie est une façon de reconstruire le monde, de lui trouver un sens, ce sens serait-il hors du sens commun. Ce hors sens ne fait pas toujours lien social, mais il peut faire illusion. Nous savons à quel point certains types de folie sont difficiles à diagnostiquer : les adultes, les conjoints, les médecins et les psychiatres qui côtoient ces sujets se laissent souvent prendre à leur discours et n'en décèlent pas la faille. Nous pensons à ces paranoïaques interprétatifs, persécutés, qui veulent construire un monde meilleur, à ces leaders de sectes, à ces gourous, à ces délirants passionnels, à ces chefs d'État pris de folie mégalomaniaque et sanguinaire. Comment un enfant pourrait-il « critiquer » ces prises de position quand l'adulte en est incapable, *a fortiori* quand ce sont ses propres géniteurs qui tiennent ces discours ? Chacun sait combien il est facile d'embrigader les enfants dans des entreprises de fanatisme et de mort.

Quand ces situations traumatiques se prolongent, parents incestueux, pervers, sadiques, les dégâts à long terme sont irréversibles, il y a alors répétition quasi obligée des mêmes conduites.

Peut-on parler d'autisme acquis qui se démarquerait d'un autisme de structure ?

La question reste ouverte. Dans mon livre *Un enfant psychotique,* je débats de ce problème à partir de la cure d'une enfant devenue autiste à l'âge de 4 mois. Ce dont nous sommes sûrs, c'est qu'il existe bel et bien un autisme expérimental. Dira-t-on jamais assez cette évidence : un nouveau-né ne pourra pas s'humaniser si on ne lui fournit pas des structures humanisantes, cela se sait intuitivement mais peut être totalement occulté. Spitz avait décrit dans les années cinquante le syndrome d'« hospitalisme », lié à la « carence affective ». Il avait observé un groupe d'enfants privés de leur mère, mais vivant dans des conditions de confort optimales. Ces enfants devenaient « pleurnichards » le premier mois, ces pleurs devenaient des cris au deuxième mois, puis du « refus de contact » on s'acheminait vers le « marasme » et la « léthargie ». A la deuxième année, ces enfants étaient devenus « idiots », à 4 ans ils ne savaient ni marcher ni parler. 37 % moururent, les autres devinrent de grands arriérés ou autistes.

Cette cruelle expérience n'est pas si loin de certaines réalités de notre temps. Nous pensons à ces petits enfants roumains abandonnés à leur naissance du fait de l'interdiction de l'avortement et de l'incitation, dans ce régime totalitaire, à faire des enfants pour la nation. Les nouveau-nés étaient déposés par leur mère peu après la naissance et devaient être pris en charge par l'État. Admis d'abord dans des pouponnières, beaucoup ne tardaient pas à souffrir de l'abandon et à présenter des troubles. Ils étaient alors transférés d'institution en institution, avec des structures de soins de plus en plus sommaires, cela par manque de moyens, par manque de personnel et absence de formation des soignants. On voyait alors ces enfants se détériorer progressivement, comme ceux du Dr Spitz : le regard vide, le balancement, les gestes stéréotypés, les conduites d'autodestruction, arrachement des cheveux, blessures faites en se cognant la tête sur les barreaux du lit. Les remèdes utilisés pour les

« fortifier » étaient on ne peut plus inadéquats, puisqu'il s'agissait de pratiquer de petites transfusions qui, dans quelques cas, ont transmis le sida. Beaucoup de ces enfants ont terminé leur vie dans des mouroirs pour autistes ou arriérés.

Ces enfants n'ont pu se construire en tant que sujets, car il n'y a eu pour eux aucune inscription dans l'Autre, aucune insertion possible dans un réseau symbolique. Parce qu'elle n'a pas pris sens dans la vie d'un Autre, leur vie est restée à l'état végétatif, ils sont restés dans le néant du fait de leur non-existence dans l'existence d'un Autre, aucun désir n'est venu les éveiller à la vie. Ce manque absolu de relation humanisante a des conséquences ravageantes, nous pourrions parler ici d'autisme induit, d'autisme expérimental : un sujet est mort avant d'avoir été.

Dans le même temps où nous avons découvert ces enfants, nous avons pu voir des reportages sur les enfants de Rio, enfants de la rue vivant de vols, de rapines, délinquants, petits drogués. Ces enfants étaient, eux, des sujets à part entière, pas question ici de psychose. Bien que séparés très tôt de leur milieu et jetés à la rue, ils savaient se battre pour survivre. D'autres situations de ce type ont été décrites ailleurs, en Inde par exemple ; un merveilleux film, *Salaam Bombay !*, nous a fait découvrir ce monde de la misère et de la joie de vivre. La différence était flagrante entre les petits enfants roumains et ces autres enfants bien vivants, à la fois douloureux et joyeux. J'en cherchais la raison. J'imaginais alors que ces enfants de Rio, de Bombay ou de Calcutta avaient été accueillis et acceptés par une mère ou par le milieu un peu tribal de ces communautés où ils avaient grandi. Cette appartenance leur avait donné une assise, une intelligence et un désir de vivre à toute épreuve. Il était évident que le destin de délinquants des enfants de Rio était lié aux conditions sociales de départ, à cette misère qu'ils connaissaient depuis toujours, à cette souffrance devant la dureté de la vie qu'ils tentaient d'apaiser en inhalant leur colle au « trichlo ». Ce n'est pas la seule misère qui rend les enfants fous ou psychotiques, ces enfants des rues avaient certainement connu une relation maternante relayée par une communauté, ils avaient construit leur identité dans le registre des valeurs propres à cette communauté, révolte, transgression, débrouillardise.

Sans aller jusqu'à ces situations extrêmes, il nous arrive de rencontrer des cas d'abandonnisme que je dirai « mondain ». Je pense à un garçon de 9 ans que j'ai suivi en analyse. Il était le deuxième de la fratrie. La mère avait repris son travail dès sa naissance, après s'être arrêtée pour son premier enfant. Elle s'investissait passionnément dans une carrière brillante, avec de fréquents séjours à l'étranger. Pendant ses nombreuses absences, les enfants étaient confiés à des baby-sitters et à des femmes de ménage qui se succédaient à un rythme accéléré. Le père était lui-même accaparé par une carrière internationale. Ce garçon avait un gros retard scolaire, lourdement sanctionné par les parents, ce qui aggravait son aspect triste et déprimé. En séance, il avait des comportements bizarres, les yeux tournés vers le ciel, jetant des bouts de pâte à modeler en l'air pour essayer de les coller au plafond. On disait de lui qu'il était toujours dans les nuages. L'analyse, qui dura des années, permit de mettre en évidence une carence de l'attachement primordial. Cet enfant n'avait pas été autre chose pour les parents qu'un petit animal à nourrir en attendant de le former à la culture. Aucun personnage nourricier n'était resté assez longtemps pour qu'il puisse s'y attacher. Cette absence où il était, ce regard tourné vers les nuages étaient comme la réminiscence du temps passé dans son berceau, les yeux au plafond, un temps très long, car il avait marché très tard. Ce retard fut ici aggravé par l'incompréhension des parents.

Leurs exigences de réussite scolaire, toujours déçues, engendraient des sanctions de plus en plus dures qui ne faisaient que renforcer l'inhibition et le désespoir de ce garçon.

Si nous parlons d'enfant psychotisé, que dire de l'adulte? Peut-on pressentir ce type de déterminisme chez lui?

Que deviennent les enfants qui ont eu à connaître non seulement une carence précoce mais, en plus, le maintien dans un milieu pathogène?

Cela conduit à des pathologies extrêmement complexes. Ces enfants qui ont eu à souffrir de négligence, d'indifférence, d'abandon dans leurs premières années n'ont pas acquis une sécurité de base, une assurance de leur être et de leur identité, ils restent d'une extrême fragilité, exposés à toutes les agressions, à toutes les déviances. Le maintien dans un milieu perverti ne peut qu'aggraver les premières blessures, ils en seront marqués à vie.

Ce sont ces sujets que l'on peut voir aux assises, dont les experts psychiatres ne peuvent déterminer la responsabilité. Sans pouvoir affirmer la démence, ils soulignent leur immaturité, leurs troubles de la personnalité, leur « limite intellectuelle ». Il n'y a pas chez eux de culpabilité du fait d'une non-intériorisation de la loi, ils ne reconnaissent de loi que celle qu'édicte le juge. Ils parlent parfois un langage incohérent et ne semblent pas toujours comprendre les questions qui leur sont posées. Leur histoire est toujours dramatique, marquée d'abandon, de viol, d'inceste, de violence. Ne pourrait-on parler dans beaucoup de ces cas de psychotisation conjuguée à la débilité et imaginer qu'une prise en charge précoce de ces sujets aurait changé leur destin?

L'intérêt de marquer une distinction entre psychotisation et structure psychotique est avant tout d'ordre *préventif, diagnostique et pronostique.*

Certains traumatismes précoces, tels les cas d'autisme abandonnique décrits plus haut, laissent des stigmates indélébiles. Mais il existe aussi des enfants stoppés dans leur évolution par la violence d'une situation pathogène. Bien qu'ils puissent apparaître désespérés, ces cas sont accessibles à un travail psychothérapeutique, à condition de ne pas trop attendre. Il faudra aussi en même temps prendre en compte la situation de maltraitance et y remédier, ce qui n'est pas toujours simple.

Après quelque temps d'analyse, il apparaît que ces enfants sont accessibles à la mise au travail de l'inconscient, le refoulement chez eux a opéré, leur symptomatologie est une symptomatologie névrotique. Il n'y a pas, malgré les apparences, de forclusion du Nom du Père, *la place est libre pour que la fonction paternelle, réintroduite par l'analyste, puisse opérer.* Ce fut le cas de Damien, c'est aussi le cas d'Antoine, dont nous reparlerons.

Au sortir de la petite enfance, Damien n'était ni débile ni psychotique, mais aurait pu le devenir du fait de son implication dans le délire maternel. Or l'analyse a montré que les troubles graves qui en sont résultés ressortaient à une pathologie réactionnelle à composante névrotique et non d'une structure psychotique.

Qu'est-ce qui nous fait dire que nous avons affaire ici à une organisation névrotique et non à une psychose? Le discours maternel n'a pas été incorporé dans son intégralité comme vérité absolue. Malgré l'envahissement de la présence maternelle, l'enfant a pu garder son libre arbitre. Une séparation s'est maintenue entre lui et sa mère, il a pu porter un *jugement* sur son dire, car nous retrouvons les signifiants maternels dans ses fantasmes, mais repris, transformés, réélaborés, un *choix* s'est fait, *le refoulement s'est accompli.* Dans ses productions fantasmatiques, nous assistons à un retour du refoulé sous la forme d'une re-création originale. Il élabore des scénarios imaginaires à partir des signifiants maternels, plus particulièrement ceux qui ont trait à ses origines; il élargit ensuite cette construction à la dimension d'un idéal du moi : au début, il veut être voleur ou éleveur de chats, ensuite il explorera le monde à la recherche de ce pays mythique d'où il partit. L'ordre symbolique était en place chez lui, et le Nom du Père ne faisait pas défaut.

Un enfant psychotique aurait répondu en direct au délire maternel dans cette sorte de transitivisme que nous connaissons. Il se serait confondu avec les signifiants maternels, aurait pris son discours à la lettre. On aurait pu, comme c'est souvent le cas, assister à une contamination délirante, sorte de délire à deux ; par exemple, dans son identification à un ange ou à Superman, il aurait pu sauter par la fenêtre, comme il m'est arrivé de le voir, ou se terrer pour échapper aux envahisseurs persécuteurs.

J'ai revu Damien plusieurs années plus tard. Mme D. me téléphona pour me faire part de ses inquiétudes pour l'avenir de Damien dans le secondaire. Je reconnus dans sa voix l'angoisse que j'y avais perçue dans les premiers contacts que nous avions eus autrefois, je le lui dis. Nous prîmes rendez-vous, je spécifiais bien, elle et Damien.

Après m'avoir dit ses inquiétudes à propos d'un « manque de mots » dont souffrirait Damien et parlé d'une reprise du traitement, Mme D. se tut, je la sentais absente quand Damien parlait ; de toute évidence, elle n'allait pas bien. Damien chercha à me rassurer, il me parla de sa vie, de ses activités, de ses réussites scolaires et me laissa entendre que sa mère n'avait pas changé, « vous savez bien, me disait-il, combien elle se fait du souci pour rien ». Je fis simplement remarquer à Mme D. que les mots ne semblaient pas lui manquer. Je sentais chez lui une protection affectueuse à son égard.

Je leur demandais à tous les deux s'ils m'autorisaient à écrire le compte rendu de cette cure. Damien était très fier de cette proposition ; nous évoquâmes un peu ce qui s'était passé ; il avait oublié beaucoup de choses, me dit-il, mais il était content d'être revenu me voir et tout à fait d'accord pour que ce soit *écrit*.

Cette histoire est une sorte de contre-exemple de ce qui peut se passer quand un des parents a une structure psychotique. Nous aurons l'occasion d'en reparler lorsque nous aborderons la question de la psychose.

Conclusion

Nous aurons à reparler de la structure psychotique au dernier chapitre ; pour l'heure, ce que nous avançons de l'enfant psychotique et de l'enfant psychotisé est une hypothèse de travail qui nous oblige à rester attentif au matériel apporté dans la cure, afin d'y repérer les signes d'une structure psychotique sous-jacente. Rappelons que le diagnostic de psychose est toujours difficile à poser chez l'enfant, la prudence est de rigueur, car il n'est jamais bon de coller cette étiquette lourde de menaces pour l'avenir. Nous avons dit la variabilité des symptômes, leur peu de consistance, aussi sera-t-il davantage question dans la littérature psy de prépsychose, de troubles graves de la personnalité, de noyau dissociatif, etc. Ce n'est qu'après un certain temps de déroulement de la cure que nous pourrons préciser la structure ; c'est ce qui s'est passé avec Justin, dont nous parlerons ultérieurement, mais nous pourrions multiplier les exemples de ce type, chez l'adolescent en particulier.

Pour marquer la différence avec le symptôme névrotique, Lacan parlait du « sinthome » psychotique.

Dans la psychose, nous n'avons pas affaire au retour du refoulé, le sinthome n'est pas une métaphore, il représente la structure même du sujet ; par exemple, les hallucinations de Justin, ses angoisses de morcellement, de dépersonnalisation rendent compte de la faille du sujet. Disons, pour faire bref, que l'instance tierce de séparation ne fonctionne pas ; de ce fait, la naissance même du sujet est mise en péril. Il y a coalescence des deux ordres, conscient et inconscient, le corps garde un poids de réel angoissant, et il émane du monde une inquiétante étrangeté. L'instance séparatrice que nous appelons métaphore paternelle est forclose, elle fait défaut. C'est cela que nous avons à détecter dans le discours du patient.

Le sujet peut longtemps méconnaître ce gouffre au-dessus duquel il tente de se maintenir, il le fait avec toutes les ressources à sa disposition. Parmi elles, citons les *identifications du moi.* Le psychotique excelle à « faire pareil », à se construire une personnalité qui fait souvent illusion. Il pourra aussi trouver une *suppléance,* c'est-à-dire un investissement qui donnera un sens à sa vie et pourra faire lien social ; c'est là une solution préférable au délire. Il pourra aussi se *névrotiser*: certaines psychoses se présentent comme des hystéries graves ou des névroses obsessionnelles fixées ; ces névrotisations sont des réorganisations symptomatiques qui stabilisent le sujet. N'oublions pas le traitement neuroleptique qui tend à gommer ou à transformer les manifestations cliniques. Ces habillages peuvent donner le change, la structure sous-jacente n'est alors plus repérable et peut rester en sommeil très longtemps ; elle risque de se réveiller à l'occasion d'une mauvaise rencontre (déclenchement psychotique).

Les nouvelles approches thérapeutiques ont modifié les signes cliniques et par là même la nosographie. Actuellement, il est beaucoup question de cas limite *(border-line),* de psychopathie, de personnalité immature, de conduites addictives (toxicomanie, anorexie, boulimie, etc.) qui disent le malaise du sujet.

L'histoire de Damien rend compte de ces difficultés d'évaluation. Cet enfant, après avoir souffert d'abandon, s'était retrouvé dans un face-à-face éprouvant avec une mère délirante. Il aurait pu ne jamais se remettre de ces épreuves. Une écoute analytique a montré que ces circonstances ne l'avaient pas déstructuré, que les symptômes étaient chez lui réactionnels et mobilisables, donc de nature névrotique : *la place était libre* pour que la fonction paternelle opère, c'est à cette place que l'analyste s'est positionné, c'est cette place qui a pu être à nouveau occupée par le père réel.

Le Nom du Père, la psychologie, les neurosciences

Quelques malentendus.

Le Nom du Père

Il n'est pas ce que l'on croit. Lacan a bien distingué le père réel, le père imaginaire et le *Nom du Père.* Une psychose n'apparaît pas *parce que* le père est absent, ou insuffisant, un enfant ne devient pas psychotique *parce qu'il* est venu remplacer un enfant mort ou parce qu'il est né d'une relation incestueuse. Cette relation primaire de cause à effet ne peut être soutenue. Par contre, nous pourrions longuement disserter sur la capacité de l'enfant psychotique à rester collé à l'autre, en fait il *est* l'autre, il sait comme personne incarner son fantasme, donner une réponse en direct à son intimation, et non une réponse inversée. L'enfant psychotique, en *réalisant* la problématique inconsciente de l'Autre, laisse croire qu'il en est la victime directe. Un adulte psychotique, qui avait repris sur le mode d'une théorie mathématique le « délire » mystique de sa mère, me disait : « Je suis un réalisateur de fantasmes. » La théorie quantique lui permettait de donner consistance à un monde interprété par la connaissance intuitive des pythies (sa mère). Ses frères et sœurs avaient trouvé des identifications moins ravageantes : l'un était poète et mettait en musique les « visions » maternelles, l'autre était psychiatre !

La psychologie

S'en méfier dans l'approche de la psychose. Une analyse psychologique de Damien aurait donné une classification de ce type : « Enfant introverti, mutique, immature, attitude caractérielle dans sa famille. Retard scolaire, dysgraphie, dysorthographie. » Plus tard, un diagnostic de débilité aurait pu être posé. La pathologie maternelle étant connue aurait pu orienter vers une prépsychose chez l'enfant.

Les neurosciences

Une question est toujours présente à l'arrière-plan de toutes nos élaborations : le pourquoi de la psychose. Cette question n'est en rien résolue, mais continue à soulever des réactions passionnelles chez les tenants d'une causalité organique et ceux qui penchent pour une cause psychique. Les querelles tournent parfois à l'aigre, au point que, pour mieux défendre sa « vérité », on condamne irrémédiablement les dires de l'autre, dans un climat d'intolérance insupportable. Et pourtant, s'il faut un cerveau pour penser, la pensée ne se trouve pas sous le scalpel de l'anatomopathologiste ! Il existe cependant des savants obstinés qui n'excluent de leurs recherches ni les mécanismes de la pensée ni l'anatomopathologie, ils cherchent plutôt un lien entre les deux. Les positions d'exclusion ne sont plus de mise aujourd'hui où les psychotropes ont transformé la vie des psychotiques et leur ont permis d'accéder dans bien des cas à un traitement par la parole, telle la cure analytique.

Un chercheur en neuroscience, Jean-Pol Tassin, qui a lui-même une formation de psychanalyste, nous apporte de précieux éléments de réflexion ; l'avenir nous dira quels progrès vont en résulter. Ses élaborations font écho à mon expérience clinique, celle de ces enfants quasiment nés autistes, dans des familles sans pathologie décelable. Les mères de ces enfants appellent au secours le médecin, le pédiatre, pour ces nouveau-nés qui n'ont aucune réaction, qui ne les regardent pas, *qui ne sont pas comme leurs autres enfants.*

Je ne m'aventurerai pas à détailler les recherches en neurobiologie de J.-P. Tassin ; disons qu'elles sont centrées sur l'activité des neurones sérotoninergiques et noradrénergiques, en particulier sur leurs modifications pendant le cycle veille-sommeil. Les neurones qui sont le site d'action des psychotropes sont aussi ceux qui maintiennent le fonctionnement d'éveil, à savoir le siège d'un processus de sélection propre au fonctionnement conscient. Au moment du rêve, il n'y a plus de processus de sélection, le libre contact entre différents niveaux entraîne l'apparition d'images oniriques ; c'est ce même mécanisme qui semble en jeu dans les associations inconscientes (lalangue) avec les dérapages que l'on connaît. Il y a incompatibilité entre les deux fonctionnements comme entre conscient et inconscient. Dans la fonction neuronale, J.-P. Tassin repère donc un processus qui correspondrait au mécanisme de refoulement.

Troisième partie

Historique du concept de débilité. De la psychiatrie à la psychologie

Nous avons tenté de mettre en relief le travail de l'analyste dans les cas d'échec scolaire, en insistant sur la nature *symptomatique* du trouble et sur la nécessité, quand les mesures pédagogiques étaient insuffisantes, de l'aborder à partir du dialogue singulier avec l'analyste.

Les enfants dont nous avons parlé n'étaient pas, pour la plupart, considérés d'emblée comme débiles ; cependant, leur retard scolaire affiché laissait la question en suspens. Pour certains, tel Damien, il est probable que la persistance de son état régressif aurait fait se poser la question à son sujet d'un état psychotique ou d'une débilité.

Nous devons maintenant aller plus loin et centrer notre réflexion sur ce qu'est la débilité. Pour ce faire, nous essaierons de la définir par rapport à ce que serait l'intelligence. Mais, auparavant, nous devons réinterroger le concept même de débilité pour mieux cerner l'usage qui en est fait.

Devant un enfant en situation d'échec scolaire, le premier réflexe est de se poser la question de ses capacités intellectuelles, la crainte de la débilité étant toujours sous-jacente à toute difficulté d'apprentissage. Reprenons ce que nous avons déjà évoqué dans cet ouvrage. Le premier réflexe des parents ou des enseignants est d'envoyer l'enfant passer des tests. Les résultats seront déterminants dans l'orientation qui sera proposée. S'ils sont mauvais, l'enfant sera qualifié de débile léger et sera dirigé vers un enseignement spécifique, type classe d'adaptation, complété d'aides pédagogiques diverses. Ces mesures, qui ont pour fonction au départ de « combler les lacunes » et de permettre à l'enfant de rattraper le retard, débouchent le plus souvent vers un enseignement parallèle, marginalisé, dont il aura beaucoup de mal à sortir. La perspective d'adaptation se mue alors en position d'exclusion. Ces enfants arrivent trop souvent en fin de scolarité dans le même type de classes qu'ils ont connues au départ, classes dites « dépotoirs », sans avoir pu réintégrer le cycle normal. La création des ZEP (zones d'éducation prioritaire) est une tentative d'apporter de nouveaux remèdes à de telles situations.

Aussi est-ce important de se demander : qu'est-ce qu'être intelligent ? qu'est-ce qu'être débile ? D'autant que chacun a tendance à répondre à ces questions avec sa propre sensibilité, ses références culturelles, ses préjugés...

Le Petit Robert nous dit que débile signifie « faible, fragile ». La débilité mentale serait « une pauvreté, une faiblesse *native* des facultés intellectuelles ». Je souligne le mot « native » que j'ai été étonnée de trouver comme seul qualificatif de cette « faiblesse ». Le débile léger aurait un âge mental au-dessus de 7 ans, alors que, dans la débilité proprement dite, l'âge mental serait inférieur à 7 ans. Pour mieux saisir le sens que prend aujourd'hui ce concept, nous nous devons de reprendre son histoire.

La nosographie psychiatrique

Le concept de débilité s'origine de la psychiatrie du XIXe siècle, le mot même n'existait pas encore, mais il y avait une catégorie qui correspondait à ce type de déficience intellectuelle, c'était la catégorie des « faibles d'esprit ».

C'est Esquirol qui, au début du XIXe siècle, entreprend une classification des arriérations mentales. Il désigne le niveau le plus profond sous le nom d'idiotie, nous disons aussi oligophrénie. Dans le cadre de l'idiotie, il distingue trois niveaux de gravité (dont les imbéciles). Par ordre décroissant de gravité, il en vient à la « faiblesse d'esprit », forme la plus légère (qui deviendra plus tard la débilité). Pour fixer ces catégories, il utilise de multiples critères, citons-en quelques-uns. C'est d'abord la dysmorphie : les arriérés sont repérables aux traits de leur visage. On connaît la vogue de ce type d'appréciation, les photographies des archives des hôpitaux psychiatriques nous ont transmis la tête de ces patients dont les « stigmates de dégénérescence » sont inscrits sur les traits de leur physionomie. L'insuffisance intellectuelle se mesurait aussi à l'état du langage, au *déficit de jugement, à l'incapacité mnésique, au manque de volonté,* etc. Cette nouvelle nosographie eut pour résultat de maintenir un certain flou, comme il advient dans toute classification, mais, en même temps, elle permit d'apprécier qualitativement les déficiences légères et de mettre en relief les différents modes de fonctionnement des déficiences mentales : état du langage, du jugement, etc. Nous sommes encore très loin du concept massif de débilité mentale qui se met en place dans les décennies qui suivent la création de l'école laïque et obligatoire de Jules Ferry.

Dans cette conception psychiatrique des déficiences mentales, les causes de ces syndromes déficitaires sont à chercher du côté d'une atteinte lésionnelle du système nerveux ; ces causes sont toujours *organiques.* Elles se partagent entre :

– *les causes lésionnelles exogènes.* Ce peuvent être les séquelles d'encéphalite, les lésions cérébrales provoquées par un accouchement dystocique, les lésions dues à la prématurité. La liste n'est pas exhaustive.

– *les causes lésionnelles endogènes.* Elles sont liées à la transmission du potentiel génétique. Ce sont toutes les maladies héréditaires ou congénitales ; citons la trisomie connue depuis toujours, d'autres sont de découverte plus récente. Certaines maladies métaboliques provoquent des troubles proches de l'autisme. La fragilité du chromosome X, dont l'étude donne lieu, à l'heure actuelle, à de nombreuses publications, va peut-être éclairer la compréhension de certaines déficiences intellectuelles plus ou moins profondes.

Rappelons que l'autisme n'est sorti de ces catégories que beaucoup plus tard. Bleuler, le premier, en 1911, a parlé d'autisme pour désigner une sorte de schizophrénie de l'adulte caractérisée par un repli sur soi, une perte du contact avec la réalité. Kanner, en 1943, reprend le concept et crée le « syndrome d'autisme infantile précoce ». Le concept d'autisme a relancé l'intérêt pour la pathologie des troubles graves de l'enfance, attribués jusque-là à une atteinte irréversible du cerveau, type idiotie, arriération mentale. La prise en charge de ces enfants, avec les progrès qui en sont résultés pour certains, a permis une approche plus spécifique de ces cas et suscité de nouveaux espoirs de traitement.

Dans cette nosographie psychiatrique, le facteur lésionnel et la transmission héréditaire apparaissent donc comme les causes essentielles des déficiences mentales. Nous ferons remarquer que ce mode de classification des insuffisances intellectuelles est lourd de conséquences ; en effet, dans cette classification, nous allons, par ordre décroissant, de l'oligophrénie au simple d'esprit, nous *passons en continuité de l'arriération mentale à la débilité.* Cette façon de procéder n'est pas sans risque quant à l'appréciation de ce trouble ; en effet, la déficience intellectuelle, même légère, restera toujours associée à l'idée de quelque tare génétique. Ne parle-t-on pas de familles de débiles ? Cet état d'esprit persiste sous une forme voilée quand, dans les recherches sur la débilité, on en vient à qualifier de « faux débile » celui dont les traits ne correspondent pas à ce que l'on pense être le débile « vrai », sous-entendu le débile de naissance.

Cette façon d'appréhender les déficiences intellectuelles s'est brusquement modifiée avec l'apparition des tests ; nous entrons dans l'aire de la psychologie. Nous verrons cependant que cette nouvelle approche n'a pas foncièrement modifié l'ancienne ; elle en a même parfois renforcé le caractère ségrégationniste en substituant un nouvel étiquetage à l'ancien.

L'ère des tests. La psychométrie

C'est Binet, en 1904, qui critique le flou dans l'appréciation de l'efficience intellectuelle. Vingt ans ont passé depuis l'instauration de l'école laïque. Dans la revue *L'Année psychologique* de 1904, Binet et Simon écrivent un article intitulé « Sur la nécessité d'établir un diagnostic scientifique des états inférieurs de l'intelligence ». Le ton est donné, la mesure sera scientifique et la débilité se teinte déjà d'un certain caractère péjoratif. Plusieurs publications suivront, puis c'est la création d'une série d'épreuves dites « échelles métriques d'intelligence », qui servent d'instrument d'évaluation de l'intelligence ; le résultat est appelé d'abord « âge mental ». Cette mesure, qui se référait aux performances selon l'âge du sujet, fut désignée par la suite sous le nom de « quotient d'intelligence » (QI).

Que croit-on mesurer avec ce fameux QI qui a fait et continue de faire tant de ravages, de par son utilisation abusive, le premier abus étant sa prétendue scientificité ?

Le QI, ou échelle de Binet Simon, est gradué en âges mentaux. Le protocole permet de comparer la performance d'un enfant à la performance moyenne des enfants du même âge, déterminée selon la courbe de Gauss. Un enfant de 8 ans dont les réponses correspondent à la moyenne des réponses de 6 ans aura deux ans de retard. Comme un retard de deux ans n'a pas la même valeur à 8 ans qu'à 12 ans, une correction sera apportée dans l'énoncé des résultats.

Rappelons quelques malentendus à propos du QI

Le QI n'est pas une mesure de l'intelligence, mais une évaluation comparative. Il dit si l'enfant est en avance ou en retard sur l'enfant moyen. Il sert à évaluer, à un moment donné, *les acquisitions et les conduites adaptatives d'un enfant.* Or ces conduites adaptatives ne sont pas fonction du seul acquis intellectuel. Nous avons souligné la diversité et la multiplicité des facteurs qui peuvent entraver l'efficience de l'apprentissage. Or ces tests ne laissent rien apparaître de ces facteurs :

– les tests évaluent la maîtrise d'*opérations essentiellement scolaires*: écriture, lecture, calcul, compréhension du langage. Un mauvais résultat au QI nous dit que l'enfant a pris du retard par rapport aux acquisitions d'*ordre scolaire* de la moyenne des enfants du même âge, dans une *culture donnée*;

– en énonçant un chiffre global n'est pas prise en compte la disparité des réponses : un enfant de 8 ans peut réussir des épreuves de 6 ans, mais aussi bien de 9 et 10 ans parfois ;

– le résultat peut prêter à confusion. A prendre, par exemple, les chiffres au pied de la lettre, il serait aberrant de considérer que celui qui a 100 de QI est deux fois plus intelligent que celui qui a 50 !

– la passation des tests est un acte qui met à l'épreuve la subjectivité du testeur et celle de l'enfant. Un ratage des tests peut être la conséquence d'un mauvais contact entre eux, maladresse de l'un, mauvaise humeur de l'autre par exemple.

J'ai vu arriver à une consultation de dispensaire d'hygiène mentale, dans les années soixante-soixante-dix, une série d'enfants qualifiés de débiles, avec des QI on ne peut plus catastrophiques. Ces enfants me paraissaient aussi malins que d'autres. Enquête faite, ils avaient été testés par une jeune institutrice qui avait suivi une formation accélérée pour ce type d'exercice. En ce temps-là, tous les enfants d'une classe pouvaient être testés en série, en vue d'une orientation, cela sans préparation, ce qui ne se fait plus aujourd'hui, heureusement. J'ai pensé qu'ils avaient considéré cette épreuve faite en classe comme un devoir supplémentaire et avaient répondu n'importe quoi.

La constance du QI

C'est encore une fausse idée propagée. Le QI n'est pas constant, il est variable dans le temps. Ses résultats s'améliorent, par exemple, quand l'enfant suit une psychothérapie, ou quand il se trouve dans de meilleures conditions d'évolution. Il peut aussi varier avec la nature des tests. Cette croyance en la constance du QI a été combattue, mais elle a la vie dure. Certaines expériences ont pourtant mis en relief la variabilité des résultats. Par exemple : en désignant *faussement* aux enseignants des enfants comme ayant un QI supérieur à la moyenne, ces enfants ont vu leurs résultats scolaires et leur niveau de test s'améliorer. Il est probable que, parce qu'ils étaient désignés comme plus intelligents que les autres, ils aient bénéficié d'un intérêt plus soutenu de la part des enseignants ou que cette seule valorisation ait flatté leur narcissisme et les ait encouragés à travailler, donc à réussir !

Une conséquence regrettable de cette croyance à la constance du QI est qu'elle maintient l'idée que la débilité est constitutionnelle, car, s'il est vrai qu'elle est fixe, qu'elle n'évolue pas, c'est qu'elle est liée au génotype. Malgré les mises en garde répétées des professionnels de la psychométrie, les auteurs modernes, tel Ruchling, continuent à faire état, dans les traités de psychologie, de causes génétiques à la débilité parmi les autres causes. Cette façon de considérer la question reste dans le droit-fil des classifications du XIXe siècle, où le simple d'esprit voisinait avec le grand arriéré mental. Or rien ne peut justifier cette continuité entre les arriérations mentales organiques et la *débilité légère rencontrée dans la situation scolaire*. Il n'y a aucune *cause exogène lésionnelle ni génétique aux débilités légères*.

Il est d'ailleurs peu probable que l'on trouve un jour le gène de l'intelligence à l'état isolé ; l'inné et l'acquis dans ce domaine ne peuvent jamais être totalement dissociés ; n'oublions pas que, si le capital génétique est bien dans les chromosomes, le fœtus, durant neuf mois, intègre de multiples facteurs d'environnement : stress maternel, intoxications diverses, etc. Sans oublier les mauvaises conditions de maternage dans les premiers mois de la vie qui peuvent laisser des séquelles irréversibles et faire croire à une arriération endogène.

Tous ces cas de défaut génétique sont l'exception, ils sont le plus souvent diagnostiqués et posent des problèmes qui débordent largement le cadre scolaire. Rappelons encore que le débile léger est généré par le scolaire et s'appuie sur une mesure à prétention scientifique, le QI.

Quelles conséquences entraînent ces idées reçues ?

Jules Ferry aspirait à un idéal égalitaire qui devait être promu par l'école. Le savoir devenait accessible à tous et les citoyens devenaient égaux en se côtoyant sur les bancs de l'école. Il semble que la diversité des sujets, la diversité de leurs capacités d'acquisition scolaire n'aient pas troublé outre mesure les enseignants pendant les premières décennies de ce régime, cela pour des raisons que nous avons évoquées plus haut. Rappelons que le niveau terminal des études restait lié à l'appartenance à une classe sociale : le certificat d'études primaires à 12 ans était accessible à la majorité des Français, puis le brevet élémentaire et le brevet supérieur à une minorité, le secondaire, enfin, étant réservé aux plus privilégiés.

L'inégalité des citoyens, qui se fondait sur la différence des classes sociales, réapparaît aujourd'hui sous la forme de l'inégalité des capacités intellectuelles. La croyance à une intelligence mesurable, stable, innée, engendre vite l'idée d'individus génétiquement supérieurs à d'autres. De là à la notion de « race », il n'y a qu'un pas. Certains comportements rendent compte de ces aberrations. N'a-t-on pas vu, aux États-Unis, des femmes demander une insémination avec le sperme d'un prix Nobel ? L'Allemagne nazie avait fait s'accoupler des hommes et des femmes choisis pour leur typologie afin de donner à la patrie des enfants de pure race aryenne. Ces enfants, élevés dans des institutions d'État, sont tous morts ou ont fini leur vie dans des hôpitaux psychiatriques, excepté ceux qui ont été adoptés assez jeunes.

Beaucoup de voix se sont élevées contre cette façon réductrice d'envisager les insuffisances intellectuelles. Les pédopsychiatres, les psychologues n'ont cessé de mettre l'accent sur la multiplicité des paramètres en jeu : facteurs socio-culturels, relations parents enfants, etc. Certaines contributions ont balayé le mythe de l'intelligence héréditaire ; par exemple, l'étude des jumeaux homozygotes a montré que, séparés à la naissance, ils évoluent différemment. Pourquoi les mises en garde de ceux mêmes qui sont concernés par ces questions ne sont-elles pas entendues ?

Il semble que la complexité du phénomène, la multiplicité et la diversité des facteurs en jeu découragent les meilleures volontés. Une explication simple, réductrice, univoque est plus rassurante. Quel parent n'opterait pas pour la rééducation d'une insuffisance partielle d'apprentissage de son enfant plutôt que pour une remise en question de sa relation avec lui et la mise à plat de ses propres conflits ?

L'autre raison qui favorise la persistance de cette approche simplificatrice est le flou et la confusion qui règnent dans le discours psychiatrique et psychologico-psychanalytique, comme si tout essai de conceptualisation tendait à reproduire les mêmes erreurs. J'en donnerai pour exemple la position de R. Misès, qui écrit dans un article intitulé « Débilité mentale et échec scolaire » (*Confrontations psychiatriques*, n° 23) :

« Il n'est plus concevable de maintenir l'opposition classique entre la "vraie" débilité incluant une organicité des troubles [...] et la "pseudo-débilité" où le défaut d'intelligence serait lié à des facteurs affectifs socioculturels ou instrumentaux [...]. L'opposition se situe entre [...] la "débilité mentale" et d'autres organisations : psychoses, névroses, troubles instrumentaux, retards de développement dans lesquels le tableau clinique inclut une insuffisance intellectuelle. »

Suivent des précisions sur ces catégories, l'auteur alors va distinguer dans les insuffisances intellectuelles :

1) Les formes harmoniques. Celles qui sont stables, qui n'évoluent pas, qui n'ont pas de troubles associés.

2) Les déficits dysharmoniques envisagés sous :

– le versant psychotique ;
– le versant névrotique ;
– la composante dépressive ;
– le déséquilibre caractériel et la psychopathie (débiles caractériels, pervers, hypomanes, atypiques, etc.).

3) Les troubles instrumentaux « souvent présents dans les déficiences dysharmoniques ».

De quoi sont faits ces troubles instrumentaux dont il a été question dans le premier chapitre ?

Ils concernent les multiples fonctions cognitives de l'individu. Nous retrouvons là la conception psychologique d'un moi fragmenté où chaque fonction semble agir pour elle-même, la notion de sujet en est absente. Nous avons vu, dans les cas cliniques rapportés, que ces fonctions n'étaient pas autonomes et qu'il serait inutile de vouloir à tout coup agir isolément sur l'une ou sur l'autre. Je rappelle quelques-unes de ces fonctions telles qu'elles sont présentées dans ce même article :
– fonction gnosique de la perception des formes et des structures ;
– représentation des chronologies, des durées, de l'écoulement du temps (dyschronies) ;
– représentation des actions et des gestes (dyspraxies) ;
– articulation parlée, troubles de la parole, du langage, du débit ;
– langage écrit (dyslexie, dysgraphie, dysorthographie, dyscalculie) ;
– troubles en rapport avec une anomalie de l'intelligence et du raisonnement (débilité mentale).

Dans la majorité des cas d'échec scolaire, les troubles instrumentaux sont mis au premier plan. Au lieu de rester un symptôme pris dans la problématique générale d'un sujet, ils deviennent une entité à part ; *par une extension abusive, le symptôme est érigé en structure.*

Nous ferons plusieurs critiques à cette conception psychologisante de la débilité mentale, critiques aussi à un auteur qui est lui-même psychanalyste.

Nous retrouvons dans cette tentative de conceptualisation la méthode qui consiste à multiplier les catégories à partir de traits psychologiques. Cette sorte d'inventaire me paraît peu opérationnel lorsqu'on a en face de soi un enfant à entendre. Il nous paraît évident que les limitations intellectuelles peuvent s'observer dans toutes les pathologies psychiques, dans toutes les structures. Il y a des obsessionnels, des hystériques, des caractériels et des pervers intelligents, et d'autres qui le sont moins ; cela ne nous avance guère de le savoir. Nous aurions pu porter le diagnostic de dépression ou de prépsychose chez Damien, de dyslexie, de dysgraphie et de dysorthographie chez Thierry, de troubles caractériels chez Richard. Ces diagnostics non seulement ne nous donnaient aucune orientation thérapeutique, mais ils risquaient de faire écran à toute écoute singulière, à tout questionnement libre d'*a priori,* conditions nécessaires pour entendre un sujet en souffrance.

Nous ne relevons rien dans cette approche de ce qui fait la spécificité de notre pratique de psychanalyste, à savoir :

– la dimension de l'inconscient ;

– la notion de structure : névrose ou psychose ?

– les sens du symptôme ;

– l'inscription du sujet dans le langage.

Je ferai une dernière critique à cette théorisation. Bien qu'elle la conteste, elle maintient l'antinomie entre deux types de débilité. Ce que R. Misès appelle la « débilité mentale » ou la « débilité dans les formes harmoniques », celle qui est stable, non évolutive, sans troubles associés, ne correspond-elle pas à une débilité constitutionnelle? Quant à l'autre, la débilité des formes dysharmoniques, ne serait-elle pas celle que l'on trouve dans tous les dysfonctionnements psychiques, névroses, psychoses, perversions? De cette catégorie feraient partie les faux débiles, les pseudo-débiles. Certains auteurs, dont les compétences en la matière sont reconnues, ne s'embarrassent pas de précautions oratoires pour maintenir la croyance à la vraie débilité constitutionnelle. Ainsi Zazzo a pu écrire (*Confrontations psychiatriques,* n° 10) : « La disproportion entre l'âge mental et l'âge chronologique serait la cause de tout ce qui peut caractériser le débile. Cette cause, on la trouverait dans *un défaut d'équipement biologique en rapport avec une transmission héréditaire polygénique.* »

La psychologie de l'intelligence selon Piaget

Nous devons nous arrêter un instant sur l'apport piagétien tant son influence reste prépondérante chez tous ceux qui ont pour mission de s'intéresser à l'enfant : psychologues, enseignants, pédagogues. Sa conception du développement intellectuel de l'enfant continue à faire autorité en la matière, et il n'est pas de livre de psychologie ou de pédagogie qui ne s'y réfère. Les auteurs précités, Misès et Zazzo, s'en inspirent.

Cet auteur suisse, né en 1896, a élaboré une œuvre immense, incontournable, bien que d'aucuns, tel Wallon, aient tenté une critique élaborée de ses concepts (cf. E. Jalley).

Cette élaboration autour de la genèse de l'intelligence et de la psychologie de l'enfant en général ne comporte pas moins de deux cents titres et de vingt mille pages écrites de la main de cet auteur pendant soixante ans.

Il serait donc bien présomptueux de vouloir en résumer le contenu en quelques lignes, d'autant qu'il apparaît souvent flou et confus, bien que l'ensemble garde une grande cohérence interne. Nous en retiendrons essentiellement les éléments qui nous intéressent, nous, psychanalystes d'enfants. Si, dans son premier ouvrage de 1920, *La Psychanalyse et ses rapports avec la psychologie de l'enfant,* les références à Freud sont nombreuses, elles disparaissent rapidement, et Piaget n'y fera plus allusion dans la suite de son œuvre.

Quelques éléments de sa biographie sont intéressants à évoquer, ils nous aident à comprendre l'originalité de sa démarche. Enfant prodige, il rédige, avant 10 ans, un livre sur les oiseaux. A 10 ans, il devient assistant bénévole du directeur du musée d'Histoire naturelle de Neuchâtel. Plus tard, en qualité de biologiste, il se passionne pour le *Limnaea,* petit escargot d'eau douce sur lequel il a beaucoup écrit. Cette espèce rudimentaire et non sociale lui inspire peut-être sa conception restrictive de l'adaptation, sorte d'équilibre à trouver entre les actions de l'organisme et celles du milieu physique environnant. A 20 ans, il écrit un roman philosophique intitulé *Recherche,* dans lequel il développe déjà l'idée que la logique prend sa source dans le biologique. Il s'intéressera ensuite à la pensée enfantine, puis à la psychologie de l'intelligence.

Une figure a certainement marqué sa pensée, c'est celle de J.-J. Rousseau. L'Émile de Rousseau est orphelin et son précepteur tente de l'isoler de toute influence sociale, croyant à la nature essentiellement bonne de l'être humain. L'idéal serait qu'Émile « soit maintenu sous la seule dépendance des choses à l'exclusion de la dépendance des mots » (J.-J. Rousseau, *Émile ou de l'Éducation*). L'enfant de Piaget n'est-il pas un frère d'Émile, lui qui semble se développer de façon autonome, sans que les échanges avec les autres ne le troublent en rien ?

Piaget multiplie les observations de l'enfant, mais d'un enfant seul, livré à lui-même. L'observateur se dissimule derrière la capote du berceau ou le paravent, il se borne à « présenter à l'enfant des objets, coupe-papier, gomme, pipe, mouchoir ». Toute communication avec l'adulte est gommée au maximum, seules comptent les réactions de l'enfant aux stimuli : « Gestes, attitudes des bras, de la tête, du tronc », etc. Piaget pense ainsi étudier *exclusivement* le développement psychomoteur et intellectuel en dehors de tout impact relationnel. Cet enfant, je le qualifierais d'utopique, de mythique, d'aseptisé, de désubjectivé. Cette expérimentation n'est pas sans rappeler les recherches actuelles sur l'intelligence artificielle avec la perspective d'explorer, jusqu'aux limites du possible, les performances de la machine. Piaget savait bien que les enfants qu'il observait avaient des affects, des conflits, des émotions, mais il pensait qu'il n'avait pas à en tenir compte dans l'évaluation du développement intellectuel ; il croyait à l'autonomie des facultés cognitives.

Sans entrer dans les détails, nous retiendrons deux grandes orientations à cette théorisation.

1) L'idée maîtresse de Piaget est qu'il y a communauté fonctionnelle entre la logique et le biologique : la pensée logique est l'aboutissement d'une logique de l'action (soulignons les termes *pensée* et *action*) enracinée elle-même dans une logique de la vie ; il parle de « continuité du vital et du rationnel », de la racine de la logique qui se trouverait dans la coordination des actions. L'intelligence est créatrice de formes logiques comme la vie est créatrice de formes vivantes, l'épistémologie biologique étant conçue comme une ambitieuse « embryologie de la raison », ce sont ses termes.

2) Les stades du développement sont la grande affaire piagétienne, qui imprègne encore toute la littérature à visée pédagogique. Les stades du développement, décrits par Piaget, sont des stades de la genèse des structures logiques comprises comme des états d'*équilibre* successifs d'une intelligence dont la fonction opérative prime

les composantes affectives, expressives et verbales des conduites. Ce noyau rationnel reste l'organisateur principal des formes de la vie mentale.

Ces stades sont des coupures dans l'évolution mentale, ils obéissent à certains critères dont nous apprécierons la rigueur mécanique :

– l'ordre de succession des acquisitions est constant ;

– la succession des stades présente un caractère intégratif ;

– chaque âge se caractérise par une structure d'ensemble ;

– à chaque stade, il y a un niveau de préparation, puis d'achèvement.

Dans les facteurs de développement qui régissent ces stades, nous trouvons :

– la maturation nerveuse ;

– l'expérience sociale ;

– l'expérience individuelle de nature physique et logico-mathématique ;

– le processus d'*équilibration* par *autorégulation.*

Cette notion d'*équilibre,* qui revient sans cesse sous sa plume, évoque un cercle vicieux ; l'équilibre est en effet un facteur causal et le terme final du développement, l'équilibre est à la fois cause et effet.

Que nous inspire cette conception piagétienne de l'enfant ?

Si j'insiste tant sur cette théorisation, c'est parce qu'elle garde un impact considérable chez tous ceux qui se préoccupent de l'efficience scolaire de l'enfant.

Elle séduit pour plusieurs raisons : *sa cohérence interne, d'abord.* Elle se présente comme un système clos, sans faille, sans manque.

Elle donne le sentiment que tout un chacun peut comprendre ce qu'est le développement d'un enfant. *Les idées de base en sont simples* : le développement des facultés cognitives est assimilé à l'évolution biologique, « les actions humaines et la pensée ont leur source dans une organisation spontanée de l'organisme ». L'évolution mentale suit la maturation de l'organisme. Nous avons affaire à une conception cybernétique de l'enfant, sorte d'être programmé chez lequel l'équilibre organique doit produire l'équilibre même du psychisme.

Le développement de l'intelligence est donc assimilé au développement des schèmes moteurs, comme si l'un allait automatiquement de pair avec l'autre. Ne parle-t-on pas d'ailleurs couramment de « développement *psychomoteur* » ? Cette conception laisse penser que tous les apprentissages se font sur le même modèle. Dans la liste des troubles instrumentaux que nous avons donnée, les troubles du développement intellectuel voisinent avec les troubles de la coordination : dyspraxie, dysgraphie, etc.

Nous savons parfaitement, depuis longtemps, que les schèmes évolutifs sont inscrits dans le génie de l'espèce : tel apprentissage, telle coordination motrice des mouvements du corps ou de la main, préhension, marche par exemple, ne sont possibles qu'à partir d'un âge déterminé. Ce que Piaget oublie, c'est que ces potentialités ne se réalisent que dans certaines conditions. Ces conditions ont trait essentiellement à la *qualité des échanges avec l'Autre,* un Autre qui inscrit l'enfant dans l'univers symbolique. Son capital génétique peut se révéler nul et non avenu si ces conditions ne sont pas remplies. Un œil caché à la naissance restera à jamais aveugle, un enfant auquel on ne parle pas ne parlera jamais. Un enfant nourri dans une profonde indifférence restera dans le non-être, comme ces enfants roumains, enfants abandonnés, anonymes, qui, ballottés d'institution en institution, terminent leurs jours dans des mouroirs, en état de grande arriération ou d'autisme profond.

Quelles sont les retombées de telles thèses qui soutiennent l'analogie entre l'évolution mentale et la maturation physiologique, qui affirment que « la logique de la pensée est enracinée dans la logique de la vie » ?

Ce sera d'abord la croyance au déterminisme génétique de l'intelligence. C'est bien là la conséquence logique de ces principes. Nous comprenons mieux pourquoi cette croyance à l'hérédité des facultés intellectuelles a la vie dure. La construction de Piaget est d'autant plus séduisante qu'elle prend appui sur des données scientifiques irréfutables, tels les découvertes génétiques ou la physiologie et le développement du système nerveux. Nous ne redirons pas ici les réticences que nous inspire cette idéologie.

Autre conséquence : sa conception des stades de développement conduit tout droit à la notion d'âge mental. Dans cette perspective, la mesure du QI paraît tout à fait justifiée. Nous avons suffisamment traité cette question.

Freud lui aussi avance la notion de stades, mais il s'agit du développement de la libido. Les stades oral, anal, phallique correspondent à l'investissement préférentiel d'une zone corporelle selon l'âge de l'enfant, stade oral chez le tout petit, stade anal au moment de l'apprentissage de la propreté, stade phallique lié au sexuel. Ces étapes ne sont que des moments de la construction d'un sujet. Bien qu'ils se situent dans une succession chronologique, ils se recouvrent, s'interpénètrent... L'adulte n'en a jamais fini avec son oralité ou son analité...

Si Piaget fait abstraction, dans sa recherche sur l'intelligence, des autres composantes de l'être humain, pulsions, conflits inconscients, affects, etc., cette mise à l'écart voulue, méthodologique chez lui, va prendre la forme, chez ceux qui vont le suivre, d'un véritable *déni*; c'est le danger que nous ne cessons de dénoncer.

Piaget avait tout à fait conscience que l'enfant qu'il observait avait des affects, des émotions, mais, pour lui, l'affectif intervenait comme

« facteur énergétique, principe de motivation cognitive », il n'intervenait pas dans les processus mêmes du développement intellectuel. Wallon a porté sa critique de Piaget essentiellement sur ce point, en mettant l'accent sur « l'émotion comme substrat de l'acte cognitif », et sur « l'affect comme racine de l'intellect », alors que Piaget va jusqu'à prétendre que les contacts du bébé avec son entourage (sourire, etc.) « ne sont pas des échanges intéressant l'intellect comme tel », ce sont ses termes. Il pense que seule l'endocrinologie aura peut-être dans l'avenir quelque chose à nous apprendre de l'affectivité.

Cette image de l'enfant que Piaget construit nous semble étrange à nous psychanalystes. Lacan l'a souvent évoquée. Dans le séminaire du 12 juin 1963 (inédit), il fait allusion aux difficultés que Piaget avait relevées chez les enfants, à l'énoncé de certains problèmes. Il relate l'un de ces problèmes ; il y est question d'ouvrir et de fermer un robinet dont l'eau s'écoule dans une cuvette. Voici le commentaire de Lacan : « Piaget méconnaît totalement ce qu'il y a pour un enfant dans un robinet comme cause, ce sont les désirs que, chez lui, le robinet provoque, à savoir par exemple que ça lui donne envie de faire pipi [...]. Le robinet se trouve (aussi) à la place de la cause au niveau de sa dimension phallique [...]. Piaget ne voit pas le rapport de ces relations que nous appelons, nous, “complexuelles”, avec toute constitution originelle de ceci qu'il prétend interroger : la fonction de la cause. »

Il y a loin en effet de la « cause » du sujet piagétien à la « cause » du sujet psychanalytique. La cause du développement pour Piaget est du côté d'un déterminisme biologique, la cause du sujet analytique est à chercher du côté de la *Spaltung,* de la division originelle ($, sujet barré de l'inconscient). Quant au robinet, nous avons pu mesurer avec nos jeunes patients à quel point la compréhension est sujette à fluctuation, quand la question posée touche à la problématique de l'être, en l'occurrence le sexe.

Certains auteurs d'obédience freudienne ont tenté d'annexer les concepts piagétiens dans l'ambitieux projet d'une approche multidisciplinaire de la pathologie de l'enfance. Je reprendrai l'exemple de Roger Misès, mais il n'est pas le seul à suivre cette voie actuellement.

Lorsque Roger Misès parle de « dysharmonie évolutive », nous reconnaissons dans cette formulation la marque de Piaget. La notion d'*harmonie* n'est-elle pas un rappel de la notion d'*équilibre* de Piaget, et cela en rapport avec les stades de développement ? La dysharmonie évolutive serait donc une sorte de rupture d'équilibre dans la succession des stades d'évolution de l'enfant.

Or est-il possible de croire à une évolution « harmonique » de l'enfant ? Et que signifie ce terme dans ce contexte ?

Faut-il rappeler tous les avatars que le petit de l'homme rencontre sur sa route, tous les conflits, toutes les tensions qu'il doit surmonter pour assurer sa survie et pour se construire, toutes les avancées suivies de retours en arrière parfois dramatiques qu'il est amené à vivre ? La notion d'équilibre, d'harmonie, quand il s'agit du psychisme, me paraît peu adéquate. Partie à la recherche de la signification que pouvait avoir ce terme, je me suis trouvée devant des critères déjà connus : un développement harmonieux serait celui qui correspond à la moyenne des individus. C'est la moyenne qui définit la norme, tout ce qui serait hors norme serait anormal, donc dysharmonique.

Ce type de raisonnement conduit à des classifications pour le moins laborieuses. Nous avons transcrit l'inventaire du contenu de ces dysharmonies. J'en donnerai un autre exemple. C'est la façon dont Roger Misès aborde les états limites de l'enfance comme « dysharmonie évolutive grave » (*Les Pathologies limites de l'enfance*). Toujours dans sa perspective d'approche pluridisciplinaire de la symptomatologie, il multiplie les emprunts à plusieurs disciplines : à la psychologie de Piaget, d'abord, puis à la psychanalyse. Mais, ici, il se sert de la terminologie propre à plusieurs auteurs. Il cite par exemple comme repères cliniques psychopathologiques de cette affection : défaut d'étayage, défaut d'élaboration de la fonction de contenance (concepts empruntés à Winnicott), défaut d'élaboration de la fonction dépressive (concept kleinien), défaut de régulation entre processus primaires et secondaires (concepts freudiens).

Cette méthodologie engendre la confusion. A vouloir tout capitaliser, à vouloir tout absorber, il y a le risque de sombrer dans l'incohérence ; on ne sait plus *de quoi* l'on parle et à qui *l'on parle.* Dans ce fourre-tout, beaucoup trouvent leur compte, mais trop souvent aux dépens de la rigueur et de l'efficacité.

Si l'ambition d'un système est de vouloir dire le vrai sur tout, il engendre le rejet de tous les autres systèmes. Le système piagétien que nous avons beaucoup mis en question ne devient vraiment critiquable que lorsque ses adeptes en font une religion. Son apport sur le développement de l'enfant peut être enrichissant pour ceux qui s'intéressent à la pédagogie, par exemple ; il devient critiquable quand il laisse croire qu'il peut à lui seul expliquer ou résoudre tous les problèmes. C'est ce qui se passe lorsque, sous couvert de déficience partielle des fonctions cognitives, se multiplient les prises en charge à visée réparatrice, à l'exclusion de toute autre approche. Pour rester « intelligente », une théorie doit renoncer au *tout* savoir et au *tout dire.*

Devant un enfant qui souffre, il y a lieu de considérer le problème sous plusieurs angles, sans toutefois *mélanger les discours.* Quand nous nous interrogeons sur le sens inconscient d'une déficience intellectuelle, nous ne cessons pas pour autant de considérer le sujet dans son être au monde ; par exemple, ce qu'il en est de la façon dont il s'inscrit dans la société, dans son milieu, dans sa famille. Notre rôle n'est cependant pas de changer ce milieu ni d'agir sur l'environnement, c'est une tâche réservée à d'autres. Les rencontres interdisciplinaires sont là pour enrichir la démarche de chacun, elles deviennent dangereuses quand elles suscitent des déviances. Il n'est jamais bon que les enseignants se mettent à faire des interprétations psychanalytiques ou que les analystes jouent les pédagogues ou les assistantes sociales, ce qui n'exclut pas un dialogue où chacun parle de sa place. Nous rapporterons un exemple de cette collaboration interdisciplinaire avec le cas d'Antoine en fin de volume.

Reparlons un instant de Piaget pour marquer son éloignement de la position analytique.

Piaget et le langage

Piaget semble bien embarrassé devant la question du langage. Signifiant, signifié n'ont pas de réalité très claire pour lui, et, dans son système, le signifiant aura davantage valeur de signe, de signe mathématique plus précisément. Il parle de la pensée sans préciser comment il la relie au langage, il peut affirmer par exemple sans sourciller que « les opérations de la pensée sont plus essentielles que celles du langage ».

Dans son étude sur les apprentissages des notions logico-arithmétiques ou spatio-temporelles, il met en avant le concept d'« imitation », l'enfant apprendrait en copiant. Une telle notion nous paraît tout à fait insuffisante à expliciter le mécanisme d'assimilation du savoir, processus dynamique où le sujet se doit d'être actif. Cette notion d'imitation s'inscrit cependant logiquement dans sa conception de l'individu comme structure évolutive où la maturation de la pensée va de pair avec la maturation physiologique. Une autre conséquence de cette vision est que, pour Piaget, l'individu serait créateur de concept, le milieu social lui fournissant les moyens d'expression. Il y a là comme un fantasme d'auto-engendrement et de surgissement spontané du langage. Je n'insisterai pas sur l'énormité d'une telle méconnaissance du langage en tant que condition absolue de la naissance d'un sujet. De ce point de vue, Piaget semble en être resté aux interrogations sur les origines des langues qui se posaient du temps de Gaspard Hauser !

Nous laissons cette problématique du langage en suspens, nous y reviendrons longuement lorsque nous aborderons la question de l'intelligence, nous aurons la confirmation qu'il est impossible de parler de la pensée sans analyser les structures du langage.

Quatrième partie

Intelligence et débilité dans une perspective psychanalytique

En nous élevant contre les tenants d'une débilité innée, en mettant en question la valeur scientifique des mesures psychométriques de l'intelligence, nous avons peut-être laissé croire que la débilité n'existait pas. Il n'en est rien, la débilité existe, nous la côtoyons à chaque instant, elle est à la fois notre poutre et la paille du voisin.

A l'inverse d'une conception psychologique qui fait de l'intelligence une fonction parmi d'autres, nous aborderons l'intelligence et la débilité à travers l'ensemble des opérations qui président à la naissance du sujet.

Nous pensons qu'il est impossible de dissocier le fonctionnement intellectuel de tout ce qui fait un être : affects, libido, fantasmes, pulsions, désirs, mode d'être au monde.

Nous nous attacherons à décrypter les mécanismes qui président à l'arrêt de l'investissement intellectuel, arrêt que nous désignons sous le terme générique d'*inhibition*. Quelles causes structurelles sont à l'œuvre dans cet arrêt des opérations intellectuelles? Quels achoppements dans le devenir d'un *sujet* sont intervenus qui en viennent à lui barrer l'accès au savoir? Que dire de cette conjoncture qui fait de lui un débile?

Notre réflexion nous amène à distinguer trois grands chapitres.

1) *L'inhibition intellectuelle comme désordre névrotique.* L'inhibition est provoquée par le conflit inconscient. Le conflit peut concerner les instances du moi, il est très souvent lié dans ce cas aux identifications œdipiennes. Nous en avons évoqué plusieurs figures : celle du surmoi interdicteur qui bloque l'accès au savoir quand ce savoir équivaut à une réalisation phallique, le conflit entre moi-idéal et idéal du moi, etc.

A un niveau plus archaïque, nous retrouvons toujours l'inhibition liée à la pulsion ; Freud parle du conflit avec le ça. Angoisse et inhibition vont alors de pair : c'est l'angoisse de la dévoration chez Arthur, c'est l'angoisse liée à la pulsion sadique anale chez Thierry.

Le désir de savoir, dont Freud va jusqu'à faire une pulsion, est donc inhibé, frappé d'interdit *(denkverbot),* quand la connaissance menace l'équilibre du sujet.

2) *L'inhibition dans les structures psychotiques.* Ici, la notion de conflit n'a pas le même sens, l'inhibition n'est plus liée au mécanisme de refoulement, mais à la *forclusion.* Le sujet ne peut accéder à l'ordre symbolique en raison d'une faille structurale qui trouble profondément son accès au savoir.

3) L'inhibition peut passer au deuxième plan quand le sujet se trouve dans l'impossibilité d'élaborer des structures symboliques du fait d'une *carence d'apport signifiant.* Il s'agit d'enfants élevés dans un milieu où les échanges verbaux sont peu développés. Cette pauvreté d'expression langagière peut être culturelle, ce sont ces familles silencieuses, taciturnes, dans lesquelles la stimulation verbale de l'enfant est quasi inexistante. S'il s'agit d'un habitus culturel, la communication dans ces cas se fait par d'autres voies, les échanges non verbaux peuvent être d'une grande richesse. Mais il peut s'agir de familles où la pauvreté des échanges verbaux recouvre une pauvreté affective, une absence de règles éthiques, un

désordre de comportement parental, une désaffection de l'enfant. Dans ce cas, la place de l'enfant est marquée, *dès sa naissance,* du signe de la débilité.

Dans une émission de télévision sur la violence dans les banlieues, une jeune femme qui avait fait des études supérieures évoquait la disparité d'évolution de ses frères et sœurs. Fille aînée d'une famille nombreuse d'immigrés, elle tentait de comprendre pourquoi les aînés avaient bien réussi, alors que les plus jeunes étaient devenus délinquants. La raison en était, pensait-elle, que les parents avaient beaucoup investi dans les aînés et encouragé leur désir de réussite scolaire et sociale. Puis ils avaient « renoncé » peu à peu pour les plus jeunes, débordés qu'ils étaient par la tâche éducative, les problèmes matériels, la pression de la rue. Dans ces milieux défavorisés, au déficit culturel et affectif s'associe souvent un comportement inhibiteur fait de crainte et de soumission. Dans certaines familles « assistées », dont la survie dépend du « bon vouloir » de l'assistante sociale, du juge, des services sociaux, l'enfant aura bien du mal à briser le cercle des recommencements.

Ces situations, parce qu'elles existent dès la venue au monde de l'enfant, engendrent des déficiences intellectuelles précoces qui peuvent passer pour une « faiblesse innée des facultés intellectuelles » (Porot, 1952). C'est ce type de « débilité native » (la vraie !), dite « homogène », que l'on oppose à la « pseudo-débilité mentale » (PDM) d'origine névrotique, selon les expressions que l'on retrouve sous la plume des auteurs que nous avons cités.

C'est pour cette catégorie d'enfants défavorisés qu'il y aurait lieu de s'interroger sur les mesures de prévention, en sachant à quel point elles peuvent décevoir si l'on ne prend pas en compte l'extrême précocité des insuffisances.

Intelligence, débilité : définitions

Nous tenterons ici de cerner ce qu'est la débilité en soi, c'est-à-dire la limitation des facultés intellectuelles, la difficulté à comprendre. Les synonymes en sont la sottise, la bêtise, la stupidité et, dans le langage commun, la « connerie ».

En parlant ainsi, nous nous situons bien au-delà du domaine scolaire. Lacan ne parle-t-il pas de la débilité mentale de tout homme, de la sienne à l'occasion, de celle de Platon aussi (séminaire du 15 mars 1972) lorsque ce dernier aborde la question du maître et de l'esclave ?

Comment parler des difficultés à comprendre si nous n'analysons pas ce qu'est le mécanisme même de la compréhension, ce qu'est l'intelligence ?

Je donnerai ici quelques définitions de l'intelligence glanées dans les dictionnaires ou chez des auteurs qui se sont intéressés à la question :

– l'intelligence est la faculté de connaître, c'est l'aptitude à *comprendre* ;

– comprendre les rapports existant entre les éléments d'une situation et *inventer* le moyen de parvenir à ses fins ;

– l'intelligence est l'instrument le plus général de *réussite* et d'*efficacité* ;

– c'est un instrument d'*abstraction* (Terman) ;

– c'est la faculté d'*adaptation* à des situations nouvelles (Pieron) ;

– c'est l'instrument de *combinaison* et de *synthèse* (Ebbinghauss-Caroll).

Nous remarquons d'emblée les aspects multiples de cette faculté.

Étymologiquement, « intelligence » vient du latin *legere,* choisir (Quillet). Nous verrons que la question du choix est bien au centre des opérations intellectuelles. Lacan donne à *inter-legere* le sens de « lire entre les lignes ». Il nous rappelle par là que l'entendement se situe bien au-delà des mots et de leur sens littéral ; l'autre discours, celui de l'inconscient, imprègne non seulement les rêves mais participe de façon active aux opérations cognitives. Être intelligent, c'est savoir lire entre les lignes, entendre ce qui se dit au-delà des mots.

Les travaux sur l'intelligence artificielle (IA) ont mis en évidence quelques-uns des mécanismes qui président au déroulement des opérations cognitives, mécanismes que le sujet ne peut appréhender directement, car les processus de réflexion qui conduisent à la compréhension d'un problème et à sa résolution lui échappent en grande partie.

La première évidence dans l'art de comprendre est la nécessité d'*établir des liens.* C'est ce que fait le petit enfant dès le premier jour de sa vie : il établit des liens entre les choses, il relie les informations qui lui arrivent de toutes parts, que ce soit par la perception, la sensation, la parole. Il associe, par exemple, au plaisir interne d'apaisement de sa faim, pendant la tétée, la vue du visage de sa mère, l'expression de son regard, les mots prononcés à cet instant. Nous pourrions multiplier les exemples de ces nombreuses sollicitations, de ce bain de stimuli dans lequel l'enfant est plongé et qu'il se doit de maîtriser pour sortir du chaos primitif.

Le même travail de liaison se fait de façon plus spécifique pour le langage proprement dit, un mot en appelle un autre, car un signifiant n'existe jamais seul dans sa fonction de signifiant.

Certains mots sont identiques à d'autres, mais n'ont pas le même sens, c'est la polysémie du langage. Il ne suffira donc pas d'établir des liens, il faudra séparer, trier, classer les données, *faire des choix.* L'enfant repère les analogies, les éléments qui se recoupent, ceux qui sont communs à plusieurs situations ou à plusieurs structures langagières. Il devra les abstraire, les garder en mémoire, les transposer pour appréhender leur sens. Quand il commence à parler, il pourra, par la pratique des essais-erreurs, parfaire sa compréhension de la langue.

Il est possible de saisir cette démarche chez un enfant plus grand, 5 à 7 ans, plongé d'emblée dans un milieu qui parle une langue inconnue de lui. Après un temps d'imprégnation où il se pénètre de la musique des mots, où il répète les expressions, chante les comptines sans comprendre, un travail souterrain se fait qui doit être de même nature que celui que nous venons de décrire. C'est parfois dans un laps de temps très court que le sens de ce qu'il répétait se révèle à lui et qu'il peut commencer à s'exprimer dans cette nouvelle langue.

Les travaux sur l'IA ont éclairé certains mécanismes du fonctionnement cérébral. Ils nous intéressent à ce titre parce qu'en précisant les limites de la machine ils nous renvoient à notre questionnement sur l'intelligence *humaine*. Les chercheurs en neurosciences, dans leur espoir de réaliser une machine qui imite au plus près le fonctionnement du cerveau humain, en viennent parfois à oublier qu'une machine ne sera jamais une personne (mis à part les créations de science-fiction). Une machine ne sera jamais un sujet avec la conscience de soi, elle n'évoluera pas, ne saura pas tirer parti de ses expériences, modifier son comportement ou corriger ses erreurs. Des scientifiques, tel Jean-Pierre Changeux, tentent de réduire au minimum le fossé qui sépare la cybernétique du fonctionnement cérébral ; la notion de sujet est évidemment un peu gênante pour eux. Les difficultés qu'ils rencontrent avec la machine nous font cependant réfléchir sur les caractéristiques propres au psychisme humain.

Ces chercheurs en sciences cognitives se plaignent par exemple de devoir concilier des exigences contradictoires qui sont « oublier les expériences particulières qui ont permis d'apprendre et mémoriser toute leur spécificité » (G. Ganacia, « L'apprentissage symbolique. A propos de l'intelligence artificielle », in *Nervure,* n° 3).

Oubli et mémorisation ne sont en effet pas de même nature dans la machine, et l'oubli chez le sujet humain n'est pas effacement total. Pour maintenir la cohérence du discours dans un « vouloir dire » permanent, le sujet opère à chaque instant une sélection dans les signifiants qui se présentent à lui. Cependant, ce qui est éliminé, non retenu, en apparence oublié, ne disparaît pas totalement. Ces restes vont constituer une réserve, un stock toujours vivant, prêt à interférer à l'insu du sujet dans toutes les opérations de la pensée. Ces auteurs soulignent que l'apprentissage se fait dans un mouvement de spirale avec un constant retour sur soi pour l'accroissement général des connaissances, accroissement que la machine ne fait pas puisqu'elle reste un système clos.

Cette activité de décryptage, de repérage qui s'exerce dès le premier jour de la vie est un processus on ne peut plus actif, pris dans la pulsion de vie, car n'oublions pas que *le corps nous est donné*; « je n'ai pas demandé à naître », entend-on souvent dire à ceux qui ne veulent pas de la vie.

Ce corps, comment allons-nous le faire nôtre? Comment allons-nous l'habiter, nous l'approprier, nous y reconnaître (stade du miroir), en jouir? Autant d'opérations qui concernent la naissance du sujet, sa structuration, ce que nous désignons sous le terme de « subjectivation ». Dans les expressions « connaître », « reconnaître », nous entendons toujours le mot « naître », *naître en tant que sujet.*

Si le corps nous est donné, il en est de même pour le langage ; les mots sont à tout le monde, il faudra les reprendre à notre compte, les faire nôtres, c'est là tout le travail de l'appropriation du langage qui est posé. C'est cette double conquête que l'autiste ne fait pas et que le psychotique rate.

Intelligence et langage

Comment saisir ce qu'est l'intelligence si nous n'interrogeons pas au plus près son instrument, le langage ? Le petit enfant est plongé dès sa naissance dans un bain de langage, il fait très vite la différence entre les phonèmes émis par la voix maternelle et ceux que porte la voix du père. Les mots entendus sont associés aux personnes, aux situations. Reliés entre eux, puis isolés, associés à nouveau dans une autre chaîne, ils acquièrent peu à peu un sens, puis une signification précise. Prenons comme exemple de polysémie le signifiant VER. Ce mot prendra pour l'enfant peu à peu le sens de verre, de la couleur verte, du ver de terre, du aller « vers », etc., selon le contexte dans lequel il apparaît. L'enfant pourra, après le travail d'isolement du signifiant dans différents contextes, en saisir la signification dans la phrase où il sera employé. Les mots d'enfant qui font sourire ont trait aux premières confusions dans l'usage qui en est fait. Bien avant qu'il parle, l'enfant a accompli un travail sur la langue qu'il cherche à s'approprier non seulement pour se faire entendre, mais aussi pour construire ses fantasmes, et par là même son identité. Le langage n'est pas seulement parole, *il est constitutif de la structure même du sujet.*

Il est facile de comprendre que le langage ne peut pas être neutre, il n'est jamais ce stock de mots engrangé à la manière d'un programme d'ordinateur, il est d'emblée chargé d'affects de par la situation même où se trouvent le nouveau-né et le tout petit enfant. On oublie trop à quel point il y a disproportion entre son *incapacité motrice totale* qui le maintient dans une dépendance vitale absolue à l'Autre nourricier, qui fait de lui un objet soumis au bon vouloir et à la jouissance de cet Autre, et l'étonnante performance de ses *capacités perceptives, sensitives et cognitives.* Nous savons maintenant qu'à 5 jours il reconnaît la voix de sa mère. Sa vision est entière dès la naissance, mais le regard, qui est activité de relation, s'aiguise de jour en jour. Il scrute le visage maternel pendant la tétée, à 100 % les premiers jours, puis son attention se fait de plus en plus distraite. Il reconnaît l'odeur de sa mère au sixième jour. Nous savons aussi que sa sensibilité interne profonde est très développée, d'où une hypersensibilité du tractus digestif, qui s'atténuera par la suite. Ce que je veux souligner par là, c'est qu'à l'extrême activité sensorielle et perceptive fait pendant une totale impuissance sur le plan moteur et quant à la satisfaction des besoins vitaux. Il ne peut ni se déplacer ni se nourrir. Manipulé, interpellé, il réalise dans son corps la présence même de l'objet « a », objet pris dans la pulsion, le fantasme et le désir de l'Autre.

Dans cette dépendance absolue à l'adulte nourricier, il va éprouver avec une acuité considérable toutes les manifestations venant de ce dernier, amour, haine, rejet, indifférence. Cela commence bien avant la naissance et va le marquer de façon indélébile. Cela déterminera sa façon d'appréhender son corps, de regarder le monde et de construire son être de sujet.

Pour exister, c'est-à-dire pour sortir du chaos et se dégager de cet Autre qui le piège dans les rets de son désir, il a à *comprendre,* c'est-à-dire à trouver l'ordre du monde et la voie de son propre désir.

Comprendre est donc une opération qui touche au plus essentiel de la constitution de l'être, elle est partie intégrante de la pulsion de vie dont parlait Freud, et, à ce titre, elle peut devenir une passion, la passion de savoir. A l'inverse peut exister la « passion de l'ignorance », qui, elle, touche à la pulsion de mort. Quant à l'inhibition en tant qu'interdit porté sur la connaissance, nous y sommes confrontés depuis le début de ce travail.

Pour mettre à plat les mécanismes qui poussent à la débilité, nous devons repartir de la notion de sujet et nous interroger sur son essence.

Qu'est-ce qu'un sujet ?

« Sujet » est pris ici dans le sens analytique, que nous opposons à la conception psychologique de la personne. Il est question ici du sujet de l'inconscient, sujet barré, $S̸$ de Lacan. Lacan n'a en cela rien inventé, il s'appuie sur la découverte freudienne (n'a-t-il pas toujours prôné un retour à Freud ?), tout en donnant une portée élargie aux concepts freudiens grâce aux avancées linguistiques ouvertes par Ferdinand de Saussure.

Personne ne peut plus ignorer le bouleversement qu'a apporté la découverte de l'inconscient aux sciences de l'homme, philosophie, art, sciences sociales ; en balayant le primat de la rationalité, une autre logique a vu le jour qui prend en compte l'existence de l'inconscient. Je rappellerai quelques termes qui disent cette division du sujet : schize, *Spaltung,* clivage, coupure.

Lacan avance deux causations de l'inconscient à ce sujet, l'une, l'*aliénation,* a trait à l'inscription du sujet dans le langage, avec le mécanisme fondamental du refoulement, l'autre, la *séparation,* a trait à l'objet, objet « a » qu'il invente et dont il s'emploiera à cerner la fonction dans les dernières années de son séminaire. Le sujet est donc divisé de par les choix à faire.

1) *Dans l'ordre signifiant.* Pour constituer une chaîne, pour que le sens apparaisse, il lui faut *choisir* tel couple de signifiants ; le signifiant qui disparaît, bien que refoulé, viendra grossir la réserve inconsciente. La division du sujet est ici assurée par le *refoulement.*

2) *Dans l'ordre pulsionnel.* Reprenant les éléments de la deuxième topique freudienne, qui fait du ça le réservoir des pulsions, Lacan s'attachera à retrouver les composantes pulsionnelles fondamentales en les articulant à l'objet « a », pôle central de la jouissance. Ce terme

de jouissance souligne ce qui est au-delà de la frontière du plaisir, cet « au-delà du principe de plaisir » avancé par Freud.

Le sujet est donc divisé par le refoulement, qui a trait au langage, et par l'objet, cause de son désir, dont il ignore la vraie nature. *Il n'est maître absolu ni de sa parole ni de ses pulsions.* Le manque est structural chez lui.

Le lien entre ces deux opérations de causation du sujet, l'aliénation (inconscient freudien) et la séparation (le ça freudien), pose le problème aigu de l'intrication des phénomènes langagiers et de la jouissance ; c'est ce qui nous intéresse au plus haut point quand nous tentons de préciser la part du pulsionnel dans les opérations intellectuelles et par là même le mécanisme inhibiteur.

Nous devons aller plus loin dans la compréhension de ces deux opérations, aliénation et séparation.

L'aliénation signifiante

Elle a un double aspect. Nous reprendrons ici la terminologie freudienne pour mieux en saisir la nature.

Le processus secondaire

En termes linguistiques, nous avons affaire à la structure diachronique. Elle se présente comme une chaîne, c'est la chaîne de la parole, la chaîne du discours. Le premier modèle en est la phrase. Prenons l'énoncé « Pierre bat Paul » ; l'ordre de succession ne peut être inversé, il y a *enchaînement,* chaque signifiant est comme l'anneau d'une chaîne. Cette structure diachronique est dite aussi « catégorie de l'ordinal », elle a un caractère linéaire, elle implique un ordre logique, une temporalité, un *vouloir dire*. Lacan écrit cette liaison signifiante S_1 S_2. Ce mode de fonctionnement tend à la signification, il prévaut dans les opérations logiques et le raisonnement. Freud le désigne sous le nom de processus secondaire pour le différencier du processus primaire, qui, lui, est d'une autre nature. Lacan parle du processus secondaire en termes de chaîne symbolique ou d'ordre symbolique.

Le processus primaire

Si le processus secondaire est le support de la logique et de la raison, s'il implique toujours un vouloir dire qui est adresse à l'autre, donc parole, le processus primaire, lui, relève du fonctionnement de l'inconscient. C'est une structure qui en termes linguistiques est dite « structure synchronique ». Il s'agit d'un système inorganisé qui n'induit ni un ordre ni une métrique, il n'y a pas de série S_1 S_2, mais des S_1 qui cohabitent dans un désordre apparent. Nous avons affaire à ce type d'associations dans les pensées du rêve. Lacan a appelé ce stock de signifiants « *lalangue* », Saussure, lui, parle de « familles associatives » ou de « groupements associatifs ». Ces associations de signifiants sont propres à chacun, elles se forment au fil de l'histoire singulière de l'individu et sont la trace laissée par les premières expériences constitutives du sujet. Si la langue est commune à tous les membres du groupe social, lalangue est une production originale du sujet.

Freud n'a cessé de chercher les lois régissant le fonctionnement inconscient. Il a parlé de l'« énergie libre » du processus primaire, désignant par là le désordre, la liberté des associations. Il avait découvert ces lois essentiellement dans le rêve, quand le sommeil lève tout contrôle des pensées et que les associations se font en roue libre. Ce fonctionnement inconscient, avec son expression énigmatique, s'oppose au dire conscient du processus secondaire, soutenu par la chaîne du discours ; Freud parle ici d'« énergie liée ».

La cure analytique, avec sa règle des associations libres, permet de lever une partie du voile sur les contenus associatifs du processus primaire. C'est le rêve qui révèle au plus haut point les lois de fonctionnement de ce processus. Il est, disait Freud, la voie royale qui mène à l'inconscient.

Rappelons ici l'essentiel de ces mécanismes.

La condensation

Un signifiant ou un syntagme du rêve se trouve au centre d'un réseau associatif qui peut être très étendu. Freud souligne combien le contenu manifeste est pauvre comparé au contenu latent : « Le rêve est bref, pauvre, laconique comparé à l'ampleur et à la richesse des pensées du rêve », dit-il. Certains éléments du rêve sont « surdéterminés », ils représentent plusieurs pensées du rêve ; il appelle « condensation » ce regroupement. On ne peut envisager la condensation sans y associer :

Le déplacement, la substitution

Un signifiant peut venir à la place d'un autre parce qu'il lui est proche par homophonie ou toute autre forme de voisinage, similitude, assonance, etc. Il peut aussi se glisser dans un autre signifiant ou dans une image. Par exemple, une patiente rêve qu'elle est couchée avec son mari et voit passer un élan au-dessus du lit conjugal. Cet animal sera associé, notamment, au mari impuissant qui n'a aucun « élan » vers elle. L'image de l'animal vient ici figurer le signifiant « élan ».

Processus primaire et processus secondaire : leur rapport

Il y a *hétérogénéité absolue de ces deux ordres,* le mécanisme de refoulement ne tient à rien d'autre qu'à la disparité même de leur nature. Malgré cette hétérogénéité, ils ne cessent de s'interpénétrer : « Le refoulement ne peut être distingué du retour du refoulé par où ce dont le sujet ne peut parler, il le crie par tous les pores de son être », dit Lacan (*Écrits,* p. 386). C'est ce paradoxe que Lacan tentait de représenter avec les nombreuses figures de topologie qu'il construisait au fil de son enseignement, telle la bande de Moebius. Dans ce type de représentation, il n'y a ni endroit ni envers, et il est possible de passer d'une face à l'autre sans franchir de bord.

Cette infiltration permanente du discours latent dans le discours manifeste est perceptible dans les figures de style, telles la métaphore et la métonymie.

Dès le début de son enseignement, Lacan va faire de la métaphore et de la métonymie les équivalents de la condensation et du déplacement, mécanismes que Freud découvrait dans le rêve. La métaphore permet de comprendre ce que peut être la barrière du refoulement et de quelle nature est le bord qui participe aux deux structures. Nous connaissons la métaphore poétique. Lacan a longuement commenté ce vers de Booz endormi, « sa gerbe n'était pas avare ni haineuse » (*Écrits,* p. 506). Foisonnantes chez Hugo, subtiles chez Rimbaud, déroutantes chez les surréalistes, les métaphores nous enchantent depuis que, tout petits, nous apprenons des récitations.

La métaphore n'est pas uniquement une figure poétique, elle fait partie du langage quotidien ; nous faisons des métaphores comme Monsieur Jourdain faisait de la prose, elles figurent dans le dictionnaire à la rubrique « sens figuré ». Seul le psychotique, qui ne peut décoller de la littéralité du mot, ce que Freud appelait « prendre les mots pour les choses », reste rétif à la métaphore. Il en est de même pour les machines que l'on voudrait aussi intelligentes que les hommes : elles ne peuvent intégrer la métaphore.

La métaphore, en mettant un mot à la place d'un autre, renvoie à tous les possibles : « La métaphore se place au point précis où le sens se produit dans le non-sens », dit Lacan (*Écrits,* p. 508). Le non-sens apparu dans la chaîne du discours renvoie au matériel refoulé.

D'autres figures bien connues rendent compte de cette interpénétration des deux ordres ; ce sont le lapsus, le mot d'esprit mais aussi le symptôme, la dénégation... Ils correspondent tous à l'irruption de l'inconscient dans le discours. La dénégation est typique de cette révélation : par la dénégation, le sujet dit un savoir inconscient en le déniant. Mme X se plaint en analyse des attentions que son mari porte à leur fille adolescente : « Je ne suis pas jalouse de Virginie, dit-elle, mais... » Elle avoue par là même sa jalousie.

Les poètes, les artistes savent mieux que quiconque exprimer ce que parler veut dire au-delà des mots. Je laisse la parole à Michel Leiris : « En disséquant les mots que nous aimons sans nous soucier de suivre ni l'étymologie ni la signification admise, nous découvrons leurs vertus les plus cachées et les ramifications secrètes qui se propagent à travers tout le langage, canalisées par les associations de sons, de formes et d'idées. Alors le langage se transforme en oracle et nous avons là (si ténu qu'il soit) un fil pour nous guider dans la Babel de notre esprit » *(Glossaire).*

L'inconscient, c'est donc cet au-delà du discours, cet au-delà des mots, ce qui est à lire entre les lignes ; Freud, lui, parlait de l'« autre scène ». Sens caché, autre lieu : de tout temps les hommes ont cherché à percer le mystère de cet « ailleurs », ils lui ont donné des noms, le Diable, Dieu, le destin... Freud fut le premier à lui donner un statut scientifique.

L'existence de l'inconscient, son statut à la fois d'extériorité et d'intimité (extimité, dit Lacan) ne cessent de faire scandale.

Que l'homme ne soit pas maître de son destin, qu'il soit agi par les forces qu'il ne maîtrise pas, que ce qui lui est le plus intime lui reste à jamais étranger relève d'un paradoxe inacceptable pour celui qui veut croire à la primauté de la raison et de l'intelligence.

Avant de poursuivre nos investigations sur les relations entre l'intelligence et le langage, nous allons préciser le sens que nous donnons à des termes qui reviennent souvent sous notre plume. Ces définitions ne sont pas exhaustives et ces termes peuvent prendre une autre signification dans un autre contexte.

Le *langage* est la fonction d'un ensemble de systèmes permettant un certain nombre d'expressions et de communications chez les hommes. On parle de langage écrit et de langage oral. Son étude comprend les *figures* (rhétorique), les *signes* (linguistique), les *représentations.*

La *langue* est un système d'expression commun à un groupe social. Le *code* désigne les règles communes à l'ordonnancement du discours.

La *parole* est ce qui s'adresse à l'autre. On peut en séparer l'énoncé de l'énonciation.

L'*énoncé* peut être étudié comme production linguistique (syntagme, paradigme...).

L'*énonciation* est un acte individuel.

Lacan a toujours tenu à distinguer le sujet de l'énoncé de celui de l'énonciation, voulant marquer par là combien le sujet laissait transparaître son désir inconscient (le sujet de l'énonciation) dans l'expression même de son dire. Il prenait pour exemple l'ambiguïté du « ne » explétif dans la phrase « je crains qu'il ne vienne ».

Le *discours* caractérise la manière dont parle le sujet, tournure, expression, style. Le discours s'adresse à l'autre, donc il fait lien social.

Le terme de discours peut s'appliquer à un ensemble de sujets. Lacan avance quatre discours : les discours du Maître, de l'Hystérique, de l'Universitaire et de l'Analyste en fonction de la place qu'occupent quatre termes : le signifiant-maître, le Sujet barré, le savoir et la jouissance.

Sens et signification

Un mot peut avoir plusieurs sens. C'est cette polysémie de la langue que nous évoquons très souvent ; il ne prend sa signification (le signifié) que dans un contexte donné quand il entre en rapport avec d'autres signifiants. Dans un énoncé, un élément apparaît comme essentiel pour décoder la signification de l'ensemble, c'est ce que Lacan désigne comme « point de capiton ».

La langue, lalangue et l'intelligence

L'intelligence dépend de la façon dont un sujet maîtrise la langue, mais aussi de l'accès qu'il a au savoir sur lalangue, ce « savoir qui ne se sait pas », dit Lacan.

Si la maîtrise du langage est nécessaire aux opérations intellectuelles, elle n'est pas suffisante pour qu'un sujet puisse faire preuve d'intelligence. S'il ne peut rien entendre au-delà des mots, s'il ne peut « lire entre les lignes », il risque de se présenter comme débile. Le débile ne décolle pas du sens littéral, l'équivoque lui reste inaccessible, le formalisme est son recours, il croit au dire vrai et s'y fixe avec une volonté farouche.

Nous avons vu l'importance du rapport que le sujet entretient avec la langue quand il s'agit d'apprécier son intelligence. Cet aspect n'est pas toujours bien compris : ne parle-t-on pas, par exemple, de l'intelligence des animaux, alors que les animaux n'ont pas affaire au signifiant mais au signe, le signifiant pouvant au plus servir de signe chez eux comme le montre l'apprentissage du langage des sourds-muets à des singes ? Si les animaux parlent, ce n'est que dans les contes ou dans l'imaginaire de leur maître.

Il est vrai par contre qu'il existe plusieurs formes d'intelligence : l'intelligence du mathématicien, celle du scientifique, l'intelligence tactique du politique, l'intelligence pragmatique du chef d'entreprise, l'intelligence manuelle du travailleur. Nous rencontrons tous les jours des artisans, des travailleurs manuels peu causants mais pleins d'astuce, d'adresse et d'invention dans leurs réalisations. S'ils ont peu de vocabulaire, celui qu'ils possèdent est suffisant pour maîtriser la matière, les objets et les situations qu'ils ont à traiter. En y regardant de près, nous nous apercevons que les opérations requises pour ce type de réflexions sont les mêmes que celles qui entrent en jeu dans des opérations purement intellectuelles : choix, isolement, abstraction, analogie, généralisation. Il arrive que certains sujets illettrés nous étonnent par la qualité de leur savoir, par le bon sens dont ils font preuve. Nous en avons tous rencontré, en particulier dans des populations aux traditions fortes, aux structures familiales solides. La transmission du savoir-faire se fait très tôt, de père à fils, dans un contexte valorisant qui flatte le narcissisme du sujet. Cela se voit aussi bien dans des milieux ouvriers au travail rebutant, les mineurs par exemple, que dans des populations paysannes attachées à leur terre depuis des générations. Nous avons vu Thierry, débile en classe, recouvrer le goût de vivre et la confiance en lui quand il a pu faire reconnaître ses compétences dans un autre domaine. Comprendre le fonctionnement d'un circuit électronique lui posait moins de problèmes que décrypter le sens d'une nouvelle d'Alphonse Daudet !

Nous ne sommes pas spécialiste des mécanismes cognitifs à proprement parler, d'autres que nous s'emploient à démonter ces mécanismes, notamment dans le cadre des recherches sur les sciences cognitives. Ce que nous tentons de faire tient davantage d'une réflexion sur l'intelligence et la débilité à partir d'une expérience clinique, dans une conception freudienne du sujet. Nous prenons en cela le contre-pied des tendances actuelles, qui, en assimilant le fonctionnement cérébral à une machine, ne sont pas sans influencer certaines approches thérapeutiques, thérapies cognitives, par exemple, où le sujet devrait modifier ses comportements après avoir acquis une meilleure connaissance de lui-même et pratiqué un apprentissage des conduites sous la direction d'un thérapeute. Les perspectives engendrées par les travaux sur l'intelligence artificielle soulèvent des questions philosophiques (conception de l'homme), éthiques et pratiques.

Intelligence et façon de parler

Nous allons maintenant tenter de définir les conditions nécessaires pour qu'un sujet puisse utiliser toutes les ressources sémantiques de la langue.

Le signifiant doit être libre

Je veux dire par là que, pour acquérir sa capacité maximale d'utilisation, le signifiant doit se libérer des premières liaisons dans lesquelles il est apparu. Je donne dans mon livre *Un enfant psychotique* de nombreux exemples de cet apprentissage de la langue que fait le petit enfant bien avant qu'il ne parle. Reprenons le signifiant VER, par exemple. Il apparaît dans de nombreuses configurations que l'enfant va peu à peu identifier ; dans un premier temps, il doit isoler le signifiant pour pouvoir l'accoler, ensuite, à un autre signifiant. Les confusions sont fréquentes chez l'enfant, elles sont dues aux homophonies. Elles existent aussi fréquemment chez les sujets qui n'ont pas de langage écrit (illettrés). Ce sont ces premières liaisons qui se maintiennent dans l'inconscient et nourrissent ce que Lacan appelle « lalangue ». « L'homophonie est le moteur de lalangue », dit-il. Dans mon livre, j'en donne pour exemple le signifiant « Rosebud » du héros d'Orson Welles dans le film *Citizen Kane*.

De nombreux mots d'enfants ne tiennent qu'à cette confusion entre les signifiants. Un enfant, par exemple, parle de la « tour Échelle » au lieu de « tour Eiffel » ; il a entendu échelle, liaison compréhensible au regard de la forme de la tour. J'ai entendu une petite fille reprendre un refrain bien connu chanté par Gavroche : « C'est la faute à Voltaire, c'est la faute à Rousseau » ; elle avait changé Rousseau en Trousseau, or Trousseau était l'hôpital où elle avait dû séjourner assez longtemps pour une maladie grave ; il était tout à fait logique qu'elle clame... c'est la faute à Trousseau !

« Le mécanisme linguistique roule tout entier sur des identités et des différences, celles-ci n'étant que la contrepartie de celles-là », dit Ferdinand de Saussure.

Cette liberté du signifiant, l'enfant l'expérimente avec un immense plaisir quand il se joue d'elle. Il y a l'exemple bien connu de Jakobson, du chien qui fait « miaou » et du chat qui fait « ouah, ouah ». Ces dérives du sens nous font rire quand c'est Raymond Devos qui les enchaîne. L'apprentissage de la langue se fait donc à partir d'une suite d'essais et d'erreurs, mais, à la différence de la machine, les erreurs ne sont pas effacées, les associations incongrues qui ont surgi au fil du temps se maintiennent dans la mémoire inconsciente et peuvent resurgir quand les circonstances s'y prêtent : dans le rêve, par exemple, quand il y a perte de la vigilance, dans la vie lorsqu'un mot, un signal, un événement viendront les réveiller et les sortir de l'ombre. C'est le cas dans la cure analytique au détour d'une association libre.

La liberté du signifiant implique donc qu'il puisse prendre plusieurs sens, c'est-à-dire se dégager d'une signification donnée pour se greffer sur d'autres chaînes du discours, qu'il soit facilement mobilisable, donc polyvalent (polysémie).

Mais cela ne suffit pas à caractériser l'intelligence ; certains sujets ont une connaissance encyclopédique de la langue sans pour autant paraître intelligents. C'est ici que notre conception du sujet intervient. Pour comprendre, pour trouver une issue à une situation ou à un problème, le sujet doit mettre au travail toutes les ressources de son être ; *il doit non seulement faire appel aux types d'associations qui président au discours conscient, mais mobiliser aussi ses ressources inconscientes,* celles de lalangue, c'est ce que l'on appelle parfois intuition. Les chercheurs, les savants qui ont des intuitions géniales (on pense à la pomme de Newton) sont ceux qui savent échapper à la raison et à la logique constituées et débrider leur esprit.

Ce détachement de la réalité peut s'appeler rêverie ; les découvreurs sont souvent des rêveurs. Nous tentons, nous analystes, de faire surgir cet « ailleurs » par les associations libres lorsque nous demandons à nos analysants de dire tout ce qui leur passe par la tête, aussi « bête » cela soit-il. Les surréalistes avaient tenté une expérience semblable avec l'écriture automatique.

Pour que ce retour de pensées refoulées enrichisse le système conscient, il y faut une condition absolue : *la barrière du refoulement doit être maintenue,* les deux systèmes doivent rester distincts.

Cette proposition peut apparaître paradoxale, c'est ce qui fait toute la difficulté d'appréhender la notion d'inconscient. Une partie du sujet lui reste inaccessible mais s'exprime à son insu, elle forme le noyau de son être, l'assise de son identité et de sa singularité. Pour qu'il puisse communiquer avec ses semblables il doit garder la distance avec ce monde souterrain, pour pouvoir s'exprimer dans un discours qu'il partage avec les autres, dans ce discours commun qui permet aux hommes de se comprendre, ou tout au moins de s'entendre et de dialoguer, il doit maintenir la séparation entre les deux ordres. Lorsqu'il n'y a plus hétérogénéité des deux systèmes, lorsque le processus primaire envahit le système conscient, nous avons affaire à la psychose, la barre du $\not S$ se fracture, le non-sens et la déraison envahissent le discours.

En évoquant l'infiltration du registre inconscient dans l'ordre du discours, nous ne disons pas autre chose que ce que Lacan appelle « lire entre les lignes, entendre au-delà des mots ».

Le type même de cet au-delà du mot est la métaphore. Un mot est mis à la place d'un autre et ouvre ainsi à des multitudes de sens. L'artiste est celui qui, tout en maintenant la barrière du refoulement, nous fait entrevoir des mondes inconnus au-delà du vouloir dire d'une représentation.

Ainsi un sujet intelligent effectue-t-il avec vélocité cette gymnastique compliquée, qui va du repérage du signifiant clé dans un énoncé à l'appel fait à d'autres signifiants pris dans des groupements associatifs conscients ou inconscients, pour revenir ensuite au point de départ, dans un mouvement en spirale. Il peut en résulter un enrichissement permanent des systèmes qui deviendront de plus en plus performants.

Oubli ou refoulement?

La question est d'importance, mais ce n'est pas ici le lieu d'en débattre. Les signifiants refoulés, au sens freudien, sont ceux qui sont marqués par la censure. Le sujet refoule ce qui le met en danger, à savoir les signifiants liés à la pulsion.

Nous soutenons qu'il y a un refoulement permanent dû à la nécessité pour le sujet de faire un choix constant pour maintenir la cohérence du discours, sélection qui se fait spontanément lors de l'apprentissage de la langue. Les liaisons incongrues tombent dans l'oubli pour ne réapparaître qu'occasionnellement. Ces liaisons signifiantes qui touchent au non-sens n'entrent pas dans le cycle que Lacan appelle la symbolisation, mais viennent grossir le contenu de lalangue. Peut-être est-ce là le refoulement primaire ou originaire, le refoulement secondaire restant lié au danger pulsionnel, avec, pour conséquence, la mise en place d'une organisation névrotique dont les mesures d'aménagement les plus connues sont l'hystérie et la névrose obsessionnelle. Nous avons eu l'occasion de rapporter d'autres symptomatologies moins structurées chez l'enfant.

Peut-être faudrait-il appeler oubli toutes les expériences primordiales et les associations signifiantes que le sujet ne retrouvera jamais : chez l'homme, cet oubli n'est cependant pas effacement total, c'est là sa particularité ; Lacan ne parle-t-il pas de l'inconscient comme d'une « mémoire de l'oubli » ? Ne dit-on pas aussi que la culture est ce qui reste quand on a tout oublié ?

Parlons du débile

Restons dans le domaine de la langue pour caractériser ce qui fait le débile. Chez lui, la mobilité du signifiant est compromise. Lacan donne à ce phénomène d'arrêt le nom d'holophrase. Il introduit l'holophrase dans la structure en l'identifiant à la solidification d'un couple de signifiants, S_1 S_2, et parle de la « prise en masse de la chaîne signifiante ». Il s'agit donc de la mise en suspens de la fonction du signifiant comme tel ; l'absence d'intervalle, l'absence de mobilité le rendent non dialectisable.

Ce phénomène d'arrêt des opérations signifiantes se retrouve dans différentes structures ; psychose, phénomène psychosomatique, débilité, mais le sujet s'y retrouve à des degrés divers et, souligne Lacan, *il n'y occupe pas la même place.* Nous verrons comment cette suspension de la fonction signifiante se retrouve dans la psychose (forclusion). Dans le phénomène psychosomatique, l'arrêt de la symbolisation touche le corps ou une de ses parties.

Cette contraction holophrastique donne le sentiment que le sujet se fixe dans une signification donnée, et ne peut rien entendre d'autre que ce qu'il s'est une fois pour toutes construit. Il répète ses convictions sans que le sens puisse décoller et la réflexion s'enrichir. Ne dit-on pas qu'il n'y a que les imbéciles qui ne changent pas d'avis ? Il y a, chez lui, une sorte d'entêtement, de fixité dans le raisonnement qui irrite l'interlocuteur... ou le professeur. Lorsque ce dernier dit à l'élève : « Réfléchis, fais marcher ta tête », cela signifie : « Fais appel à d'autres possibles, envisage d'autres liaisons. »

Cette absence de souplesse, de mobilité du signifiant fait dire du débile qu'il est « à côté de la plaque », ou qu'il « flotte entre deux discours » (Lacan).

Le discours implique une cohérence de l'ensemble des énoncés, un certain savoir partagé. Le débile apprécie mal les limites à respecter, il inclut ses signifiants-maîtres dans des discours où ils n'ont rien à faire. Ajoutez à cela une certaine méconnaissance de l'autre due aux troubles identificatoires qu'il connaît, et c'est une impression de flou et d'incohérence qui saisit bien souvent l'interlocuteur.

Nous avons donné, au début de cet ouvrage, un exemple de discours qui, parce qu'il se veut multidisciplinaire, ne peut que « flotter » et engendrer la confusion. De même, quand un analyste emprunte à plusieurs auteurs (Melanie Klein, Freud, Winnicott) et à plusieurs disciplines (psychanalyse, sociologie, psychologie...) des bribes de leur théorisation pour construire une sorte de savoir hétéroclite, à flotter entre plusieurs discours, ce savoir devient inutilisable, car il manipule uniformément des signifiants qui ont une connotation spécifique dans chaque discours : le moi de Freud, celui de Winnicott ou de Melanie Klein, le moi pris dans le discours social ont peu de points communs.

Ce que l'on appelle flottement du discours ou flottement du sujet pourrait apparaître antinomique à la fixité que nous avons évoquée. Il n'en est rien. Les deux relèvent d'un ancrage défectueux du signifiant dans la chaîne. Si l'on dit du sujet débile qu'« il est à côté de la plaque », on dit aussi d'un discours débile : « Ça ne tient pas debout... où veut-il en venir ? » Ces deux expressions mettent l'accent sur une distorsion du discours et sur une absence de perspective. Il y a dans ces cas un mauvais enchaînement des idées, un dérapage dans le vouloir dire, une absence de logique et de rigueur dans le raisonnement. Nous sommes ici dans les opérations logiques de la parole, et ce n'est pas le lieu d'en débattre, d'autres sont là pour se pencher sur ces questions. N'oublions pas que l'école est faite pour apprendre aux enfants à raisonner...

Revenons à l'arrêt de la fonction signifiante perceptible dans la parole du débile. Cette absence de mobilité des signifiants est parfois désignée sous les termes de *freezing*, gélification, congélation, coalescence. L'expression du débile est pauvre, plate, répétitive. Cette pauvreté affecte non seulement l'expression du discours, mais aussi son contenu. Cela tient à l'impossibilité où il est de faire appel aux signifiants refoulés. Rétif à la polysémie de la langue, le débile l'est à tout ce qui fait équivoque. La métaphore n'a guère d'écho chez lui, le mot d'esprit l'insupporte, l'incompréhension qu'il a à son égard le renvoie à son insuffisance. Cette caractéristique fait de lui un analysant difficile qui se plie mal à la règle des associations libres. Tout décollage imaginaire l'effraie dans la mesure où il remet en question un équilibre construit sur un savoir minimal garanti.

Nous avons vu Thierry en début d'analyse présenter ce type de comportement : difficulté à se plier à l'association libre pour se maintenir dans un discours vide, stéréotypé, fait de lieux communs, englué dans la banalité quotidienne.

Alors que l'enfant intelligent déploiera toutes ses ressources associatives, fera appel à ses souvenirs, à ses réserves inconscientes pour y déceler quelque analogie avec la situation actuelle et ouvrir ainsi tous les possibles, l'enfant débile est dans l'immobilisme ; adhésif, collant au discours mais aussi *au maître,* il ne sort pas d'un formalisme qui le rassure, car il tient à un « non-savoir » qui le protège ; nous retrouvons ici l'inhibition névrotique devant l'angoisse de castration.

Pour illustrer ces propos, je donnerai quelques exemples de difficultés de compréhension rencontrées dans le cadre scolaire. Nous verrons comment tout apprentissage scolaire s'appuie sur un bon usage de la langue avec ce qu'il comporte de souplesse dans son maniement.

Dans une classe de perfectionnement, on demande aux enfants d'écrire un nombre *plus grand* que 1910. Certains enfants vont écrire un nombre, 250 par exemple, en caractères plus grands. Ces enfants ont donné au terme « plus grand » la signification d'une relation d'écriture, et non, comme il était demandé, une relation d'ordre ; « plus grand » est entendu au sens de caractère graphique, parce que le sens de comptage ne semble pas être appréhendé, le mot « nombre », qui devait jouer le rôle de point de capiton pour donner sa signification à la phrase, n'est pas relié à « plus grand ». L'enfant persiste à entendre « plus grand » au sens qui lui est coutumier, c'est-à-dire la taille. Le signifiant « grand » n'a pas pu se libérer de cette liaison pour se greffer sur la chaîne du comptage, il n'a pas pu se mobiliser pour être réutilisé dans une autre association.

Cette attitude d'incompréhension qui peut être qualifiée de débile (inaptitude à comprendre, limitation des facultés intellectuelles) peut relever de plusieurs causes. Nous pensons que, chez certains enfants, il y a eu un défaut d'apprentissage : le signifiant s'est fixé dans un sens donné au départ du fait de la pauvreté des échanges langagiers, cette carence d'apport s'est mutée par la suite en inertie intellectuelle.

Imaginons ce qui se passe dans la majorité des cas. Très tôt, l'enfant entend les signifiants « grand » et « petit », tous les jeux dits éducatifs y font référence, mais restons au plus près de la vie quotidienne. Il sait, par exemple, qu'il est plus grand que le petit frère et plus petit que la grande sœur. Il reliera très vite la notion de taille à celle d'âge : il est plus grand parce qu'il a 6 ans et que le petit frère en a 3. Il s'interroge sur les dates de naissance au moment des anniversaires, avec les dates il calcule la différence d'âge en chiffres. Ce questionnement est permanent chez l'enfant qui exprime spontanément le désir de comprendre ce qui le concerne au plus haut point, sa curiosité n'a pas de limite, à condition qu'il obtienne des réponses à ses questions. Si l'absence d'élargissement du sens, la fixité de la signification sont typiques de la débilité, la « connerie » n'est-elle pas du même ordre, qui fige le sujet dans des croyances (des *a priori*) ou des comportements immuables et répétitifs ?

Je donnerai un autre exemple, toujours pris dans le cadre scolaire, qui montre à quel point l'adulte reste dans l'ignorance des opérations qu'il effectue sans cesse en faisant passer les signifiants d'une chaîne à l'autre. Cette méconnaissance engendre beaucoup de malentendus et devrait faire réfléchir les pédagogues.

Quand le maître dit : « Pour multiplier par dix, vous ajoutez un zéro », *ajouter* le zéro ne doit pas être entendu au sens de l'addition, mais signifie écrire à côté. Nous avons ici l'inverse de l'exemple précédent, « ajouter » ne concerne pas le nombre mais la représentation graphique. Pour l'enfant, le sens le plus général du mot « ajouter » est celui d'additionner. Quand on « ajoute » un enfant au nombre d'enfants d'une famille, le chiffre augmente. Mais ajouter un zéro ne l'agrandit pas dix fois !

Il est courant de penser que l'apprentissage du calcul ou des mathématiques, parce qu'il utilise des signes et non des signifiants, échappe à la sémantique. Il n'en est rien.

Nous prendrons un autre exemple dans *La Leçon* de Ionesco où le malentendu côtoie l'absurde. Dans une scène, le professeur essaie de faire comprendre à l'élève le mécanisme de la soustraction : « Combien font quatre moins trois ? » L'élève ne comprend pas, alors le professeur tente autre chose :

LE PROFESSEUR : Quel nombre est plus grand ? Trois ou quatre ?

L'ÉLÈVE : Euh... trois ou quatre ? Quel est le plus grand ? le plus grand de trois ou quatre ? dans quel sens le plus grand ?

LE PROFESSEUR : Il y a des nombres plus petits et d'autres plus grands. Dans les nombres plus grands, il y a plus d'unités que dans les petits...

L'ÉLÈVE : ...que dans les petits nombres ?

LE PROFESSEUR : A moins que les petits aient des unités plus petites. Si elles sont toutes petites, il se peut qu'il y ait plus d'unités dans les petits nombres que dans les grands... S'il s'agit d'autres unités...

L'ÉLÈVE : Dans ce cas, les petits nombres peuvent être plus grands que les grands nombres ?

LE PROFESSEUR : Laissons cela. Ça nous mènerait beaucoup trop loin : sachez seulement qu'il n'y a pas que des nombres... il y a aussi des grandeurs, des sommes, il y a des groupes, il y a des tas de choses telles que les prunes, les wagons, les oies, les pépins, etc. Supposons simplement, pour faciliter notre travail, que nous n'avons que des nombres égaux, les plus grands seront ceux qui auront le plus d'unités égales.

L'ÉLÈVE : Celui qui en aura le plus sera le plus grand? Ah, je comprends, monsieur, vous identifiez la qualité à la quantité...

LE PROFESSEUR : ...combien d'unités avez-vous de trois à quatre? ou de quatre à trois, si vous préférez?

L'ÉLÈVE : Il n'y a pas d'unités, monsieur, entre trois et quatre. Quatre vient tout de suite après trois ; il n'y a rien du tout entre trois et quatre !

Reprenons les éléments essentiels de ce dialogue qui en dit long sur le lien entre les pièges du langage et les difficultés pédagogiques.

L'ÉLÈVE : ...dans quel sens le plus grand?

Ici, l'élève pose la question du sens que l'enfant de la classe de perfectionnement ne posait pas. L'intelligence humaine tient au fait que le sujet se pose des questions, la machine, elle, ne s'interroge pas.

LE PROFESSEUR : Dans les nombres plus grands, il y a plus d'unités que dans les petits...

L'ÉLÈVE : ...que *dans les petits nombres*?

On sent ici un flottement chez l'élève quant à la signification de « petit », qui tend à s'isoler pour être de nouveau lié à la question du nombre.

Le professeur introduit alors la notion d'unité sans l'avoir explicitée. Il affirme d'emblée : « Il se peut qu'il y ait plus d'unités dans les petits nombres que dans les grands, il s'agit d'autres unités. »

Un nouveau signifiant paraît, l'unité, qui caractérise le nombre. Ce signifiant n'est encore apparu dans aucune chaîne, il n'a pas été explicité, l'élève ne sait qu'en faire, il ne sait pas l'utiliser. Il le laisse donc de côté pour l'instant, ce qui a pour conséquence une réflexion absurde mais logique : « Les petits nombres peuvent être plus grands que les grands. »

Ce raisonnement se tient si l'on exclut la notion d'unité.

Dans le texte de Ionesco, il y a effet de retour sur le professeur que la réponse absurde de l'élève déstabilise. Il devient confus, se met à associer de façon compulsive tout ce qui peut être dénombré, inventaire pour le moins surréaliste. Puis il revient à l'élément de base, l'unité, mais la question demeure incompréhensible, tant sa formulation est contradictoire : « Nous n'avons que des nombres égaux, les plus grands seront ceux qui auront le plus d'unités égales. » L'élève semble percevoir quelque bizarrerie dans ce discours, elle *invente* alors une possibilité : s'agirait-il de qualité ou de quantité ?

La dernière partie du dialogue est caractéristique de la difficulté de passage d'un discours à l'autre :

LE PROFESSEUR : ...combien d'unités avez-vous de trois à quatre... ?
L'ÉLÈVE : Il n 'y a rien du tout entre trois et quatre !

L'élève répond en fait à la question « qu'y a-t-il entre trois et quatre? » Il n'y a rien effectivement lorsque l'enfant compte : 1, 2, 3, 4... Pour qu'il puisse répondre 1, il eût fallu que la notion d'unité ait été assimilée et que l'élève ait, de ce fait, saisi le mécanisme de l'addition et de la soustraction.

Dans *La Poétique de la rêverie,* Gaston Bachelard parle de « l'âme du mot ». Cette expression rend bien compte de ce que le mot peut déceler pour chacun de charge émotionnelle et de puissance évocatrice. J'en donnerai ici un bref exemple.

Un signifiant peut rester fixé dans une chaîne sans pouvoir s'en dégager parce qu'il est porteur d'une trop grande charge affective. L'émotion, l'angoisse ont un effet de sidération qui bloque toute reprise dialectique. Nous en avons vu de multiples illustrations dans les récits des cures d'enfants. Il s'agit ici d'un enfant de 5 ans, présent au cours d'une conversation familiale où l'on épiloguait sur la taille des membres de la famille. A un moment, il fut question de la mère de l'enfant, absente à cet instant, que chacun s'accordait à trouver « petite ». L'enfant manifesta son désaccord, visiblement très ému : « Non, maman n'est pas petite », dit-il. On eut beau lui expliquer qu'il s'agissait de la taille, de la hauteur de la personne, il n'en voulut rien entendre et continua de pleurer. Plus tard, en parlant avec lui, je compris que son chagrin venait du sens qu'il donnait aux mots « petit » et « grand ». Être grand signifiait pour lui être adulte : « Quand je serai *grand* comme papa... », disait-il. Être petit signifiait être un enfant ; la jeune sœur n'était-elle pas la *petite* sœur ? Entendre dire que sa mère était petite équivalait à dire qu'elle restait une enfant, ce qui le touchait profondément pour des raisons qui lui étaient personnelles.

Chargés d'affects, ces signifiants seraient restés bloqués dans leur signification primitive, « mère petite » équivalant à « mère enfant », et ils n'auraient pu se mobiliser, se libérer, pour s'ancrer sur une autre chaîne, la chaîne du comptage par exemple (un nombre plus grand ou plus petit).

Nous avons évoqué le signifiant « double » que Damien ne parvient pas à utiliser dans une approche mathématique, tant les multiples sens que ce signifiant recouvre engendrent chez lui la perplexité.

Cette réflexion sur les mots marqués d'un « plus » émotionnel conduit à nous interroger sur l'impact du pulsionnel dans les opérations cognitives.

La séparation d'avec l'objet. Angoisse et jouissance

Nous avons d'abord envisagé la place du langage dans les opérations cognitives en mettant en relief les deux registres, conscient (processus secondaire) et inconscient (processus primaire). Nous devons maintenant articuler les opérations intellectuelles au ça ou, plus exactement, à ce qui touche à la jouissance (à l'objet « a »).

Il peut paraître arbitraire de séparer ces deux chapitres, il est très fréquent que la distinction entre « inconscient et ça » ne soit pas faite, le contenu inconscient désignant aussi bien les pulsions et les désirs que les manifestations langagières, lapsus, mot d'esprit, etc. Le terme de refoulement s'applique souvent aux deux, on refoule aussi bien ses pulsions que certaines associations signifiantes. Nous n'avons cessé de souligner leur interdépendance, l'expression langagière ne peut être neutre et la pulsion n'est pas l'instinct, elle participe de l'inscription du sujet dans le symbolique. Nous conservons cependant cette distinction, car elle tient compte de la nature de l'être humain, faite d'un corps et d'un esprit, psyché ou/et soma, langage et corps libidinal.

Nous respectons en cela l'orientation lacanienne qui maintient deux opérations à la causation du sujet, sujet clivé, rappelons-le, non seulement par le signifiant (aliénation) mais aussi par l'objet (séparation). Dans ce procès de séparation, le corps est en première ligne.

Dans la construction du sujet, parallèlement au processus de refoulement qui met en place les deux ordres du discours, il se fait un travail d'effacement du corps. Le corps biologique, héritier du capital génétique, ne reste pas pur réel d'un corps-viande, il s'ouvre au monde à travers ses orifices qui sont d'emblée lieux de médiation avec l'Autre : la bouche, lieu de satisfaction du besoin oral, l'orifice anal, lieu de soins maternels, la fente des paupières avec l'objet regard, la voix enfin.

D'autres objets peuvent avoir cette fonction : l'enveloppe peau par exemple, le tractus digestif. Les objets « a », essentiellement le sein, les fèces, le regard, la voix, sont des morceaux de corps qui entrent en résonance avec l'Autre maternant. Ils sont objets de plaisir partagés par l'enfant et la mère. Ces objets perdent, dès le premier instant de la vie, leur caractère purement biologique pour s'inscrire dans un réseau relationnel. Ce réseau est constitué de multiples éléments ; il y a association, par exemple, d'un objet à un autre, de l'objet au discours. L'enfant sait très vite qu'il n'est pas la mère et qu'il ne la mange pas. L'objet oral avec la satisfaction qu'il apporte est d'emblée relié à l'image du visage maternel que l'enfant ne quitte pas des yeux pendant la tétée, à l'odeur, au timbre de la voix, aux mots prononcés, au bien-être du portage, etc. Regard et voix sont des objets plus « subtils » qui conduisent plus directement aux structures symboliques. L'enfant construit son corps dans ce réseau relationnel, car ce corps qui nous est donné, nous avons à le construire dans l'*imaginaire* et dans le *symbolique,* nous devons l'habiter, et cela dans le bien-être. La plainte des patients ne se situe-t-elle pas toujours autour du « je suis mal dans ma peau » ? On « a » un corps, on ne « l'est » pas, nous rappelle Lacan. Le nourrisson (celui qu'on nourrit) « est » un corps ; objet « a » livré au bon vouloir et à la jouissance de l'Autre, il doit à partir de cette situation passive construire son être jusqu'au moment où il en assumera aussi la forme et l'image devant le miroir, c'est là la source du narcissisme. Avoir un corps, c'est en avoir une représentation imaginaire et symbolique, mais c'est aussi pouvoir *en jouir,* c'est avoir construit un corps libidinal. Cela n'advient que lorsque le travail d'effacement du réel s'est accompli, travail d'effacement qui équivaut au refoulement du signifiant. Les objets « a » ont perdu leur caractère de réel (opération de séparation qui ne se réalisera pas dans la psychose) pour se glisser dans des constructions où ils restent voilés, tels le *fantasme*, la *pulsion*, le *désir*. Pour que le sujet devienne sujet désirant à la recherche de l'objet agalmique sur le corps de l'autre, pour que son propre corps puisse devenir corps de jouissance, il doit sortir de sa chrysalide, rompre le lien de passivité qui l'enchaîne à l'Autre, tout en gardant à son service les éléments engrangés dans sa relation avec lui, en particulier les signifiants maîtres et les objets privilégiés de cet Autre.

Nous avons repéré la place de l'objet oral chez Damien et son devenir au cours de l'analyse, la crainte de la dévoration chez Arthur comme reste de l'impact de la pulsion orale maternelle.

Thierry, lui, restait piégé dans l'impératif maternel « tu dois faire », et trouvait une jouissance masochiste à se « faire » objet déchet, objet anal. Dans ce cas, la cure a permis à l'enfant d'émerger de cette position d'objet marqué du sceau de la jouissance de l'Autre et de construire ses propres fantasmes à partir de l'objet « a » maternel qu'il reprend à son compte et intègre dans des structures de plus en plus élaborées. Thierry va continuer à jouer ce rôle d'objet vis-à-vis de sa mère et à entretenir ses vociférations par sa passivité : chacun ici sert à la jouissance de l'autre. Mais il ne restera pas tout entier dans ce mode relationnel, il détachera cet objet pour le mettre à son service, et cela de multiples façons : c'est d'abord le renversement de situation quand il fait du petit frère l'objet déchet à persécuter, cela ira jusqu'à la sublimation de cet objet dans le désir de « faire », de fabriquer des machines, où s'éveille sa vocation de constructeur.

Nous voyons Damien, l'anorexique, nourri jusqu'à 3 ans au biberon, construire une usine de transformation de lait. Parcours exemplaire de l'objet oral qui de l'estomac du nain en vient à servir de matériau de base à une construction architecturale.

L'objet « a » est toujours là, tel le « furet », dit Lacan, qui court dans les organisations libidinales du sujet. Rappelons que la pulsion en fait le tour ; dans le fantasme, il fait partie du scénario. Dans l'exemple freudien « un enfant est battu », le sujet trouve sa jouissance dans son identification à toutes les places : il est le regard qui voit cette scène, il est dans la souffrance masochiste de l'enfant, il est dans la jouissance sadique de l'exécuteur, etc. Nous pourrions évoquer le fantasme banal « un enfant est mangé ». Il pourrait l'être à toutes les sauces comme dans les contes ; cela irait de la trop grande proximité avec le réel, avec la crainte de la dévoration, à la problématique orale prise dans le désir de dévorer sa partenaire de baisers, par exemple !

Il y a loin parfois de l'objet de la pulsion à l'objet cause du désir, et le trajet qui va de l'un à l'autre n'est pas toujours facile à saisir. L'objet oral, le sein par exemple, pris dans le *besoin* et la *demande* chez le nourrisson, va devenir cet objet érotique, universellement identifié comme cause du *désir* sexuel. Cet objet « a » peut être là sans y être, manifester sa présence par son absence même. L'objet de la pulsion orale peut ainsi aussi bien être au centre des conduites anorexiques (manger du « rien ») que des conduites boulimiques.

C'est cette caractéristique de l'objet « a », toujours là mais voilé, caché, dissimulé, sous différents habillages, qui a fait dire à Freud que l'inconscient ne connaît pas la contradiction. A l'inverse du langage, où le vrai et le faux ne peuvent coexister, l'objet échappe à ce principe de contradiction, avec lui les contraires se recouvrent. *La dénégation est uniquement affaire de discours*, l'objet ne peut être négativé.

Des accidents de parcours dans la construction de ce corps imaginaire et libidinal vont provoquer des troubles aussi divers que l'angoisse de morcellement et de dépersonnalisation, les maladies psychosomatiques, des troubles instrumentaux (troubles de l'orientation dans l'espace et le temps), mais aussi bien des signes de débilité.

C'est ce qu'avance Lacan, lorsqu'il dit : « Si l'être parlant se démontre voué à la débilité mentale, c'est le fait de l'imaginaire. Cette notion, en effet, n'a pas d'autre départ que la référence au corps, et la moindre supposition qu'implique ce corps est celle-ci – ce qui pour l'être parlant se représente n'est que le reflet de son organisme. »

Quand il y a arrêt du travail de séparation de l'objet et absence d'effacement du corps biologique, quand ce corps biologique n'est pas repris dans des structures symboliques, il y a persistance d'images corporelles angoissantes. De ce fait, il y aura arrêt concomitant du travail sur la langue, donc débilité. Un autre passage de la pièce de Ionesco nous servira d'illustration à ces propos.

Le professeur continue sa tentative de faire comprendre à l'élève ce qu'est la soustraction.

LE PROFESSEUR : Prenons des exemples plus simples. Si vous aviez eu deux nez, et je vous en aurais arraché un, combien vous en resterait-il maintenant?

L'ÉLÈVE : Aucun.

LE PROFESSEUR : Comment aucun?

L'ÉLÈVE : Oui, c'est justement parce que vous n'en avez arraché aucun que j'en ai un maintenant. Si vous l'aviez arraché, je ne l'aurais plus.

LE PROFESSEUR : Vous n'avez pas compris mon exemple. Supposez que vous n'avez qu'une seule oreille...

L'ÉLÈVE : Oui, après?

LE PROFESSEUR : Je vous en ajoute une, combien en auriez-vous?

L'ÉLÈVE : Deux.

LE PROFESSEUR : Bon, je vous en ajoute encore une. Combien en auriez-vous?

L'ÉLÈVE : Trois oreilles.

LE PROFESSEUR : J'en enlève une... il vous reste... combien d'oreilles?

L'ÉLÈVE : Deux.

LE PROFESSEUR : Bon, j'en enlève encore une. Combien vous en reste-t-il ?

L'ÉLÈVE : Deux.

LE PROFESSEUR : Non. Vous en avez deux, j'en prends une, je vous en mange une, combien vous en reste-t-il ?

L'ÉLÈVE : Deux.

LE PROFESSEUR : J'en mange une... une.

L'ÉLÈVE : Deux.

LE PROFESSEUR : Une.

L'ÉLÈVE : Deux.

A la première question l'élève répond à côté, car elle se refuse à comprendre l'énoncé suivant : « avoir deux nez, en arracher un », elle ne veut rien savoir de cet arrachement et répond comme s'il ne pouvait même pas être envisagé. « C'est parce que vous n'en avez arraché aucun que j'en ai un maintenant. Si vous l'aviez arraché, je ne l'aurais plus. » Nous entendons bien là que l'élève tient à affirmer son intégrité corporelle, elle a toujours son nez, son image du corps reste intacte.

Il en est de même pour l'oreille. La représentation d'oreilles surajoutées n'est pas traumatique en soi, elle peut s'imaginariser, mais, dès qu'il s'agit de toucher à l'image du corps, d'enlever une oreille, de la manger de surcroît, l'élève bloque toute opération intellectuelle, aussi bien de représentation que de comptage, l'angoisse de la mutilation provoque un arrêt total des associations. Elle s'accroche à ce « deux », à ses « deux » oreilles dans une répétition qui vire à la ritournelle : une, deux, une, deux...

Nous avons là des exemples de l'effet de sidération que peuvent déclencher certaines images, images ici qui touchent à la représentation du corps. Nous sommes dans le théâtre de l'absurde, mais le non-sens n'est-il pas ici vérité révélée ?

Ce que nous montre cet exemple, c'est que le nombre qui est un signe en apparence éloigné de tout impact affectif peut se trouver mêlé à des images qui en bloquent le maniement. Ici, c'est parce que leur utilisation (soustraction) est associée à des images de mutilation que se produit l'arrêt de la compréhension. Nous avons souvent évoqué ce type de difficulté dans les échecs scolaires et mis en avant la levée de l'inhibition, au cours de la cure analytique, quand le sujet peut libérer les signifiants piégés dans les complexes affectifs. Rappelons-nous le signifiant « double » contre lequel Damien butait.

La crainte de ces rencontres dangereuses incite les enseignants à édicter certaines règles pédagogiques pour le moins contestables. Il est parfois recommandé, pour l'apprentissage des mathématiques, de ne pas prendre d'exemples dans la vie courante afin d'éviter des collisions avec des complexes affectifs sous-jacents. Les exemples le plus souvent utilisés sont pourtant anodins : je fais le marché avec maman, j'achète trois kilos de pommes, etc., et ne relèvent pas d'une attitude aussi sadique que celle de Ionesco !

Peut-on faire une règle de cette abstention alors que, pour la majorité des enfants, c'est à partir des observations de la vie quotidienne et des commentaires qui s'ensuivent que les interrogations sur les nombres peuvent surgir ?

Nous ouvrons ici une parenthèse sur la position du professeur dans cette pièce. Il y a d'abord la tentative pédagogique, un peu farfelue mais compréhensible, puis, à mesure que l'incompréhension de l'élève s'amplifie, la violence se fait jour du côté du maître, qui se trouve en situation d'impuissance.

Nous pourrions épiloguer sur les réactions de l'enseignant devant l'élève « borné » (le mot même dit bien la débilité, se borner, s'arrêter). L'agressivité qui naît de cette impuissance peut virer à la culpabilité avec des conduites de réparation qui s'ensuivent. Elle peut aussi conduire l'enseignant à la dépression. Ionesco pousse cette violence jusqu'au meurtre. En général, l'enseignant trouve des solutions moins extrêmes, ne serait-ce qu'en expédiant courtoisement les cancres vers des classes faites pour eux...

Inhibition

Qu'est-ce que l'inhibition? Nous arrivons au cœur de la problématique que nous nous sommes proposé d'explorer, l'inhibition, mécanisme *princeps* d'où proviennent la plupart des conduites d'échec. Qui n'a connu, au moins une fois dans sa vie, ce voile noir qui s'abat sur son esprit au moment de passer à l'action ou de répondre à quelque interrogation embarrassante? C'est, par exemple, l'angoisse devant la page blanche que connaît le candidat à un examen ou l'écrivain en panne d'inspiration. Ce phénomène d'arrêt est rarement aussi spectaculaire, il se manifeste de façon plus voilée dans des comportements que nous avons décrits. Il peut survenir dans de multiples circonstances et s'appliquer à des fonctions diverses. Freud parle de l'inhibition de la fonction alimentaire (anorexie), de la fonction motrice (paralysie), de la fonction sexuelle (certaines impuissances). Celle qui nous occupe ici est l'*inhibition de la fonction intellectuelle.* Dans tous ces cas, le mécanisme reste le même. Quant aux *causes,* Freud en distingue trois :

– éviter le conflit avec le ça ;
– l'auto-punition (surmoi) ;
– la pathologie du deuil.

Dans l'inhibition intellectuelle, nous avons affaire essentiellement aux deux premières causes, celles où interviennent le ça et le surmoi.

Nous avons longuement parlé de l'inhibition prise dans les identifications ayant trait au moi (moi-idéal, idéal du moi), ainsi que de la culpabilité œdipienne dans laquelle le surmoi est impliqué. Dans ces cas, l'inhibition n'apparaît pas en première ligne, elle reste noyée dans le développement d'un symptôme particulier ou de la névrose elle-même (hystérie, névrose obsessionnelle, par exemple). Nous avons souligné les multiples composantes qui entrent en jeu dans la constitution du symptôme : pulsionnelles, œdipiennes, sociales, culturelles, etc., le symptôme en venant à représenter la vérité du sujet. C'est là que se fonde la résistance au changement que l'analysant manifeste dans la cure, « réaction thérapeutique négative » dont s'étonnait Freud, qui mit bien du temps à comprendre à quel point le sujet aimait sa souffrance névrotique. Chez l'enfant, l'organisation névrotique n'est pas encore définitivement fixée, elle reste mouvante et labile, ce qui laisse à l'analyse plus de chances d'agir.

Peut-on aller plus loin dans la compréhension du mécanisme de l'inhibition? Qu'en est-il de ce phénomène d'arrêt porté sur le « penser » et sur le « faire » ?

Nous pourrions comparer le non de l'inhibition et le non de la dénégation. Mais, ne nous y trompons pas, ce ne sont pas les mêmes. Dans la dénégation, le sujet *dit* quelque chose de son inconscient en le négativant. Rappelons l'exemple freudien du « ce n'est pas ma mère », alors que le contexte permet d'affirmer qu'il s'agit bien de sa mère. Dans l'inhibition, le sujet révèle quelque chose de sa vérité par un non qui est un non de refus, ce n'est plus le non pris dans le discours, c'est un *acte*: l'arrêt de penser est un acte au même titre que l'arrêt de faire (anorexie, paralysie). *La dénégation est une révélation de l'inconscient prise dans la chaîne signifiante; l'inhibition est un acte qui se situe davantage sur le versant de l'objet.*

Un acte n'est pas une action. L'action est liée à la volonté, à un agir non significatif. L'acte, lui, relève de l'inconscient : « Nous parlons d'acte, dit Lacan, quand une action a le caractère d'une manifestation signifiante » (séminaire du 25 juin 1963, inédit). Freud relie d'emblée l'acte à la répétition. Si nous prenons l'*action* de manger, je dirais que manger devient l'*acte* de se nourrir, que cet acte se situe sur le versant du « plus » de la boulimie ou du « rien » de l'anorexie. Nous repérons là son lien avec l'objet « a », ici l'objet oral. Cet objet ne peut se négativer, il est d'emblée objet perdu, objet manquant, éludé, effacé, mais éternellement présent dans l'économie libidinale du sujet.

Dans son rapport immédiat à l'objet, l'acte incarne la division du sujet ; en cela il échappe à la parole ; nous sommes ici dans la deuxième causation du sujet, celle qui a trait à la séparation.

Dans l'inhibition intellectuelle, il y a un arrêt, « je n'arrive pas à comprendre », dit le sujet, c'est la répétition de cet arrêt qui fait symptôme. La psychanalyse permet que cet acte soit repris dans les défilés du signifiant et que quelque chose de la jouissance qu'il recèle puisse devenir mobilisable.

La jouissance

La jouissance est un concept que Lacan a élaboré dans les années soixante, afin de mieux cerner toute une zone de la pratique analytique que Freud avait mise en évidence. Freud avait très tôt remarqué que certains de ses patients ne voulaient pas renoncer à leurs symptômes ; ils refusaient, en fait, cette guérison qu'ils réclamaient à cor et à cri. Pour lui, il fallait « *vaincre les résistances* » à l'analyse. Les premières générations d'analystes, confiantes dans le pouvoir de leur nouvelle pratique, n'hésitaient pas à assener au patient des interprétations pour le moins sauvages. Freud, lui, continuait à parler de « *réaction thérapeutique négative* » ; il s'était aperçu que les malades aimaient leur névrose et leur délire plus qu'eux-mêmes. Élargissant sa réflexion, il en vint à écrire ce texte fondamental, *Au-delà du principe de plaisir*, dans lequel il mettait au jour la « *compulsion de répétition* ». Le sujet passe sa vie à répéter quelque chose qu'il ne reconnaît pas toujours comme sien, qu'il abhorre parfois. Cet « au-delà du principe de plaisir », Lacan l'appellera « jouissance ».

La vie nous met sans cesse sous les yeux ce processus de répétition, que nous ne savons souvent pas voir, tant il peut paraître insensé : c'est cette jeune fille, née en prison, qui accouchera dans cette même prison d'une petite fille dont elle prévoit déjà le destin. Ce sont ces choix amoureux successifs toujours aussi catastrophiques, malgré les promesses que l'on s'est faites. La jouissance est ce que cherche le sujet au-delà des objets de sa convoitise, dans des conduites répétitives : ce peut aussi bien être la souffrance ou la mort.

Lacan nous donnera une vision éblouissante de ce que peut être le mythe de la jouissance absolue à travers le concept de la Chose, *das Ding*, dans son séminaire de 1959-1960 (*Le Séminaire*, livre VII : *L'Éthique de la psychanalyse*). Il nous fait entrevoir ce que serait cette jouissance qui reste en deçà des mots (hors signifié), en deçà du refoulement, qui est « étrangère au moi tout en restant au cœur du moi ».

Pour rendre cette « Chose » opératoire en analyse, il élabore le concept d'objet « a », dont il fait le pivot de la construction du sujet (la séparation), cet objet perdu à tout jamais, mais qui s'enracine dans le corps et se maintient au cœur de l'être, cet objet support d'une jouissance qui se dérobe sans cesse mais pour laquelle le sujet reste dans une éternelle quête. Cette jouissance, proche de la pulsion de mort, le sujet devra l'apprivoiser, se plier pour cela aux règles du plaisir et du désir, ainsi qu'aux interdits de la Loi. Il devra accepter un certain renoncement à la pulsion dans laquelle l'objet se présente dans sa forme la plus crue et la plus destructrice. La jouissance passera au dire, c'est la jouissance de la parole, jouissance phallique, dit Lacan. Le sujet accédera alors à une jouissance qui tend à se déchiffrer ; c'est celle du « bien dire », qui fonde l'éthique de la psychanalyse. Tout, dans ce livre, est illustration de ce trajet.

Inhibition et angoisse

Avant d'en venir à l'articulation du pulsionnel et de l'inhibition, nous devons en passer par l'angoisse. Freud nous donne la clé du mécanisme de l'inhibition dans son ouvrage *Inhibition, Symptôme et Angoisse.* Nous ne reviendrons pas sur le symptôme, métaphore du sujet ; attachons-nous à l'inhibition dans son lien avec l'angoisse. Freud nous dit que « l'inhibition est en relation avec l'angoisse », et, à propos du petit Hans, dans le même texte, il ajoute que « l'inhibition est une limitation que le moi s'impose pour ne pas éveiller l'angoisse [...], l'angoisse étant un dispositif mis en action par le moi devant une situation de danger ». A la fin de cet écrit, Freud reviendra sur l'angoisse, qu'il différencie de la peur en cela qu'elle est un « signal d'alarme devant un danger *inconnu,* danger névrotique, pulsionnel », dit-il.

Dans son séminaire inédit sur l'angoisse (1962-1963), Lacan nous donne des clés complémentaires pour la saisie de ce concept. Il n'a cessé de scander tout au long de cette année-là que l'angoisse « n'est pas sans objet », voulant par là nous faire entendre que l'objet « a » était toujours là dans le surgissement de l'angoisse, mais un objet qui n'a pu se séparer et entrer dans les circuits symboliques. « L'angoisse est le signal du mode irréductible sur lequel le réel se présente dans l'expérience », dit-il. Or ce réel, c'est l'« expulsé du sens ». Quand l'objet « a » garde sa connotation de réel, quand il n'a pu être métabolisé dans des structures signifiantes, il éveille l'angoisse : « Seule la notion de réel, dont la fonction est celle dont je pars pour lui opposer celle de signifiant, nous permet de dire que ce quelque chose *(etwas)* devant quoi l'angoisse opère comme signal est de l'ordre de l'irréductible de ce réel. » C'est ce que connaît le psychotique dans l'horreur du fonctionnement d'un corps-viande tel que pouvait le vivre Antonin Artaud, par exemple, dans ses terreurs de désintégration ou de fin du monde, dans ses angoisses de dépersonnalisation. Pour lui, l'objet garde son poids de réel, de crudité, d'obscénité, aucune chaîne signifiante n'a pu venir s'y greffer, le sens lui fait défaut. C'est là toute la problématique de la forclusion de l'objet dans la psychose (nous l'aborderons au dernier chapitre). L'angoisse apparaît quand cet objet qui devrait être « perdu quant au réel », dit Lacan, ne se détache pas, n'est ni effacé ni éludé. Dans cette zone, jouissance et angoisse sont proches. C'est, au pis, cette jouissance désarrimée du psychotique, jouissance qui n'a pu être civilisée par le Nom du Père et n'obéit pas à la loi du désir. Or, s'il est une structure où l'objet « a » reste au plus près de cette connotation de réel, au plus près du corps, c'est la pulsion.

La pulsion

Nous devons rappeler ce que nous n'avons cessé de mettre en avant dans les inhibitions de l'enfant, à savoir que l'angoisse sera d'autant plus grande chez lui qu'il restera identifié à l'objet « a » de la pulsion de l'Autre (maternel, en particulier). La demande de cet Autre, avec l'emprise directe sur son corps que l'enfant croit voué à la satisfaction de cet Autre, éveille en lui des craintes d'anéantissement. Lacan évoque à ce propos le vampirisme de la pulsion orale et les visions du cauchemar, dans lequel le sujet est écrasé par cet Autre dont il ne sait quel objet il représente pour lui. Dans ces cas, l'enfant ne peut qu'annuler tout désir propre, il fait le mort pour survivre. L'angoisse a joué son rôle de signal de danger et fait jouer l'inhibition. L'angoisse et l'inhibition sont donc en relation directe avec un objet « a » qui rate son effacement du réel, dont la séparation se fait mal. Nous avons bien là un avatar de la construction du sujet dans sa division primordiale.

Rapports entre les pulsions et l'inhibition intellectuelle

Nous avons évoqué l'envie d'apprendre, le désir de comprendre. Freud, lui, parle dans ce cas de *pulsion,* la pulsion épistémophilique. De quoi est fait l'objet de cette pulsion, qu'en est-il de cet objet, le « savoir », qui est au point de départ de toute entreprise de connaissance ? Nous avons déjà vu son lien avec la pulsion de vie. Jusqu'à présent, nous avons utilisé le terme de « savoir » dans le sens général de « connaissance ». Ce terme, en analyse, désigne aussi ce savoir « qui ne se sait pas », le savoir inconscient. Nous avons tenté d'en cerner la nature même, en explorant sa dimension linguistique et son rapport avec l'objet « a ». C'est ce savoir que le sujet impute à l'analyste quand il vient faire une demande d'analyse, c'est là le moteur du transfert. Lacan parle en termes très forts de ce savoir dont nous ignorons tout : « Un savoir, dit-il, qui ne comporte pas la moindre connaissance, en ce qu'il est inscrit en un discours, dont, tel l'esclave-messager de l'usage antique, le sujet qui en porte sous sa chevelure le codicille qui le condamne à mort ne sait ni le sens ni le texte, ni dans quelle langue il est écrit, ni même qu'on l'a tatoué sur son cuir rasé pendant qu'il dormait » (*Écrits,* p. 803).

Pour connaître l'objet de la pulsion épistémophilique, il n'est que d'écouter parler les enfants. Ce n'est pas le « qui suis-je ? », qui poursuivra le sujet toute sa vie, mais c'est le « d'où je viens?, qui m'a fait?, pourquoi on meurt? ». Ces questions métaphysiques surprennent beaucoup l'adulte qui redécouvre l'impossibilité d'y apporter une réponse. Ces questions touchent à l'être du sujet : qu'en est-il du corps, des origines, du sexe, de la mort?

Freud identifiait le désir de savoir à la quête d'un savoir sexuel. Dans les *Trois Essais sur la théorie de la sexualité,* il dit ceci : « L'enfant s'attache aux problèmes sexuels avec une intensité imprévue et l'on peut même dire que ce sont là les problèmes éveillant son intelligence. » Nous pouvons élargir ce que Freud appelle « curiosité sexuelle » à tout ce qui touche aux origines, mais aussi au désir et à la jouissance. Ce savoir sexuel à découvrir se nourrit de la problématique œdipienne, en particulier de tout ce qui a trait à la scène primitive. Que veut la mère? comment s'approprier le savoir du père? comment échapper à la castration?... autant de questions en suspens. Quant au goût d'apprendre, l'enfant découvrira quelle place il occupe dans l'économie libidinale de ses ascendants : quel intérêt ont-ils pour le savoir? qu'en est-il de leur amour des livres? Nous savons bien que c'est l'objet désiré par l'autre qui devient désirable. Le tout petit enfant cherche à s'approprier le stylo avec lequel sa mère écrit, le livre qu'elle lit et pas un autre. C'est ainsi que l'enseignant peut faire naître l'amour du savoir quand lui-même connaît cette passion.

De quel ordre est la satisfaction pulsionnelle dans le cas de la pulsion épistémophilique ?

Le savoir, en lui-même, n'est pas un objet pulsionnel à proprement parler. Freud le souligne dans les *Trois Essais* : « La pulsion de savoir ne peut pas être comptée parmi les composantes élémentaires de la vie affective et il n'est pas possible de la faire dépendre exclusivement de la sexualité. Son activité correspond, d'une part à la sublimation du besoin de maîtrise et, d'autre part, elle utilise comme énergie le désir de voir. » Freud voit donc dans cette pulsion la sublimation de l'analité et du scopique.

Au terme de pulsion nous préférons celui de désir, la pulsion étant plus directement liée au corps, alors qu'avec le désir nous sommes dans des structures plus élaborées où l'objet « a » devient un objet sublimé. Cependant, tout désir de savoir, ainsi que l'interdit qui s'y rapporte, s'origine des pulsions fondamentales. A sa racine nous trouvons tous les objets « a » : oral, anal, scopique, voix.

Ce sont les métamorphoses de ces objets que nous suivons dans le cursus du sujet (passer du « a » au $-\varphi$ de la castration, dit-on). Pour marquer les modes de métabolisation de cet objet, Lacan a d'abord avancé les catégories du besoin, de la demande et du désir. Du besoin au désir ou de la pulsion au désir en passant par le fantasme, il y a effacement progressif du réel de l'objet, sublimation, pourrait-on dire. Alors que la pulsion reste au plus près de la jouissance du corps, le fantasme inclut l'objet « a » dans des structures de langage, d'où la formule lacanienne du fantasme $\$ \diamond a$. Quant au désir, si l'objet reste la cause de son surgissement, il ne peut à lui seul en rendre compte, tant il est pris dans les structures symboliques et lié à la loi. Dans tous ces cas, il y a nouage du Réel, du Symbolique et de l'Imaginaire, avec une prévalence dans chaque catégorie : plus de réel dans la pulsion, plus d'imaginaire dans le fantasme, plus de symbolique dans le désir.

Il est possible de dégager dans la cure quel objet est à l'origine du désir de savoir ; il restera notre guide dans le maquis des constructions secondaires édifiées à partir de lui.

L'objet oral

La pulsion orale est présente dans la boulimie du dévoreur de livres, le lien entre manger et apprendre a toujours été souligné. Il arrive que l'enfant ne puisse pas donner libre cours à son avidité de savoir, l'objet oral n'ayant pu se sublimer dans le « manger le livre ». Il existe plusieurs raisons à cela. Il peut rester pris dans la pulsion maternelle, identifié de façon trop prégnante à l'objet oral de l'Autre. Il peut aussi être culpabilisé par la violence même de sa propre pulsion dévoratrice (se remplir de l'autre, manger le pénis du père, par exemple) qui peut arrêter toute amorce de sublimation.

Le cas de Pierrot va illustrer quelques-unes des propositions que nous venons d'avancer. Nous reprendrons ensuite l'étude des autres éléments pulsionnels impliqués dans l'inhibition intellectuelle.

Pierrot

Pour mieux faire entendre ce qu'est ce travail de séparation de l'objet, je raconterai l'histoire d'un petit garçon, Pierrot. Nous verrons comment un enfant se trouve pris dans la pulsion orale de la mère et comment il peut y répondre : ici ce sera par une anorexie et par une inhibition de la parole en tant qu'activité liée à la zone buccale. Dans la cure, nous le verrons sortir de son identification à l'objet « a » oral, objet porteur d'une angoisse massive chez la mère ; nous assisterons au renversement de la pulsion, mordre, manger, en place d'être lui-même dévoré ; enfin, nous le verrons élaborer des fantasmes à mesure que la parole se libère.

En grande maternelle, Pierrot parlait une sorte de baragouin que seule la mère comprenait. L'école proposa une rééducation du langage. Mais ce n'était pas seulement ce retard de langage qui inquiétait la mère, c'était un refus alimentaire massif qui la plongeait dans une angoisse indescriptible ; elle redoutait que son enfant meure de dénutrition. Il arrivait, en effet, que Pierrot reste deux ou trois jours sans s'alimenter. Ces craintes paraissaient cependant peu justifiées quand on voyait l'enfant ; Pierrot était un petit garçon potelé, qui, au dire du pédiatre, dépassait le poids moyen des enfants de son âge. Le pédiatre proposa une analyse ; c'était une façon de faire d'une pierre deux coups, pensa la mère, guérir à la fois le retard de parole et les troubles alimentaires, car Mme P. connaissait la psychanalyse pour en avoir fait une « tranche » autrefois et en avoir tiré profit.

J'appris que Pierrot était le seul enfant qu'elle ait vraiment désiré, le dernier de la fratrie. Sa naissance avait ravivé des événements particulièrement douloureux, en particulier un enfant né avec une maladie métabolique. Mme P. avait connu des grossesses difficiles : elle présentait pendant neuf mois une anorexie grave et des vomissements incoercibles occasionnant une dénutrition traitée en milieu hospitalier. Cet état avait mis en jeu la vie de la mère et de l'enfant. Pierrot, enfant bien vivant, avait réveillé chez sa mère des angoisses de mort liées chez elle à l'oralité, l'objet oral étant ici de nature mortifère pour des raisons que nous n'avons pas élucidées.

A chaque séance, Mme P. me rapportait les drames de la semaine : refus de manger aux repas familiaux, même refus à la cantine, ce qui perturbait le personnel. Pendant ce récit qu'elle déroulait d'un ton pathétique, Pierrot s'asseyait à mes pieds. Après quelques minutes, il se levait et poussait sa mère vers la salle d'attente ; il revenait ensuite me prendre par la main pour m'amener dans la salle de jeux. Au début il ne parlait pas, mais me signifiait ce que je devais faire. Je modelais grossièrement quelques personnages lui demandant ce qu'ils feraient ; je compris très vite qu'il y avait là un chien. Il commençait alors à fabriquer avec application un rouleau de pâte à modeler qu'il amincissait de plus en plus, il le fixait ensuite au cou du chien et attachait le tout à une table, à un arbre ou à la niche. Il prononçait distinctement le mot « laisse » ; je comprenais quelque chose comme « je fais sa laisse » ; il ne fallait surtout pas oublier de la fixer.

Il se passa beaucoup de choses autour de la relation maître-chien. Quand c'était mon tour de jouer le chien, je manifestais mon « ras le bol » d'être attachée, mais, dès que je rompais la laisse, Pierrot était pris de panique, il rattrapait le chien et le ramenait dare-dare à sa niche. Quand il jouait le chien et moi le maître, je lui intimais l'ordre de manger des petits pois, je lui faisais cette demande sur tous les tons : autoritaire, suppliant, malheureux, avançant la crainte que j'avais de le voir mourir de faim. Pierrot adorait cette dernière interprétation qu'il me faisait répéter, il riait beaucoup de mon air triste à ce moment-là. Il refusait toujours obstinément de manger, faisant non de la tête.

Ce chien était vraiment imprévisible. Pierrot en fit un animal boulimique qui dévorait les petits pois et l'assiette avec, puis le contenu du réfrigérateur. Ce sale chien se mit ensuite à mordre les mollets qui passaient à sa portée. Il se transforma ensuite en loup dévorateur d'enfants.

Très vite Pierrot se mit à parler, l'urgence du récit le poussait à s'exprimer : il est vrai que depuis longtemps il avait acquis le langage sans toutefois le parler.

Après quelque temps, je compris la signification du mot « laisse » : c'était le mot que prononçait le père aux repas quand la mère voulait l'obliger à manger : « Laisse donc cet enfant », disait-il à sa femme. La laisse du chien représentait donc à la fois le lien à la mère, dangereux mais nécessaire, et l'interdit posé par le père. Au début de la cure, toute rupture de la laisse provoquait chez lui un état d'angoisse, il fallait de toute urgence rétablir le lien. La laisse représentait bien l'objet et le signifiant qui résumaient à eux deux l'ambivalence de la situation : ne pas perdre la mère tout en la laissant. C'est cette séparation d'avec elle et d'avec l'objet oral mortifère qu'il réalisa dans la tranquille sécurité de la situation transférentielle, à travers des mises en scène de plus en plus élaborées. Je compris aussi que les « petits pois » faisaient référence à son « petit poids » de naissance, dû à une prématurité qui le désignait déjà comme enfant fragile aux yeux de la mère. En début de cure, il est certain que son anorexie était un refus obstiné de se nourrir, cela afin de se protéger d'une mère qui voulait le gaver d'un objet oral si mauvais qu'elle l'avait elle-même refusé au risque de frôler la mort et d'y entraîner son enfant. Pierrot se mettait parfois à hurler et à vomir quand elle s'approchait de lui, il la tenait physiquement à distance. Elle m'avait même demandé si je ne pensais pas que c'était son odeur qui incommodait l'enfant. En fait, je pense qu'il était pris dans cette angoisse de mort que cette mère associait à l'objet oral.

Dès les premières séances, le chien ne peut se libérer de sa laisse, il est figé, fixé dans sa passivité, bouche cousue. Il ne peut ni manger ni parler, seulement faire non de la tête à toute incitation à se nourrir. Nous assistons dans un premier temps au « renversement de la pulsion en son contraire », comme dit Freud, le chien devient boulimique, puis la parole se libère. Nous voyons progressivement l'objet oral se séparer, se dégager, pour entrer dans la composition de multiples scénarios fantasmatiques.

Cet objet perd peu à peu son caractère de réel angoissant : Pierrot peut rire quand la situation de dévoration est évoquée, il ne sera pas mangé, il ne sera pas mort « pour de vrai », il peut imaginer le loup dévorant l'enfant, le chien mordant le maître, l'objet a perdu son caractère de pur réel, il s'est dissous dans l'appareil du langage en conservant son poids de jouissance.

Pierrot, enfant mutique et peu sociable en classe, était devenu on ne peut plus joyeux en séance. La porte fermée, il se précipitait sur la pâte à modeler pour reprendre l'histoire là où il l'avait laissée la semaine précédente. Il lui arrivait de se rouler par terre de rire, quand le chien inventait quelque nouvelle facétie. La mère qui entendait, à travers la cloison, les éclats de rire de son fils, était très intriguée et se demandait quelles histoires je pouvais lui raconter qui le réjouisse à ce point. Elle eût été bien surprise de savoir que c'était Pierrot lui-même qui racontait ces drôles d'histoires. A elle, il ne disait rien.

L'analyse s'arrêta le jour où Pierrot en eut assez des histoires de chien, il était passé à la grande école et d'autres choses le passionnaient. Mme P. continuait à se plaindre du manque d'appétit de son fils. Le pédiatre lui signifia un peu brutalement qu'il ne voulait plus entendre parler de cette histoire, que l'enfant allait bien, c'était à elle de se faire soigner. Moi-même je me refusai à revoir Pierrot sur la seule demande maternelle ; je savais que tout allait bien et qu'il n'avait pas envie de revenir. Je conseillais donc à Mme P. de « reprendre une tranche », ce qu'elle fit au plus grand bénéfice de tous.

D'aucuns s'étonneront de la bonne santé de cet enfant dit « anorexique » ; c'était en effet un point qui laissait perplexes tous les témoins de cette histoire. Je compris peu à peu que Pierrot s'arrangeait toujours pour manger à sa faim, quelques gâteaux par-ci, quelques sucreries par-là, quelques aliments essentiels quand sa mère avait le dos tourné. C'était chez elle qu'il y avait une distorsion dans l'évaluation des besoins alimentaires, les siens (son anorexie) et ceux de son fils, qu'elle avait tendance à gaver. Pierrot n'avait pas en fait construit une véritable anorexie, son inhibition, son refus restaient la réponse directe au symptôme maternel. Nous décelons chez lui la peur et le retrait sans que cela soit encore structuré en névrose, c'est pourquoi le travail s'engagea aussi rapidement et permit le dégagement de l'objet oral et son effacement du réel angoissant où il restait fixé.

Le discours de Mme P., femme intelligente et cultivée, était difficilement supportable ; c'est ce que devait ressentir Pierrot quand il m'entraînait dans la pièce voisine après l'avoir écoutée quelques minutes. Cette plainte obstinée, répétitive avait quelque chose de massif, de lourd, d'étouffant. Ce discours laissait entendre que l'enfant restait totalement impliqué dans sa problématique pulsionnelle orale, l'objet oral étant chez elle honni, vomi, jusqu'à l'extrême rencontre avec la mort, la sienne, mais aussi celle de l'enfant quand il grandissait en elle.

Pierrot se protégeait autant que faire se peut contre cette angoisse de mort qui revenait sous la forme du : « mange, toi, ne meurs pas ». Il était soutenu en cela par les grands frères, personnages tutélaires, et le père. Il avait, à partir de cette situation, construit un fantasme que je pourrais énoncer approximativement en ces termes : *laisser l'enfant-chien avec sa laisse.*

Nous repérons là la structure du fantasme $\$ \diamond a$. L'objet oral y est caché dans l'animalité du chien, et dans la relation de dévoration maître-chien. La chaîne signifiante est là avec l'équivoque du signifiant « laisse », qui représente à la fois le lien et la rupture ; dans le « laisser », il y a toute l'ambiguïté de l'abandon « laissons-le » et du « laisse-le » protecteur et séparateur, adressé à la mère.

Au début de la cure, Pierrot, identifié à l'objet oral de la mère, mettait toute son énergie à se protéger contre l'angoisse par des conduites d'inhibition : inhibition à manger, inhibition à parler. Puis, à mesure que la cure se déroulait, l'objet perdait son caractère angoissant et s'évanouissait dans des scénarios fantasmatiques. Grâce au transfert, l'objet put retrouver son potentiel de jouissance.

Les jeux que l'enfant élabore dans la cure lui permettent ce dégagement de l'objet, travail de séparation dont parle Lacan. L'Autre du transfert est un Autre non impliqué dans la pulsion. Dans la cure, l'enfant s'aventure à explorer progressivement le contenu de ses fantasmes. Certains enfants craignent d'en parler au début, tant ils mêlent réalité et imaginaire. Un enfant qui avait l'idée de tuer son petit frère me disait : « Je veux pas en parler parce que je sais pas si ça va pas devenir vrai. »

Nous ne connaissons pas le destin de cet objet oral pour Pierrot. Je crois qu'il dévorera les livres et la vie à pleines dents. C'était un petit loup hargneux mais plein d'humour quand il a cessé de venir me voir.

L'objet scopique

La pulsion scopique, le désir de voir se rattachent directement au désir de savoir, ainsi que le soulignait Freud, quand il tentait de percer le mystère de la curiosité intellectuelle et de la création dans l'œuvre de Léonard de Vinci. Le jeune Arthur ne pouvait ni voir ni savoir, son regard était détourné par le regard terrible de sa mère qui le faisait disparaître... ahuri, écrasé, englouti. Il retrouvera progressivement un regard direct, ses yeux n'étant plus dissimulés derrière des verres opaques, et pouvant se diriger tous deux dans la même direction. La possibilité de comprendre et de réussir se fera jour dans le même temps.

La pulsion anale

L'activité intellectuelle découle en droite ligne de l'érotisme anal. Melanie Klein a insisté sur le sadisme qui serait à la source du besoin de connaître, avec ses fantasmes de pénétration, de destruction de l'intérieur du corps maternel.

Prendre, garder, rejeter, manipuler sont des composantes de la pulsion anale que l'on peut facilement transposer dans le domaine intellectuel. Cela vient tout naturellement chez l'enfant dont les premières activités cognitives se font à travers les jeux de manipulation. Rappelons deux traits de la névrose obsessionnelle dans laquelle l'analité est déterminante : l'érotisation de la pensée et le besoin de maîtrise.

La maîtrise est un élément majeur dans la structuration du sujet. Il n'est que de voir le plaisir que l'enfant manifeste dans l'acquisition de la maîtrise de son corps, de ses objets, du langage, du monde environnant ; elle conforte son narcissisme. Cependant, un investissement trop grand, avec un désir sadique de domination, peut entraîner culpabilité et inhibition secondaire.

Le phallus imaginaire

L'investissement intellectuel ne peut rester étranger à la sexualisation ; le savoir tient alors lieu de phallus imaginaire. Chez l'adolescent, l'activité intellectuelle prend parfois une allure quasi masturbatoire. Freud avait remarqué que « le travail intellectuel pouvait être accompagné d'une excitation sexuelle connexe ». Nous ne passerons pas en revue tous les fantasmes qui touchent à l'écriture : la page vierge, l'encre du stylo qui prend le sens d'une éjaculation... Chez l'adolescent, la phase phallique s'articule avec la problématique œdipienne. Le travail intellectuel, la réussite scolaire sont associés aux idéaux parentaux, avec leurs cortèges d'identifications ou de refus d'identifications.

La passion de savoir

Le désir de savoir peut devenir une passion, c'est la passion du savant. Dans le séminaire *L'Éthique de la psychanalyse,* Lacan dit ceci : « Le désir de l'homme s'est tout simplement réfugié dans la passion la plus subtile, et aussi la plus aveugle, comme le montre l'histoire d'Œdipe, la passion du savoir. » Cette passion peut en venir à oblitérer tout ce qui a trait à l'inconscient, car, aux yeux du savant, une science qui touche au réel serait susceptible de dire le vrai sur le vrai ; elle devient alors désubjectivée, désincarnée, et tend à annuler la division du sujet. Lacan compare ce rejet de l'inconscient à la forclusion psychotique. Quelque chose d'un fantasme de toute-puissance qui ferait fi de la castration est perceptible jusque dans des sciences qui traitent de l'homme. Un auteur aussi éminent que Jean-Pierre Changeux n'hésite pas à plaider pour un homme fait essentiellement de neurones, et à envisager une machine qui l'égalerait. Voici des propos échangés entre ce savant et son collègue de l'Académie des sciences Alain Connes (*Matière à pensée*) :

« A. C. : Le cerveau se comporte comme une machine évolutive [...]. Le mécanisme qui permet d'estimer si la fonction d'évaluation est appropriée au but suppose l'affectivité [... qui] ne peut se mesurer que par le plaisir ou le déplaisir qu'elle engendre.

J.-P. C. : On peut imaginer une machine dont le plaisir est mesuré par une grandeur qui varie. [...], une sorte de machine qui optimise.

A. C. : Comment lui inculquer la volonté de gagner ? Il faudrait qu'à la fin du jeu, quand elle perd, elle ressente de la douleur [...]. Si la machine souffrait chaque fois qu'elle perd nous aurions gagné [...], nous aurions trouvé la fonction d'évaluation.

J.-P. C. : Je crois que ce ne serait possible qu'après un certain nombre d'expériences... »

Rappelons que, quelle que soit l'organisation où il se cache, l'objet « a » est toujours là, avec sa charge de jouissance et de souffrance, de plaisir et de déplaisir. J.-P. Changeux cherche à faire l'impasse sur cette dimension subjective et ramène l'angoisse et la jouissance à quelque perception, plaisir ou douleur, qu'il espère insuffler à la machine. Sommes-nous si près du but, ou dans quelque mythe à la Frankenstein, pour que J.-P. Changeux puisse affirmer : « Il suffirait que la machine ait un peu de mémoire, qu'elle "comprenne" ce qu'il faut faire pour atteindre son but et, ensuite, qu'elle développe les stratégies requises » ?

De quelle nature est la satisfaction apportée par le savoir ?

Il y a une *échelle de valeurs* dans la jouissance qu'apporte le savoir. L'objet concerné est ici bien loin de l'objet corporel de la pulsion. Dans le jeu de l'enfant, le plaisir surgit des réalisations manuelles proches de l'analité par la maîtrise qu'elles requièrent. Cette activité est en général associée à une production fantasmatique très riche ; même seul, l'enfant se raconte des histoires en jouant. L'acquisition du savoir *scolaire* ne donne pas cette satisfaction immédiate, il peut être franchement ennuyeux. Dans ce cas, le savoir devient un objet sublimé, et la jouissance est déplacée, elle entre en relation avec des structures symboliques complexes. L'enfant doit être capable d'accepter la frustration (c'est peut-être ce qu'on appelle sa maturité !), il doit *différer* sa satisfaction et se projeter dans l'avenir. Le savoir et la réussite scolaire peuvent être un « faire-valoir » pour lui, mais, plus authentiquement, ils entrent dans la constitution du narcissisme, or nous savons que le narcissisme est une composante primordiale de l'être et qu'elle est en étroite relation avec les structures du moi. Lorsqu'il y a des perturbations dans les métamorphoses de l'objet, le sujet rencontre l'angoisse, l'inhibition, et construit parfois un symptôme. L'inhibition peut ne pas faire symptôme ; le symptôme est là quand les troubles s'organisent et que le sujet les reconnaît comme siens. Inhibition et symptôme peuvent apparaître tardivement. Il arrive que le sujet ait dépassé son angoisse de castration, que son désir d'apprendre soit libre, et pourtant il va s'interdire l'accès à la connaissance quand il va rencontrer un point de danger, un élément qu'il se doit d'ignorer. L'inhibition va se fixer sur ce point et contaminer tout le système ; par envahissement progressif, le mécanisme inhibiteur entraîne l'arrêt de tout investissement intellectuel et, de ce fait, la débilité.

Je rappellerai ici quelques figures dans lesquelles il est possible de retrouver le point de fixation de l'interdit de savoir.

– Nous avons souvent rencontré, chez l'enfant, des blocages en calcul, quand addition et soustraction éveillent un souhait de mort vis-à-vis d'un nouvel arrivant ou d'un autre enfant.

– L'interdit de savoir s'origine parfois d'un interdit de savoir sur les origines. Certains enfants auxquels on cache l'adoption ou une paternité douteuse se comportent en débiles.

– Nous observons aussi très souvent de graves troubles du développement intellectuel chez des enfants auxquels on cache les troubles mentaux d'un des parents. Les dégâts, dans ce cas, peuvent être considérables, au point de laisser penser que l'enfant a « hérité » de la maladie mentale de son père ou de sa mère. Les raisons de cette situation seraient trop longues à développer, disons que de nombreux facteurs entrent en jeu.

– L'enfant peut s'identifier par amour au parent malade et présenter les mêmes symptômes.

– Une folie qui n'est pas reconnue, dite, identifiée, peut passer pour la norme. Le fait qu'il y ait un non-dit sur le non-sens ne permet pas à l'enfant de se repérer dans les opérations logiques, le non-sens fait loi, c'est la folie à deux. S'il n'est pas soutenu par un père, ou par quelque autre représentant de la loi, il peut se psychotiser sans être psychotique au départ. Le « ne rien savoir » de la folie d'un père ou d'une mère, le tabou qui entoure dans certaines familles ce qui a trait à la maladie mentale renforcent chez lui l'interdit de savoir. Rester dans l'ignorance, être débile lui évite la confrontation à un autre qu'il ne peut ni juger, ni aimer impunément, ni tuer symboliquement. Nous avons vu Damien se sortir de cette situation grâce à la parole du père, qui ose dire la vérité ; les cas d'Antoine et de Justin éclaireront ultérieurement ces éléments.

– Certains secrets de famille, qui ne sont secrets que parce qu'ils sont interdits de dire, tels un parent meurtrier, une mort cachée, une mauvaise conduite parentale, etc., inhibent toute curiosité intellectuelle.

– Certaines situations traumatiques vécues par l'enfant poussent à la débilité. Quand Françoise Dolto, dans sa consultation de Trousseau, rencontrait un enfant particulièrement inhibé, elle se posait toujours la question de l'inceste, inceste père-fille, mais aussi frère-sœur. Cette transgression peut fermer tout accès à la loi du discours.

– L'inhibition peut apparaître tardivement chez l'adolescent, quand le savoir devient synonyme de réussite, et que la réussite signifie devenir adulte et réveille la rivalité œdipienne pour la possession de la mère. Nous rencontrons beaucoup de ces cas dans les échecs de l'adolescence ; le surmoi interdit au garçon de dépasser le père, et certaines jeunes filles, brillantes jusque-là, ne peuvent plus assumer leurs réalisations phalliques, du fait d'une trop grande rivalité avec le père ou la mère, ou d'une trop grande satisfaction donnée au père, satisfaction qui prend le sens d'une réalisation incestueuse.

Une jeune femme en analyse se plaint de ses difficultés de réalisation professionnelle. Elle a commencé de brillantes études, puis a tout abandonné pour prendre un travail peu valorisant. Son père est un homme qui n'a pas fait d'études. Il a eu une enfance difficile, marquée par le fait qu'il fallait taire les origines de son propre père. Quand elle vient en analyse, elle semble elle-même ignorer la consonance étrangère de son patronyme.

Voici ce qu'elle en dit : « Mon père n'a pas fait d'études, alors il projette sur moi ce dont il souffre de ne pas avoir. Cette psychanalyse, c'est un désir que j'ai pour moi, pour ne plus être dépendante du désir des autres. Je voulais aider mon père à être heureux, ne plus faire la différence entre mes désirs propres et quelqu'un qui le veut pour moi. »

La formulation peut paraître ambiguë, mais elle rend bien compte du sens qu'ont pris les études à partir d'un moment où la soumission au désir paternel prend chez elle une connotation incestueuse, dans ce moment où elle devient femme. Elle refuse alors de le satisfaire et renonce à toute ambition personnelle. L'analyse lui permettra de dénouer un à un les fils de cette relation où son désir était resté prisonnier.

Cinquième partie

La psychose

Pendant longtemps, psychose et débilité ont été confondues, le partage restait difficile entre ce qui se présentait comme une débilité profonde et certaines formes de schizophrénie. De même, jusqu'à une époque récente, les troubles psychiques graves de l'enfance, type idiotie ou arriération mentale, étaient attribués à une atteinte irréversible du cerveau. Ce n'est qu'en 1943 que Kanner a isolé le « syndrome d'autisme infantile précoce ». La prise en charge de ces enfants, avec les progrès qui en ont résultés pour certains, a permis une approche plus spécifique de ces cas et par là même une meilleure compréhension du processus psychotique. L'ère des neuroleptiques a considérablement modifié la pathologie des troubles mentaux, et il a été possible, de ce fait, de mieux différencier certaines atteintes psychotiques, telles la schizophrénie et la paranoïa, des troubles plus spécifiquement lésionnels, type oligophrénie.

Nous envisagerons ici une pathologie psychotique moins lourde, qui laisse le sujet apte à acquérir des connaissances et à mener une vie à peu près normale en dehors des périodes de décompensation aiguë.

Le diagnostic, dans ces cas, est souvent difficile à poser tant les symptômes sont polymorphes et labiles. Ils ne s'organisent pas en système comme nous le voyons dans les névroses, hystérique ou obsessionnelle, mais prennent les figures les plus déroutantes. Ce peuvent être des conduites déviantes, suicide, délinquance, toxicomanie par exemple, des troubles graves de l'image du corps, des phobies, un isolement, *un fléchissement du rendement scolaire,* avec parfois succession de redoublements, refus d'aller en classe chez des enfants ou des adolescents bons élèves jusque-là. Cette absence de cohérence et de continuité de la symptomatologie rend nécessaire une approche qui ne soit pas une banale classification descriptive. C'est là que notre méthode de travail, qui s'appuie sur les concepts freudiens et sur l'enseignement de Lacan, nous est d'une incontestable utilité. Quand nous voyons un enfant ou un adolescent qui présente des troubles psychiques, notre préoccupation diagnostique s'étaie sur une tentative de repérage de la *structure.* Nous pensons que l'expression « déclenchement psychotique » ne signifie pas déclenchement d'une psychose, mais *révélation* d'une psychose latente, méconnue parce que sans manifestations symptomatiques. Cette révélation de la structure est ce que nous tentons de mettre en évidence quand nous cherchons les points clés de sa mise en place, à savoir les mécanismes de refoulement et de forclusion.

En nous fondant sur la structure, nous pensons que le concept même d'inhibition se présente différemment dans la névrose et dans la psychose. Dans la névrose, le blocage des opérations intellectuelles est lié à un interdit de savoir que le sujet s'impose à son insu ; dans la psychose, l'inhibition tient à une impossibilité radicale d'intégration du savoir due à un défaut majeur de la structuration du sujet.

Nous repartirons donc de la notion de sujet de l'inconscient ($) pour mettre en évidence la faille originelle du psychotique, qui fait de lui un sujet divisé, non par le refoulement, mais par un mécanisme mortifère appelé « forclusion ».

Bref rappel
de ce qu'est un sujet divisé par le refoulement

Nous l'avons longuement évoqué dans la première partie de cet ouvrage. Dès le début de sa vie, le petit d'homme doit faire des choix : reconnaissance des signifiants (jugement d'attribution, *Bejahung* freudienne) qui va de pair avec le refoulement. Lacan souligne cette concomitance : « Le refoulement est déjà à la place du jugement », dit-il (*Écrits,* p. 670). Se mettent ainsi en place les deux systèmes, conscient et inconscient, autrement dit l'ordre symbolique du discours et les associations inconscientes refoulées (lalangue). Malgré la disparité même de ces deux ordres, représentée par la barrière du refoulement, quelque chose de l'inconscient se dit dans le discours à travers des figures, telle la métaphore, mais aussi dans les ratés de la parole, tel le lapsus, ou dans des formations comme le symptôme ou le mot d'esprit. Quelles que soient ces figures, nous avons toujours affaire au retour du refoulé.

Cette séparation qui concerne le langage s'opère en même temps avec les objets corporels, objets « a », séparation dite parfois « extraction de l'objet “a” ». Ces objets, sortis de leur statut de réel primitif, se substituent les uns aux autres, se métabolisent, se glissent dans des constructions de plus en plus savantes, jusqu'à s'effacer presque totalement dans la signification phallique. Le sujet est donc divisé par le signifiant et par l'objet, il est sujet, au sens d'assujetti, au manque et à la perte, il est assujetti à la castration.

Le sujet de la psychose

Chez le psychotique, la division est d'une tout autre nature, le sujet n'est plus divisé par le refoulement, car les mécanismes qui président à cette division *n'opèrent pas,* il est divisé par la forclusion.

Le concept de forclusion est utilisé par Lacan en référence au terme freudien de *Verwerfung.* Est forclos ce qui n'est pas advenu, ce qui « échappe à la symbolisation », dit Lacan, c'est-à-dire à l'inscription du sujet dans le langage ; tout le processus secondaire est compromis ; le psychotique est « hors discours ». Le choix primordial (le *vel* de l'aliénation), qui fait qu'un signifiant se stabilise dans la chaîne du discours pour s'effacer ailleurs et venir grossir la réserve inconsciente, ce choix ne se fait pas, autrement dit c'est le refoulement originaire qui est touché. De ce fait, le psychotique est prisonnier des multiples associations qui se présentent à lui ; ne pouvant refouler les liaisons indésirables, il reste dans l'ambivalence et la perplexité. Le signifiant perd sa fonction même qui est d'être mobile et substituable, il se fige dans une signification donnée ou part à la dérive dans un glissement infini du sens. Ce défaut d'appel à un autre signifiant, cette « coalescence » avec l'absence de mise en place de deux ordres implique que le sujet soit sourd à la métaphore.

Que ce soit fixité ou glissement indéfini par absence d'accrochage, le résultat est le même, le sujet est dans une incertitude foncière quant à son existence même, son avènement de sujet est arrêté, et tout ce qui touche à son être reste problématique ; rappelons quelles sont les composantes de l'être : la vie, la mort, les origines, le sexe, le corps.

Nous pourrions dire que l'autisme représente le degré zéro de la subjectivation. L'enfant autiste n'habite ni son corps ni son langage, il n'a pu s'approprier ni l'un ni l'autre, d'où ce sentiment de mortification qui émane de lui.

Pour mettre en relief ce qu'est l'arrêt de la fonction signifiante dans la psychose, je comparerai le cas de deux petites filles sensiblement du même âge, qui manipulent un signifiant ayant trait à la personne du père ; l'une, Sophie, est « normale », l'autre, Sylvie, est psychotique.

Dans le premier cas, il s'agit d'une petite fille, Sophie, qui dessinait à une table, avec sa grande sœur. Je vaquais moi-même à mes occupations et les enfants ne prenaient pas en compte ma présence. C'est alors que leur conversation attira mon attention. L'aînée dit à sa sœur : « Moi, je fais du bleu et du rouge. » Sophie répond : « Moi, je fais que du vert, mon papa il fait du VER, moi j'aime le vert. » J'avais remarqué, en effet, sa prédilection pour la couleur verte, qu'elle réclamait pour ses objets ou ses vêtements. Or le signifiant VER, qui se rapporte au père, est employé ici dans une signification subvertie, car le père est ingénieur et fait de la recherche sur le *verre*. Nous développerons ce qu'il en est de ce malentendu après avoir rapporté le cas de Sylvie.

Sylvie est une enfant autiste dont j'ai relaté l'histoire dans mon livre *Un enfant psychotique*. Sortie de son autisme, Sylvie restait psychotique, avec toutes les distorsions du langage qui caractérisent cette structure.

Chez elle, certains signifiants apparaissent qui se répètent et envahissent tout le champ psychique. Lacan pose la question de cette répétition insensée (*Le Séminaire*, Livre III, *Les Psychoses*) : « Quelle est la signification de cet envahissement du signifiant qui va se vider de signifié à mesure qu'il occupe plus de place dans la relation libidinale et investit tous les moments, tous les désirs du sujet ? »

Pendant un temps, ce fut le signifiant « tablier », attribut maternel, qu'elle répétait de façon obsédante. Le signifiant « revers » lui succéda. Toute l'activité de pensée de Sylvie tournait autour de ce terme : elle passait des journées à feuilleter des magazines pour chercher des revers sur les vêtements des mannequins et les gribouiller au crayon de couleur. Elle demandait : « Pourquoi t'as pas une veste à revers ? » ou : « Je veux une veste à revers », exigence qui, parce qu'elle n'était pas satisfaite, entraînait de violentes colères. Ses parents étaient excédés, moi-même, en analyse, je ne voyais pas comment sortir de cette « obsession », terme utilisé par les parents. Sylvie était absente, totalement absorbée par cette histoire de revers. Or, un jour où son père l'avait amenée à sa séance et me parlait d'elle, Sylvie se mit à tourner autour de lui, à s'éloigner, à revenir, à le tapoter, comme elle avait coutume de le faire avec les adultes qu'elle aimait bien. Puis elle s'est approchée de lui, a posé la tête sur le revers de son veston, m'a regardée et a dit d'un ton extatique : « Papa – revers. » Ainsi désignait-elle le revers comme un attribut du père – au même titre que le corsage, les plis, le tablier étaient ceux de la mère.

Voyons le sort de ces deux signifiants, VER et REVERS, dans deux structures différentes, l'une où le refoulement a joué et l'autre qui a pour fondement la forclusion.

Chez Sophie, l'association refoulée tient à un non-sens primitif. Le « vert » couleur a été associé au père, à la place du signifiant « verre ». Sophie a entendu ce père parler avec passion de son travail de recherche sur le verre ; elle en a conclu que ce VER était vraiment un objet important dans l'économie de son plaisir ! Cette association primitive va être refoulée, car Sophie a compris à un moment qu'il s'agissait du verre. En grandissant, elle gardera cependant un attrait pour la couleur verte, en ignorant tout de l'origine de ce goût. Ce type d'associations refoulées continue à œuvrer dans l'inconscient et attire à lui de nombreuses représentations dont le sujet ne soupçonne pas la source. Ces associations sont parties prenantes dans les mécanismes du désir, du fantasme, mais aussi du symptôme. L'interprétation analytique pointe ce type d'équivoque pour libérer les signifiants bloqués dans ces liaisons refoulées. Pour Sylvie, cette liaison mal à propos ne fait pas symptôme, elle infléchit seulement l'orientation de son goût des couleurs.

Nous remarquons par ailleurs que cette association refoulée ne gêne en rien le travail de subjectivation qui se poursuit. La fonction paternelle avec l'entrée dans la problématique œdipienne se met normalement en place chez elle. De même l'apprentissage de la langue n'est en rien modifié. Sophie apprend à reconnaître tous les sens du mot VER, du ver de terre au verre à boire, jusqu'au mystérieux verre de son père.

A l'inverse, chez Sylvie, le signifiant revers a perdu sa fonction de signifiant qui est de représenter un sujet pour un autre signifiant, le revers devient un attribut exclusif, figé, collé à la personne du père. Freud disait que le schizophrène traite les mots comme des choses ; nous en avons là un bel exemple, le mot est ici la chose même, il y a coalescence. Le père-revers est un ensemble fixe qui en vient à représenter le sujet dans sa totalité, tant il est absorbé par le mot et la chose. Nous pouvons imaginer cette répétition comme un appel au père, quand Sylvie se penche vers lui. C'est cela qui sera repris dans l'analyse et lui permettra, en partie, de se dégager de cette aliénation délirante.

Ce signifiant aurait pu être métaphorique, il pourrait y avoir des femmes-tabliers comme il y a des femmes-fleurs, alors pourquoi pas des hommes-revers ? Il n'en est rien. Ce signifiant ne vient pas se substituer à un autre pour ouvrir la chaîne, il reste accolé, gelé dans une relation de voisinage, il bloque toute reprise dialectique. Sylvie *est* le père-revers.

Chez Sylvie, la fonction paternelle n'est nullement appréhendée, la différence sexuelle se résume à une représentation de la forme de l'habillement. L'enveloppe vêtement est là pour cacher un trou, une non-représentation du corps vivant. Dans ses dessins, elle est d'abord deux oreilles sans visage avec un corps qui n'a ni dedans ni dehors. Plus tard, elle devient une grande robe crinoline surmontée de cheveux, mais toujours sans visage et sans corps.

Cette impossibilité de métaphorisation, conséquence de la forclusion, est un handicap majeur pour le psychotique. Il ne peut ni se stabiliser dans le discours ni « entendre » ce que dit l'autre au-delà des mots. De ce fait, la communication avec ses semblables devient problématique.

Pourquoi Lacan parle-t-il de forclusion du Nom du Père ou de forclusion de la métaphore paternelle ?

La métaphore en tant que substitution signifiante, un signifiant venant à la place d'un autre signifiant, implique qu'il y ait possibilité de séparation des signifiants, ouverture de la chaîne, appel possible à d'autres signifiants, et par là même greffe de nouvelles chaînes.

La métaphore paternelle symbolise la séparation primordiale d'avec la mère et les signifiants de son désir. Lacan la définit comme « la métaphore qui substitue le Nom-du-Père à la place premièrement symbolisée par l'opération de l'absence de la mère » (*Écrits*, p. 557). Le signifiant phallique est cet élément tiers qui vient rompre la relation du grand Autre maternel à l'enfant en tant qu'objet « a » ; il amorce le travail de subjectivation qui est extériorisation du sujet par rapport au corps de l'Autre et aux signifiants de cet Autre ; la fonction paternelle est une fonction de séparation, elle soutient le sujet tout au long de son travail d'inscription dans la problématique phallique. Cette fonction est tenue en général par un père, mais il ne faut pas en conclure que l'absence de père génère la psychose. La confusion est fréquente entre le père réel, le père imaginaire et la *fonction* paternelle ; cette assimilation engendre de graves malentendus et détourne le sens de ce concept. Lacan, dans ses derniers séminaires, parlait *des* Noms du Père pour bien signifier que cette fonction peut avoir de nombreuses représentations. Soyons clairs, les causes de l'autisme ou de la psychose restent encore mystérieuses.

Nous ne pouvons qu'approcher au plus près la structure et constater qu'il y a arrêt (forclusion) du travail de séparation des signifiants et de l'objet. C'est *l'arrêt de ces opérations avec l'absence de refoulement originaire qui ne permet pas à la métaphore paternelle de fonctionner.* La place tierce que la mère instaure entre elle et son enfant, cette place où vient s'inscrire le Nom du Père qui n'est, en fait, que le signifiant de son manque, *cette place ne se dégage pas.* Cela donne une situation où l'*infans* ne se libère pas de l'Autre, il ne devient pas sujet à part entière, il *est* et *reste* un corps livré à la jouissance de cet Autre ; s'il parle, il n'habite pas le langage, il parle de la place de l'Autre. Le Nom du Père reste forclos, c'est-à-dire non advenu à la place de cet ailleurs où se porte le désir maternel ; le psychotique se maintient dans une relation duelle où l'imaginaire prédomine et devient ravageant du fait de l'agressivité meurtrière qui le sous-tend. Cette prédominance de la relation « transitiviste » du psychotique qui ne sait pas qui il est, ni qui parle et à qui, tient en grande partie à une absence de reprise du corps dans des structures symboliques. Lacan parle à un moment de forclusion généralisée. Donc, à côté de la forclusion du signifiant, nous devons envisager la forclusion de l'objet.

La forclusion de l'objet

Dans la psychose, s'il n'y a pas de refoulement du signifiant, il n'y a pas non plus d'effacement de l'objet « a » et construction du « hors corps ». L'objet « a », non séparé, non repris dans des structures telles que le fantasme ou le désir, se maintient dans son horreur de réel.

Rappelons ce que nous désignons comme réel. Le réel est ce qui n'a pas pris sens, Lacan dit ceci : « Le réel n'attend rien de la parole. Mais il est là, identique à son existence, bruit où l'on peut tout entendre, et prêt à submerger de ses éclats ce que le "principe de réalité" y construit sous le nom de monde extérieur. » Le réel est donc ce qui reste hors sens, hors signification. A l'inverse, la réalité est ce qui a été colonisé par le sens, la réalité est la façon dont un sujet donne du sens au réel, la façon dont il l'habite, dont il le fait sien.

« Ce qui n'a pas été symbolisé réapparaît dans le réel », dit Lacan. Ce réel impensable fait retour, mais de quelle façon ? Ce que le sujet ne peut tolérer sous peine de perdre son existence même, il le place à l'extérieur, et c'est de là que « ça » lui revient : la voix avec les hallucinations auditives (on parle de lui), le regard (on l'épie dans la rue), l'objet oral avec les angoisses cannibaliques, l'objet anal avec son côté destructeur.

Nous prétendons que le psychotique n'a pas accompli sa *division* subjective, et pourtant, ne dit-on pas que le psychotique est un sujet *divisé*? Étymologiquement, schizophrénie signifie esprit divisé, clivé.

La division du sujet dans la psychose

Quand le sujet est divisé par le refoulement, que ce soit un sujet normal ou un névrosé, il ne veut rien savoir de sa division, il tend à l'ignorer, bien que tout ce qu'il dit ou tout ce qu'il fait garde l'empreinte de cette autre part de lui-même qu'il méconnaît. « Je est un autre », disait le poète ; or c'est cet Autre qui fonde le sujet, c'est paradoxalement ce qui reste inconnu de lui, son inconscient, qui soutient son sentiment d'existence et d'identité.

Le psychotique, lui, vit dans son corps et dans sa pensée cette division, elle est l'essence même de sa douleur d'exister et de l'angoisse qui le taraude. Tous les patients le disent, il sont à la fois dans le oui et dans le non, dans l'amour et la haine, dans le vouloir faire et le ne pas faire, ils ne peuvent choisir entre deux propositions, entre deux attitudes, entre des désirs antinomiques. Incertitude, perplexité, ambivalence, paradoxalité sont les termes le plus souvent employés pour dire ce mal-être.

« Le psychotique est un martyr de l'inconscient », disait Lacan. Il entendait par là que le psychotique, n'ayant pu construire la barrière du refoulement, verra son discours toujours parasité par des connexions venues de l'inconscient, *le processus primaire envahit alors le processus secondaire*, la pensée logique est débordée par des associations venues d'ailleurs. Or cet ailleurs, nous l'avons décrit, fonctionne comme les pensées du rêve, avec des associations par homophonie, avec des glissements de sens, qui peuvent aller jusqu'au non-sens, jusqu'à la déraison. Ce type de fonctionnement est à son comble dans les bouffées délirantes aiguës ; le discours du patient devient alors confus, incompréhensible.

Pour survivre à ce chaos, pour sortir de l'indicible angoisse d'anéantissement qui le submerge, le sujet va trouver des échappatoires.

Comment retrouver la cohérence ? Comment parer à la confusion et récupérer un semblant d'identité ?

Cette coupure subjective entre lui et l'autre, entre le monde et lui, que le psychotique ne réussit pas, il va tenter de la rétablir artificiellement.

Ce n'est pas moi, c'est l'Autre

Alors que le névrosé utilise la dénégation, le psychotique en appelle à la projection – ce qui signifie qu'il impute à l'Autre ce qu'il ne peut reconnaître comme sien. L'Autre qui n'a pu être ni intériorisé ni refoulé est placé à l'extérieur.

C'est l'Autre qui jouit de lui (cf. l'érotomanie), c'est l'Autre qui sait, le maître vient là à la place du père. Jouissance et savoir sont placés au lieu de l'Autre. Ainsi que nous le disions plus haut, les objets « a » qui n'ont pu entrer dans les catégories du sens font retour de l'extérieur : regard, voix, etc., deviennent persécuteurs. Le psychotique place à l'extérieur ce qui fait contradiction en lui. Melanie Klein a très bien décrit ces mécanismes de clivage, nous ne nous y attarderons pas.

La métaphore délirante

Le sujet psychotique confronté à quelque chose qui lui fait signe sans que cela prenne sens (la signification énigmatique) échafaude une construction délirante qui est supposée rétablir l'ordre et le sens.

Les identifications imaginaires

Le psychotique peut se stabiliser dans des identifications imaginaires, il est dans le « faire pareil » (terme souvent utilisé par les enfants psychotiques), il cherche à *imiter* son semblable, dans ses dires et ses comportements. Il se construit ainsi une personnalité conventionnelle, un peu rigide, qui tend à oblitérer la faille psychotique sous-jacente. Winnicott qualifie ce type d'identification du moi de « faux self ». C'est parfois au moment où le sujet doit parler en son nom, au moment de la « prise de parole », dit Lacan, que la psychose éclate. Ce type de déclenchement se voit fréquemment à l'adolescence.

Suppléances

Certaines psychoses se stabilisent par l'effet d'une création. Lacan cite le cas de Joyce dont l'œuvre est une élaboration de sa position psychotique. Le non-sens est chez lui hissé au niveau d'une création littéraire. La création artistique n'est pas la seule à avoir cette fonction de rassemblement du sujet ; des mathématiciens, des physiciens font de leur recherche ce point de nouage qui les recentre. Des passions plus modestes chez nos patients ont ce rôle de suppléance de la fonction paternelle qui leur permet de retrouver une assise. Ce type d'investissement, qui peut aller de la défense d'une cause humanitaire à une banale insertion dans le monde du travail, contribue à faire lien social et permet à ces sujets de vivre « comme tout le monde », dans une communauté humaine qui aurait tendance à les exclure.

Si nous insistons sur ce qu'est la psychose, c'est parce que nous avons à nous poser la question de la structure quand nous sommes devant un enfant ou un adolescent présentant des difficultés intellectuelles ou un fléchissement scolaire. Les mesures pédagogiques ou thérapeutiques vont dépendre en grande partie du diagnostic que nous allons poser. Ce que nous avons dit de la structure psychotique laisse inférer que le fonctionnement intellectuel sera toujours marqué, d'une façon ou d'une autre, par le désordre psychotique ; dans quelle mesure ? de quelle façon ? C'est là que la réponse ne peut être donnée d'emblée, car les *troubles intellectuels liés à la psychose sont éminemment labiles, variables, imprévisibles.*

Une approche phénoménologique met en évidence la similarité de la symptomatologie dans la débilité et la psychose. Dans les deux cas, nous retrouvons l'arrêt des opérations de liaison, la fixité des chaînes signifiantes, la difficulté ou l'absence de métaphorisation. Comment allons-nous différencier les deux quand l'apparence est à ce point trompeuse ? Nous allons devoir porter notre attention ailleurs : sur la structure même du sujet.

Reprenons brièvement quelques concepts déjà abordés afin de mieux préciser notre démarche. Nous ferons ensuite l'exposé de quelques cas cliniques qui rendront la compréhension plus aisée.

L'*inhibition,* par exemple, recouvre des réalités différentes selon les structures où elle se manifeste.

Dans la *névrose,* l'inhibition est un acte, une défense contre le retour du refoulé, un interdit de savoir que le sujet élabore à son insu. Ce savoir a souvent affaire avec la problématique œdipienne, ainsi qu'avec l'irruption du pulsionnel.

Ce que nous appelons inhibition dans la *psychose* est lié à l'impossibilité de manipuler le symbolique. Le sujet est devant un trou, une incapacité foncière à produire du sens. Le phénomène d'arrêt se produit autour de tout ce qui touche à l'essence même de son être, à sa constitution de sujet : ce pourrait être l'image de son corps, sa position face à la vie, à la mort, à ses origines, à son sexe. S'il a pu tant bien que mal négocier ces composantes, il pourra faire fonctionner son intelligence, sa mémoire surtout, de façon tout à fait exceptionnelle.

Si nous prenons l'exemple de la *métaphore,* nous dirions que le débile s'impose une limitation à ses capacités métaphoriques pour des raisons diverses que nous avons évoquées, pauvreté culturelle, position masochiste, inhibition névrotique.

Dans la psychose, l'impossibilité est structurale, la forclusion, comme nous l'avons vu, implique l'absence de mise en place des deux ordres du langage, l'absence de la barrière du refoulement ; de ce fait, tout le jeu de substitution signifiante propre à la métaphore est compromis.

Nous allons illustrer ces propos par l'histoire de deux enfants de 8, 9 ans. L'un, Justin, a une apparence quasi normale, une réussite scolaire correcte sans être homogène. Après une observation de quelques semaines, je ferai le diagnostic de psychose, avec toute la réserve pronostique que cela implique. L'autre, Antoine, est un enfant issu d'un milieu on ne peut plus pathogène : parents alcooliques et malades mentaux, intervention des services sociaux, placement en famille d'accueil, enfin prise en charge analytique en dispensaire par un collègue psychanalyste à Saint-Brieuc, Paul Bothorel. C'est lui qui fera le récit de cette cure. L'enfant se présentait comme un grand débile ; son attitude, son comportement pouvaient aussi évoquer la psychose, car il aurait pu s'agir d'un enfant psychotisé par des expériences traumatiques précoces. Il fallait faire preuve de finesse… et d'optimisme pour miser sur une « normalisation » et mettre en route un traitement analytique après que la stabilisation du milieu de vie a été acquise. Nous verrons cet enfant se reconstruire en cours de cure et assumer un passé qui aurait pu le détruire totalement.

Nous évoquerons, pour terminer, les problèmes que pose la psychose à l'adolescence, quand la crise d'adolescence se conjugue avec un déclenchement psychotique.

Justin

Justin est un garçon de 9 ans qui m'est adressé par le médecin généraliste pour des cauchemars, des tics – il allonge ses bras en agitant ses mains –, des phobies – il a peur du noir, de la mer, des incendies, d'avaler une guêpe… Les résultats scolaires intriguent et inquiètent parents et enseignants. Alors qu'il est très bon élève, très brillant même à l'oral, Justin sait à peine écrire, il ne peut « tenir la ligne », ses lettres sont informes. Son instituteur dit qu'il n'a jamais vu un cas pareil ; il se plaint par ailleurs de l'agitation de Justin en classe.

Justin vient me voir avec sa mère, une jeune femme d'une élégance un peu apprêtée ; il émane d'elle une certaine tristesse. Elle a arrêté un travail qui la satisfaisait beaucoup, me dit-elle, à la naissance de Justin, afin de se « consacrer entièrement à son éducation ». Un autre enfant naîtra six ans plus tard. Son mari et elle étaient très heureux pendant les sept ans qui ont précédé la naissance de Justin, c'était une « communion parfaite », disent-ils ; l'enfant arrive et la discorde apparaît.

Mme J. nourrit l'enfant au sein pendant sept mois ; ce bébé se révèle « tyrannique », ne supporte pas d'être seul, il pleure beaucoup, elle doit lui « laisser sa main », même la nuit, pour qu'il s'apaise et puisse dormir. A 18 mois, il s'électrocute en manipulant un appareil ménager ; deux jours en chambre stérile, du fait de ses brûlures, et quelques jours à l'hôpital suffisent à le rendre méconnaissable. Elle retrouve un enfant hurlant, qui s'agrippe à elle et ne peut plus la quitter.

Il ne restera que six jours en maternelle, tant la séparation d'avec la mère est difficile et le contact avec les autres enfants angoissant pour lui. Il n'y retournera que quelque temps avant l'entrée en CP.

Justin accompagne sa mère à ce premier entretien, c'est un petit garçon « impeccable » : pli du pantalon parfait, chaussures de cuir bien cirées, nœud papillon parfaitement droit, cheveux courts propres et coiffés. Cette apparence contraste avec la décontraction vestimentaire habituelle des enfants de cet âge. Justin fait des réflexions pertinentes sur ce que dit sa mère, et je ne décèle rien d'anormal dans ses attitudes ou son dire.

Le père, que je verrai par la suite, me dit d'emblée que, contrairement à sa femme, qu'il tient pour trop faible devant les enfants, il est partisan d'une éducation stricte : discipline et bonnes manières. Tous les soirs, après son travail dans la police, il fait faire à Justin des pages d'écriture, lui fait répéter ses leçons et poursuit sa surveillance pendant le repas. Je l'entends me parler de « politesse, de savoir-vivre, les enfants doivent savoir se tenir à table, manger sans ouvrir la bouche, dire merci, etc. ». En entendant tout cela, je songe au père du président Schreber…

En le voyant entrer dans mon bureau, j'avais été saisie de stupeur. Justin n'était en fait qu'une réplique miniaturisée de la personne de son père, homme grand, « costaud », le nœud papillon assorti à la pochette, le costume sans un pli, le cheveu coupé au carré.

Ce père dit des choses qui retiennent mon attention. Il se plaint qu'il n'y ait pas de *dialogue* possible avec Justin : « Il n'entend pas, dit-il, il reste dans ses pensées », il est « en dehors ». C'est un « moulin à questions » et « il se noie sous un flot de paroles ». Il pense donc qu'il faut le « dresser », lui faire entrer les bonnes manières dans la tête, attitude que sa femme conteste violemment, ce qui entretient la dispute entre eux.

La cure

Au début, je me posais des questions sur la structure de Justin ; je soupçonnais une psychose mais ne voulais pas y croire, tant il me paraissait « normal » ; je voulais oublier les signes inquiétants qui m'étaient rapportés : ces tics qui ressemblaient davantage à des stéréotypies, cette absence de dialogue, ces *angoisses,* l'effet traumatique d'une courte hospitalisation, le fait de renifler les objets, « manie » que m'avait signalée la mère.

Justin s'exprimait comme une grande personne, ce qui est toujours inquiétant, mais son discours était de bon sens, adapté, critique, je n'y décelais pas de mimétisme outrancier. En séance, il me racontait sa vie de tous les jours, commentait les événements, puis en venait au récit de ses cauchemars ; on lui avait dit qu'il venait me voir pour cela, afin d'en avoir moins peur. Il parlait sans arrêt, il était exclu que je l'interrompe, cela le rendait furieux comme si ma seule voix allait le déstabiliser, je me sentais sans existence réelle devant lui. Ses cauchemars étaient effrayants : un monstre sort des cabinets, le feu, la tornade, il tombe de la tour Eiffel dans le vide, explosions à la dynamite dans un blockhaus, il ne lui reste qu'une jambe et un bout de ventre, etc.

Il ne peut rien associer sur ses rêves, il les raconte, et, en guise de commentaires, fait souvent des réflexions désespérées du type : « J'aurais préféré jamais exister. » Il dit qu'il a peur de mourir étranglé et ajoute : « Mais s'il faut mourir, faut mourir. » Dans un rêve, il prend un poignard pour se suicider et pose la question : « Pourquoi est-ce qu'on vit ? »

J'essaie, sans succès, qu'il en dise plus, qu'il *invente des histoires* à partir d'un dessin ou d'un modelage. A propos d'un de ses modelages qui ressemble vaguement à un couteau, je lui pose la question : « Est-ce un couteau ? » Il me répond, furieux : « Tu ne vois pas que c'est tout bêtement de la pâte à modeler ? » Quand il m'aura raconté pas mal de cauchemars, il s'arrêtera, ne dira plus rien. Ce silence, après le flot de paroles qui a précédé, est inquiétant. Si je lui demande pourquoi il ne dit plus rien, il me fait comprendre à sa façon que ça l'angoisse trop de mettre en mots ses cauchemars ; il me dira : « Je crois que c'est réel », le cauchemar risque de basculer vers la réalité, la barrière devient fragile entre le rêve et le réveil. C'est une observation que j'ai pu faire chez des psychotiques adultes, le sujet passe du récit du rêve à un discours délirant. Justin a peur, il me dit : « Le cauchemar, j'ai plus le courage de le dire, c'est plus fort que moi pour pas le dire. » Il s'interdit donc d'en parler parce qu'il sent le danger de déstructuration qu'implique cette mise en mots. Devant mon insistance pour que le travail se poursuive, il remplira une page entière de phrases que je copie ici avec l'orthographe phonétique qu'il utilise :

« J'atten une question je n'ai rien à dire je n'ennai auquune idé aille donte no sai de l'englai j'en ai rale bole sa se né pas pour rigoler on jouer de ses jeux ydeo aille donte non car je n'en nai oqune idé je nen nai oquine idé... » Tout cela écrit dans tous les sens sur une page entière.

Le père a renoncé, non sans mal, à ses séances de dressage ; Justin semble les regretter aussi, il reste maintenant à l'étude, et c'est là qu'il va se découvrir une passion, en utilisant l'ordinateur de la classe qui ne sert plus à cette heure de la journée. Le maître, étonné, décèle chez l'enfant des facultés d'apprentissage extraordinaires ; Justin devient champion de l'ordinateur, une « véritable fascination », dit le père.

Dans l'analyse, je me heurte à un refus de parler proche du négativisme. Justin dessine sans relâche des sortes de labyrinthes compliqués avec une entrée et une sortie, dessins répétitifs dont il ne dit rien. C'est alors que je décidai de changer de tactique. Je pris moi-même une feuille et me mis à dessiner en silence. Il ne resta pas longtemps indifférent et me demanda ce que je faisais ; je lui répondis : une maison. Or je m'aperçus que j'avais fait une maison sans porte ni fenêtres, avec seulement des œils-de-bœuf sur le toit ; cela l'intrigua, il me demanda à quoi ça servait. Je lui répondis qu'il y avait quelqu'un à l'intérieur qui ne pouvait pas sortir, que ces œils-de-bœuf allaient peut-être lui permettre de s'évader. Il réfléchit et me suggéra une solution. Nous pûmes ainsi progressivement réamorcer un dialogue. Ainsi encadré, il put s'autoriser à inventer quelques scénarios.

Justin est maintenant un adolescent. Il poursuit toujours son analyse avec une jeune femme à qui je l'ai adressé ; le changement de thérapeute ne l'a pas affecté. Les psychotiques acceptent en général facilement le changement de personne quand il y a continuité de la fonction et du cadre.

Commentaires

L'échec scolaire prend chez Justin une forme tout à fait inhabituelle. Voilà un enfant surdoué à l'oral, qui parle comme un livre, qui « sait tout », avec cette mémoire prodigieuse que Margareth Malher notait déjà chez certains psychotiques. A côté de cela, il ne sait pas écrire, l'orthographe lui reste inconnue. Il dit lui-même de l'écriture : « Ça me dramatise », signifiant par là, je suppose, que le fait d'écrire touche au drame pour lui. Je ne saurais jamais quelles raisons en sont la cause.

A l'école, les camarades se moquent de lui. « Ils touchent le front et me disent : t'es fou, t'es con-fou, les filles me traitent de bidule. Ils me disent aussi : t'es pas cap [capable] de t'approcher d'une fille et de l'embrasser. » Si les enfants sont cruels, c'est parce que la façon d'être de Justin et ses réactions les déroutent et les inquiètent. A son anniversaire, par exemple, il abandonne ses copains pour s'enfermer dans sa chambre avec son Game Boy. Il navigue toujours au bord d'un gouffre d'angoisse, ce qui provoque des colères clastiques que rien ne peut calmer. Je citerai un exemple de l'émergence de cette angoisse, épisode qui signe la structure psychotique.

Dans l'entrée de l'appartement familial, il y a un tableau représentant un homme sur son cheval. Justin a vu le personnage sortir du cadre et se mettre à lui parler ; il en fut tellement terrorisé que la mère dut faire disparaître la peinture. Il me dit : « Le bonhomme me lançait des lasers avec ses yeux chaque fois que je passais. » Nous pourrions parler ici d'hallucination. La réalité n'est pas familière, pour lui, c'est un réel angoissant qui surgit des objets les plus anodins. Justin me fit un jour cette réflexion : « Un mini-truc dans une BD, ça me sort plus grand dans ma tête. » Il signifiait par là, me semble-t-il, ce que nous avons tenté de mettre en avant dans la psychose, à savoir qu'un détail, ici une représentation graphique, lorsqu'il n'est pas intégré à tout un ensemble, lorsqu'il reste hors sens, provoque un sentiment d'étrangeté avec l'angoisse qui s'y rattache. Cela nous amène à parler du langage.

Sous des apparences de bavard impénitent, nous découvrons chez Justin les failles du discours que nous avons décrites dans la structure psychotique : le processus primaire envahit le processus secondaire ; cela est perceptible quand Justin fait le récit de ses rêves, il ne semble pas y avoir de coupure nette entre le récit manifeste et le contenu latent, la barrière qui sépare rêve et réalité ne fonctionne pas, il n'y a pas de distance car le refoulement ne joue pas ; de ce fait, il n'y a pas de possibilité d'élaboration et encore moins d'une quelconque interprétation. Le récit déclenche l'angoisse, car, dit-il, « je crois que c'est réel ». Le monde onirique imprègne le quotidien : d'un rêve à l'autre, Justin retrouve le même ascenseur meurtrier avec des scénarios différents ; il lui sera impossible dans la réalité de prendre un ascenseur. Nous percevons que, dans la psychose, toute *échappée* vers ce monde de l'Ailleurs où règnent les associations inconscientes, monde onirique ou constructions imaginaires, risque de tourner à l'*invasion*, puisque la barrière du refoulement ne fonctionne plus. Ce monde envahit alors le conscient et c'est le cauchemar permanent ou la folie. C'est ce que dit Justin, alors il tente de fermer la porte pour se protéger : « J'ai plus le courage de le dire », nous prévient-il.

En début de cure, Mme J. m'apporta un cahier où elle avait noté les mots d'enfant de son fils ou, plus exactement, ce qu'elle prenait pour une production poétique, cela bien avant qu'il n'apprenne à lire et à écrire. Sur le moment, je n'y prêtais pas grande attention, car Mme J. avait mêlé dans ce cahier les poésies qu'elle lui lisait et les « poèmes » que Justin produisait ensuite. Je fus stupéfaite, quand je le parcourus avec plus d'attention, de constater des distorsions dans l'usage de la langue qu'un enfant ordinaire ne ferait jamais. Dans ces « poèmes », Justin ne tient aucun compte du sens des mots et des couplages associatifs de la langue en tant qu'elle fait lien social, en tant qu'elle permet la communication. Les liaisons se font sur un mode qui n'appartient qu'à lui et qui se rapproche de ce que nous avons décrit comme lalangue. J'en citerai quelques-uns.

Après que la mère lui a lu ce petit poème :

> Au bord de la rivière m'en allant promener
> Je me suis couché dans l'herbe pour écouter le vent
> Pour écouter chanter l'herbe des champs.

voici ce que dit Justin :

Dans le bois, allons mettre un asticot
Après nous allons percer avec une perceuse
Fraisons dans le bois avec une fraise.
La samatigaufe, il faut faire avec une jolie voix.
La samatigène, bonhomme dans une fusée.
Place libre cabinet
En voici un autre :
Dans un briquet,
il y a des voleurs,
il y a des fantômes
il y a du gaz et des flammes
et une ville, une maison
un bonhomme et une aiguille
il y a des ciseaux et du tissu
une machine à coudre
il y a une voiture téléguidée
briquet.

Cette suite de mots, que Mme J. considère comme poétique, n'est en rien évocatrice, encore moins métaphorique, les mots sont mis les uns à côté des autres sans que l'on puisse saisir de rapport entre eux. Il arrive que certaines formes poétiques utilisent un procédé de rapprochement incongru, le surréalisme a beaucoup joué de cela : on se souvient de la « rencontre fortuite sur une table de dissection d'une machine à coudre et d'un parapluie », métaphore que Breton avait reprise des *Chants de Maldoror* de Lautréamont. Mais, dans ce cas, il y a un vouloir dire, une intention, la recherche d'un effet de surprise par rapprochement insolite. Dans ce que dit Justin, nous ne trouvons aucun fil directeur, aucune liaison qui fasse écho en nous.

La mère de Justin s'est laissé séduire par ce discours hors sens, au lieu de s'en inquiéter. Les enfants de cet âge, s'ils font des jeux de mots intentionnels, attendent qu'on rie avec eux ; si le dérapage verbal est fortuit, c'est qu'ils ont transgressé les règles du bien dire et ils s'en trouvent alors fort marris.

Quand Justin s'éloigne des constructions apprises, d'un système d'échange codifié, il est confronté au vide. Quand il eut décrit son monde onirique, sans pouvoir rien y ajouter ni rien en tirer pour sa gouverne, quand il eut décrit sa vie quotidienne, il rencontra le rien, le « trou noir ». La situation analytique a, en quelque sorte, révélé sa structure psychotique. En tant qu'analyste, je ne suis pas en effet en position de maître, comme tous les adultes autour de lui, instituteur, père, grands-parents, etc., qui lui disent ce qu'il doit faire et penser ; de plus, je ne demande rien pour moi. En lui proposant d'inventer des histoires, de faire marcher son imagination, je le mets en demeure de se révéler comme sujet de son dire ; en lui demandant de dire n'importe quoi, je le confronte à son symptôme qui tient justement au risque de se laisser emporter par le *n'importe quoi,* car, chez lui, l'imaginaire n'est pas un récit imprégné d'éléments refoulés, comme chez tout enfant, c'est le « n'importe quoi » du processus primaire qui se met à parler tout seul comme dans les rêves. Nous sommes alors soit devant le vide associatif, soit devant la résurgence du matériel inconscient.

L'arrêt des opérations intellectuelles provoqué par le processus psychotique peut stopper toute possibilité d'apprentissage scolaire. Chez Justin, l'intelligence et les possibilités d'intégration du savoir scolaire ne sont que partiellement perturbées ; elles le seront peut-être davantage plus tard. Une observation superficielle peut laisser penser que ces blocages ressemblent étrangement à l'inhibition névrotique que nous avons décrite dans la première partie de ce livre. C'est pourquoi nous pensons qu'il est essentiel de faire le diagnostic de structure pour pouvoir différencier ces cas et mieux adapter notre action thérapeutique.

Dans l'analyse, j'ai changé à un moment ma façon de faire. Je me suis davantage impliquée dans la relation en lui proposant un dessin, puis un récit dans lesquels je ne lui laissais qu'un petit espace pour s'exprimer ; ces quelques touches qu'il rajoutait ne déclenchaient pas sa peur, l'ensemble du récit étant proposé par moi. Dans mes histoires, je tentais chaque fois de faire entrer quelque élément de terreur sous forme déguisée, le regard-laser, le corps en morceaux sous forme de découpage du boucher au début... Ce travail est une tentative pour que quelque chose du réel puisse s'ancrer dans le symbolique, pour qu'un sens apparaisse, pour que, de l'angoisse du vide ou de la métaphore délirante, on s'achemine vers la construction d'un fantasme, pour que du réel on puisse passer au semblant, cheminement que nous avons vu se réaliser facilement chez Pierrot.

Le travail analytique est toujours très long avec ces patients ; s'il s'arrête, il faut toujours envisager de le reprendre en cas de crise. D'autres prises en charge doivent très souvent être associées à l'analyse.

Justin trouva de lui-même la chose qui pouvait l'aider à se stabiliser, c'est ce que Lacan a appelé une suppléance. Ce type d'investissement passionnel, de création originale parfois, permet au sujet de fixer son esprit, de se recentrer autour d'un élément condensateur. Justin découvrit l'ordinateur. Cela lui permit de rétablir une certaine connivence avec son père, qui acheta un ordinateur pour la famille et se mit à « travailler » avec lui. Il retrouva l'estime du maître, qui était « épaté » par ses performances, et un certain respect de ses camarades. L'informatique, au même titre que les mathématiques, est une discipline déshumanisée qui permet au sujet psychotique de briller, car elle ne met pas en question sa position subjective. Il n'en est pas de même pour certaines disciplines qui touchent à la condition même du sujet, biologie, lettres, philosophie, par exemple, dans lesquelles il va se trouver en difficulté.

Si nous insistons sur la psychose, malgré les difficultés d'approche de cette structure, c'est pour deux raisons. L'une est théorique : de par ses aspects déficitaires, elle nous permet de mieux saisir le rapport entre le fonctionnement intellectuel et la construction même du sujet ($\$$).

Mais cette étude de la psychose a aussi un intérêt pratique qui a trait à la pédagogie. Les enseignants sont souvent confrontés dans leur classe à ce type d'enfant. Ces élèves ne fonctionnent pas selon les schémas habituels, ils déroutent, ils inquiètent et induisent des attitudes de rejet. Nous avons vu Justin en butte à la moquerie cruelle de ses camarades. Les enfants repèrent très vite ce qui sort de la norme, ils restent dans l'ensemble très conformistes et deviennent facilement agressifs avec les « déviants ».

J'eus l'occasion de m'entretenir avec le maître qui me téléphona quand il fut question d'un départ en classe verte ; il hésitait à emmener Justin et désirait mon avis. Ce maître me dit son incompréhension et son sentiment d'impuissance devant Justin : « Je ne sais pas comment le prendre », insistait-il. J'ajouterai que le dialogue avec les familles de ces enfants ne facilite pas la tâche dans ces cas. Je tentais de lui « expliquer » (?) ce qu'était la psychose, sans, bien sûr, jamais prononcer ce mot tabou. Je mis l'accent sur l'angoisse de ces enfants, leur fragilité, leur intelligence sélective, sur le fait qu'il était inutile et même dangereux de tenter un forçage dans l'apprentissage de certaines matières, car on risquait un refus définitif ou une augmentation de l'angoisse. Il me semblait inutile, par exemple, de donner des pages d'écriture à Justin, tant qu'il n'aurait pas dépassé sa « phobie » de l'écriture (j'employais le terme de « phobie » dans le sens courant, car il ne s'agit pas ici d'une vraie phobie, mais plutôt d'un objet de terreur).

Je pense que la plupart des enseignants sont disposés à « comprendre » quand on veut bien les amener à réfléchir. Ce maître fut très intéressé et me demanda s'il existait des livres pour s'instruire de tout cela. Il fut décidé que Justin irait en classe verte moyennant quelques précautions. Si les terreurs étaient trop importantes, la famille serait prévenue. La vie en communauté allait sûrement poser des problèmes. Je conseillais au maître de veiller à ce que les autres enfants ne fassent pas de Justin leur bouc émissaire. Il devait aussi respecter un certain désir d'isolement dans la mesure du possible. Tout se passa bien. Il y eut à régler une question de dortoir, Justin fut mis dans une chambre à deux ou trois lits, et il lui arrivait de s'y réfugier quand la présence des autres devenait dangereuse pour lui. Moyennant un peu de tolérance et de compréhension, Justin put profiter de son séjour en communauté, ce dont il fut ravi.

Il est important de maintenir ces enfants le plus longtemps possible dans le cycle normal. Les périodes de fléchissement scolaire sont souvent transitoires, elles correspondent à des moments de décompensation. Dès que l'enfant va mieux, il peut rattraper le temps perdu. Par ailleurs, les déficiences dans une matière peuvent être compensées par des réussites extraordinaires dans d'autres. Le système scolaire qui tend à l'uniformisation des connaissances n'est évidemment pas très favorable à ce type de cas.

Voici maintenant le cas rapporté par Paul Bothorel, psychanalyste à Saint-Brieuc : l'histoire d'Antoine.

Histoire d'Antoine

Quand je rencontre Antoine pour la première fois à la consultation, il est accompagné de sa nourrice. Celle-ci est porteuse d'une grande inquiétude partagée et renforcée par le milieu scolaire. Il a 8 ans, et, au terme d'un premier CP qui a été un échec patent, nourrice et école se posent la même question : « On se demande s'il comprend quelque chose dans les apprentissages scolaires » et, plus largement : « Qu'est-ce qu'il comprend ? »

Antoine est un charmant petit garçon avec un visage d'angelot dont les yeux me fixent grands ouverts, immobiles. Je ne rencontrerai pas les parents, mais la description qui m'en a été faite par l'éducatrice du service me laisse perplexe quant au décalage avec l'image de leur rejeton : une femme énorme au corps dégradé, un père marqué par l'alcoolisme, étiquetés tous deux comme malades mentaux. Je me rappelle aussi le tableau qui m'a été fait de la petite enfance d'Antoine, qui hurlait dès que sa mère le prenait dans ses bras, s'arrachait les cheveux à la moindre contrariété ; il a subi douze paracentèses avant l'âge de 18 mois *et n'était propre ni de jour ni de nuit jusqu'à 5 ans...*

Quand je m'adresse à lui, il me fixe intensément et ne me répond pas. Tandis que la nourrice me parle de ses problèmes, tout particulièrement dans le domaine scolaire, Antoine, avec la pâte à modeler laissée sur mon bureau, élève une forme phallique qu'il finit par écrabouiller de toutes ses forces en faisant beaucoup de bruits qui parasitent les propos de la nourrice.

Dès que celle-ci a quitté mon bureau, il sort de son mutisme et me raconte, par bribes, une histoire compliquée où il est question d'un loup qui se brûle les fesses, mais mange quand même les petits cochons. C'est vraiment un drôle de loup, qui se promène accompagné de sa « marmite ».

Le même bout de pâte à modeler, dont aucune forme précise n'émerge, lui sert de support à l'élaboration de son histoire qui se termine par une opération de « couper », en fait d'éventrer et le loup et le petit cochon indistinctement.

Mais avant de développer les enjeux et le déroulement d'une cure qui commence ici, je propose de reprendre les cheminements qui ont abouti à cette indication. Il se trouve en effet qu'Antoine, au moment d'entreprendre ce travail, a connu de multiples prises en charge (éducateurs, assistantes sociales, juge, médecins, enseignants...). Vais-je être un intervenant supplémentaire d'une liste déjà fort longue ?

Jusqu'a l'âge de 5 ans, l'histoire d'Antoine est largement lacunaire ; la famille est connue des services sociaux à partir de la rumeur publique, mais ils offrent une fin de non-recevoir aux tentatives d'aide des travailleurs sociaux. Si bien que de la petite enfance d'Antoine nous n'aurons que quelques bribes événementielles au cours de rares entretiens que l'éducatrice aura avec les parents. C'est finalement Antoine lui-même qui, dans la construction de son analyse, dévoilera l'étendue des carences affectives qui l'ont marqué.

Au cours d'une énième beuverie avec violences, la police interviendra sur la demande des voisins, et, cette fois, les parents se retrouveront de concert à l'hôpital psychiatrique, qu'ils ont par ailleurs l'habitude de fréquenter alternativement depuis de nombreuses années ; ils y ont chacun leur psychiatre de référence.

C'est dans cette situation d'urgence que les enfants (Antoine a un petit frère de un an) sont placés dans une famille d'accueil sur décision du juge des enfants, par le biais de l'Aide sociale à l'enfance. Tout un suivi va dès lors se mettre en route sous la forme d'une aide éducative aux enfants ; en fait, dans un premier temps, l'objectif est d'évaluer le dispositif à mettre en place en cas de retour des enfants dans leur famille naturelle ; des rencontres avec les parents seront par ailleurs aménagées dans un milieu neutre.

Un psychologue de l'Aide sociale à l'enfance dresse un premier bilan : le tableau est assez sombre. Antoine est installé dans un mutisme qui n'est pas, par certains côtés, sans évoquer un tableau psychotique ; à 5 ans, il a une activité manipulatoire de tout petit, son rapport à l'autre est essentiellement branché sur le corps (il se colle physiquement à l'autre), son langage, quand il s'exprime, est rudimentaire, en prise sur le geste. Il ne répond pas directement quand on s'adresse à lui, mais désigne son petit frère. Ce bilan conclut à un arrêt de construction de sa personne et propose une prise en charge thérapeutique hors du service impliqué dans le placement.

C'est essentiellement l'éducatrice du centre qui, dans un premier temps, accueillera Antoine régulièrement soit avec sa nourrice, soit avec l'éducateur, soit avec les parents. Cette décision est essentiellement motivée par le souci de suivre l'adaptation de l'enfant à son nouveau milieu.

Antoine est maintenant installé dans sa famille d'accueil; les contacts bien noués avec le service, un nouveau bilan plus approfondi va être effectué.

Les résultats sont très problématiques : la psychologue dira que c'était comme s'il fallait lui arracher toutes les réponses, Antoine reste dans l'impossibilité d'émettre le moindre choix, aucune logique ne procède à ses investigations, il n'a aucun repère. La passation des tests projectifs n'a pu être menée à bien. Son QI est de 64, et ce chiffre le classe dans la catégorie dite « des débiles ». Quant au bilan psychomoteur, il a été impossible à passer, Antoine offrant un refus catégorique aux sollicitations du psychomotricien : il s'enferme dans un jeu qu'il trouve dans la salle et défèque tout en continuant son activité.

Antoine est donc un enfant profondément perturbé ; on évoquera à son sujet l'hospitalisme, la carence affective précoce, la dépression anaclitique.

Les résultats de ce bilan auraient largement suffi à poser une indication de placement en institution spécialisée, de type IMP. Pourtant, « quelque chose » retient l'équipe de poser un tel diagnostic définitif de débilité et c'est à partir de l'observation d'Antoine dans le milieu nourricier que l'on fait le « pari » d'un enfant intelligent derrière cette présentation. Il est important de souligner que c'est ce regard positif, anticipateur qui empêchera une décision lourde de conséquences. A n'en pas douter, Antoine serait entré parfaitement dans le cadre d'une telle institution et se serait moulé sur la pathologie ambiante tant la débilité offre de plasticité au candidat à s'y souscrire.

Très rapidement, le comportement d'Antoine va évoluer positivement dans son milieu d'accueil. Sa nourrice est une jeune femme remarquable par sa capacité à amortir, à intégrer, métaboliser les manifestations difficiles du comportement d'Antoine. Elle agit avec une tranquillité compréhensive mais ferme, qui sécurise énormément l'enfant.

Pourtant, les motifs de préoccupations ne manquent pas. Antoine est dans la quasi-impossibilité de formuler une demande directe, y compris pour ses besoins les plus élémentaires, se nourrir, aller aux toilettes par exemple. Il se comporte comme s'il laissait à l'autre le soin de décoder, de repérer ce qu'il en est de ses besoins : « Il ne veut rien pour lui », dira la nourrice. Cependant, le langage s'organise un peu, le discours devient plus logique, bien qu'il refuse toujours de répondre aux questions.

Il va de soi que tous ces problèmes se retrouvent à l'école, et leur manifestation est très invalidante pour Antoine, d'autant que cela se double très souvent d'un refus de travailler, de respecter les règles. La première année de CP accentuera ce tableau du fait d'une opposition aux apprentissages scolaires. C'est alors que la nourrice se décourage, ne comprend plus, « elle doute », comme elle dit, et éprouve ce constat comme son propre échec.

On voit que si, sur le plan comportemental, les progrès ont été importants, rien, quant au fond, dans sa position de sujet n'a été modifié, ce que confirme de l'extérieur le verdict scolaire autour de la question du savoir. Et après tout cette question est liminaire dans l'engagement du travail avec moi : « On ne sait pas ce qu'il sait », « que sait-il? ». Mais ici, c'est du savoir de l'inconscient qu'il s'agit, et cette fois le savoir est du côté d'Antoine. Aussi, par rapport à la demande et à la représentation sociale puissamment à l'œuvre (« dites-nous s'il est normal et donc capable d'apprentissages scolaires ou non »), je ne peux que rester dans une non-réponse.

Il est clair qu'en aucun cas l'analyste ne peut se poser en rééducateur, comme le dénonçait Freud déjà dans ses *Nouvelles Conférences.* L'éducateur est du côté des idéaux sociaux, il est amené à prendre parti et à intervenir ; l'analyste, de par son éthique, reste à l'écoute d'un sujet en souffrance, aux antipodes d'un objet de soin ou de rééducation.

La cure

Dans le premier temps de son travail, Antoine est extrêmement silencieux, mais ce qui est clair, c'est qu'il engage toute sa personne dans ce travail, il est très actif, c'est une affaire qu'il prend à son compte.

Ce qui est frappant dans ses histoires, c'est leur étrangeté, non pas tant par leur thème que par leur manque de logique. Dès la première rencontre, nous avons un loup qui se promène avec sa marmite, et quand le loup est éventré, le petit cochon en fait les frais. Le plus frappant est la réversibilité des places : un camion de pompiers, appelé pour éteindre un incendie, est lui-même en feu, le reste de l'opération étant un pompier blessé (deuxième séance) ; celui qui apporte une aide est marqué du même défaut que ce qui motive l'aide.

Ce qui est pénible, c'est sa difficulté à établir les causalités : qui a fait quoi ? Antoine se meut dans un monde extrêmement flou et fluctuant, rien n'y est sûr, mais en même temps tout est plein et sans manque, un peu comme ces matières insaisissables dont le volume reste constant sous de multiples formes. L'on comprend que, dans cette situation, produire un travail scolaire organisé relève de l'exploit. D'ailleurs, dans son analyse, la question scolaire va passer complètement à l'arrière-plan, Antoine ne l'abordera pas, sauf en fin de cure, pour en faire cette fois un objet dont on peut discuter.

A la quatrième séance, je rencontre la nourrice dans la salle d'attente. Elle me dit tout de go qu'à l'école ça va mieux pour son comportement, mais qu'il a recommencé à faire « pipi et caca dans sa culotte » ; on se rappelle que ces symptômes ont perduré jusqu'à une époque récente. Antoine indique là un point de fixation qui demande à être pris en compte : de quoi parle cette encoprésie dont il refuse de parler en séance? Par contre, il modèle avec la pâte à modeler « un animal qui a perdu sa queue », il enchaîne sur un « bonhomme robot », qu'il démantibule dans tous les sens et « recolle », puis c'est un « fil de téléphone » qui a « encore cassé », se transformant en un serpent qui va dans la « marmite », puis est « cassé ».

Antoine, dans tous les intervalles de ses productions, de ses mots, me fixe intensément, comme s'il s'accrochait à mon regard. Je suis frappé aussi par l'usage qu'il fait d'un « il » impersonnel qui s'applique à tous les personnages dans ses productions. Le thème de la perte vient se poser dans ces premières séances, mais il ne s'agit pas ici d'un objet perdu retrouvable, c'est quelque chose de beaucoup plus fondamental ; dans des séances ultérieures, il en parlera comme de la perte d'une partie de lui-même et il essaiera de rapporter celle-ci à un support originel en faisant l'expérience douloureuse qu'aucun ne tient.

J'ai proposé qu'Antoine lui-même décide, au bout de quatre séances, s'il désire entreprendre ce travail avec moi. Cette proposition a laissé la nourrice stupéfaite : que l'on puisse demander à un enfant de 8 ans aussi perturbé de prendre lui-même cette décision lui paraissait « ahurissant ».

Dans les premiers temps de son analyse, Antoine travaille beaucoup avec de la pâte à modeler, et son exploration va s'organiser autour d'un signifiant fondamental pour lui : « casser », avec ses variantes (couper, craquer...) ; au fond, on pourrait dire que toute son analyse va consister à donner sens à ce signifiant apporté dans la première séance qu'il va développer dans de multiples variations :

un gros taureau qui casse diverses choses, des tuyaux de toutes sortes (d'essence, d'aspirateur, de pompier) qui craquent, mais surtout il va mettre en scène une famille serpent qui n'en finira pas de se faire écraser (« en mille morceaux ») et de ressusciter, cela va « d'un petit serpent qui cherche sa maman dans le ventre de celle-ci », sa « petite maman » qui est morte disparue avec le loup, à un serpent saignant qu'il place au centre d'un dessin tandis qu'il va mener sa vie ailleurs (soixante-cinquième séance), mais nous y reviendrons. Ayant formulé ce signifiant « cassé » et celui-ci ayant été entendu dans toute sa densité par son analyste, Antoine va, tout comme dans une analyse d'adulte, s'interroger sur ce qu'il a émis là, ce dont il a fait dépôt.

Ainsi, son activité principale avec la pâte à modeler consiste à casser ce qu'il a construit : c'est le cas de nombreux escargots, de visages, ou d'un bébé éléphant qui ne peut plus manger « parce qu'il a cassé sa trompe », et Antoine la casse. Souvent il tente de réparer les dégâts et le casseur lui-même.

Durant plusieurs séances, Antoine va rechercher un moment originaire qui lui permettrait de fonder sa souffrance ; cet « avant », comme il dit, l'amène du côté de la mort. Complémentairement, on pourrait dire qu'avec la trompe du petit éléphant, c'est tout l'accrochage le plus archaïque à la vie qu'il élabore, en signifiant que, pour lui, il y a un « cassé » originaire, en quelque sorte, du côté de ses besoins les plus vitaux. On peut inférer que sa mère a dû être incapable de répondre à ses simples « besoins », pas seulement pour lui donner à boire, mais pour reconnaître en lui un désir décollé de la satisfaction du besoin.

Très vite, donc, le « cassé » s'articule à quelque chose de l'accrochage ; et c'est vrai que, dans ses nombreux montages, ça va beaucoup casser du fait de la difficulté d'être bien accroché ; mais il va falloir encore de nombreuses séances pour donner sens à ce « crocher » et pour qu'il trouve à l'articuler dans une chaîne signifiante.

Ce thème s'amorce à la neuvième séance avec une première mise en scène d'un papa et d'une maman qui se bagarrent, ce qu'il associe à la triste histoire d'une famille dinosaure avec une maman très en colère.

Suit l'histoire d'une grue qui accroche ; il faut que le crochet soit très solide. Antoine m'explique que la grue est comme un loup qui accrocherait un petit cochon. Le récit se poursuit avec un petit veau accroché à sa maman vache, qui elle-même est prise par la grue ; elle en meurt et le petit veau en meurt aussi. Antoine a été décroché de sa maman par le placement, il en a été traumatisé comme disaient les rapports sociaux, mais celui-ci, plus au fond, n'a fait que réactualiser une problématique plus archaïque d'angoisse de séparation. La grue peut ici faire figure de tous les acteurs sociaux qui ont proposé un nouvel accrochage sous la forme d'aides diverses ; il reste qu'en tout état de cause le loup-grue qui accroche la mère est à l'identique de la mère qui accroche le bébé. Car, fondamentalement, c'est de l'accrochage à la mère qu'il s'agit, même si on ignore la nature exacte des carences des premiers liens.

Deux séances plus tard, Antoine reprend l'histoire d'une grue malade qui a perdu son crochet et d'un train qui démarre en oubliant ses wagons ; il en conclut qu'ils sont morts. On a vu dans une séance précédente que de l'accrochage on meurt aussi. Cela est aussi à rapporter à la reprise du travail après trois semaines d'interruption due aux vacances : c'est maintenant dans le transfert de l'accrochage à son analyste qu'il développe sa problématique.

Il va alors aborder la question du père dans une histoire où, faute de protéger le bébé, ce père est assimilé à un Moloch dévorateur, « le gros taureau a mangé le bébé », ou à un semblant : le « faux bonhomme » qui conduit le tracteur et a mal accroché la charrette, ou à « un Père Noël qui oublie ses jouets »...

Le « cassé » va continuer à se développer ; cette fois du côté du monstrueux, parce que « les monstres, ça casse tout », et il s'envisage bébé-monstre issu d'un couple monstrueux qui meurt, le bébé monstre reste tout seul avec sa trompe ; dans une autre séance, ce sera un accouplement de deux serpents monstres qui s'accrochent par la queue ; c'est encore un papa crocodile qui voulait manger des enfants.

Avec la dix-neuvième séance, son agressivité trouve à se poser. Antoine n'est plus le petit garcon diaphane et souffreteux de notre première rencontre. Il a perdu une incisive depuis la dernière séance. Il modèle et me raconte une histoire d'avion qui « se casse la figure » sans arrêt, mais, ici, c'est lui l'acteur d'une action violente. Ce ton donné, il enchaîne avec le même bout de pâte à modeler sur une maman dragon qui « couvre » son bébé et un gros papa ; « la maman dit chéri », « le papa il est mort », « le bébé il est tout seul ». Puis il réaménage son récit : j'ai cassé l'avion, le bébé casse son père, le papa et la maman se cassent la tête, et le bébé « recasse » le couple. Antoine rit pendant toute cette séance et veut, dans l'excitation du « cassé », jeter sur moi de petits bouts de pâte à modeler. La séance finie, dans le couloir, il retrouve tout son sérieux et me dit : « On a bien travaillé, hein ? »

Le cassé et la solitude qui s'ensuit sont donc rapportés ici à un climat de violence familiale, qu'il se réapproprie en quelque sorte, son fantasme étant un bébé qui aurait cassé et papa et maman sur fond d'histoire d'amour ; la violence de l'accrochage pouvant provoquer la mort.

Il va revenir sur ce thème dans la séance suivante, en me racontant tout d'abord la mise à mort d'un cochon à laquelle il a assisté : il en frétille de fascination anxieuse. Il a vu comment on l'a ouvert, découpé, on lui a coupé la queue, on en a fait des saucisses, comme celle en pâte à modeler que l'on appelle aussi colombin.

A partir de cette vision, Antoine va mettre en scène dans la cure de multiples fantasmes oraux de dévoration, qui vont lui permettre de dépasser ses angoisses archaïques. Ainsi, c'est en toute sécurité qu'il va reprendre correctement maintenant et avec passion l'histoire des trois petits cochons.

La vingt-cinquième séance va faire pivot dans son analyse. Il modèle une nouvelle fois une famille de monstres avec un papa, une maman et un « petit » ; il m'explique que c'est le papa qui « crochie » avec la maman ; les deux personnages se cognent, j'entends « dépêche-toi mon amour », il y a des bruits de bagarres et de rires mêlés ; son commentaire étant que de telles scènes font « très, très peur ».

C'est donc une scène primitive où se mêlent des éléments de réalité (Antoine a dormi dans le lit de ses parents jusqu'à l'âge de 4 ans), et ce qu'il a organisé de son fantasme face à son angoisse et à sa jouissance, c'est une bagarre d'amour où les parents « crochient » comme il dit : nous sommes ici sur le roc du cassé et de son corollaire, l'accrochage. Dans ce néologisme « crochier », il a imbriqué le « crocher-copuler » (on en peut mourir) et le « chier », qui n'est que le résidu de toute cette organisation fantasmatique que nous avons trouvée réactivée en début d'analyse sous forme d'un symptôme (rappelons-nous son encoprésie jusqu'à l'âge de 5 ans).

Quelques séances plus tard, le signifiant « cassé » devient « casserole », et, à partir de ce modelage, il va développer toute une activité de « cuisinier » avec tous les gestes du métier, sorte de moi idéal en rapport sans doute à la mère-nourrice. Antoine empruntera régulièrement jusqu'à la fin de son analyse les traits du cuisinier ; celui-ci a pour fonction de « mettre les morceaux ensemble » (c'est sa propre définition), de traiter des éléments disparates pour en faire une unité séparée. Il va élaborer un plat favori : « une pizza » et, pour ce faire, utiliser un couteau pour préparer les divers ingrédients. Il peut à présent jouer cette coupure en fabriquant pour son analyste un plat-montage dont il veut me combler. C'est d'ailleurs à partir de ce moment qu'il pourra me quitter sereinement en fin de séance.

Une autre conséquence sera le développement d'un sens esthétique ; ses modelages ne sont plus seulement des prétextes à paroles, mais il entend réaliser quelque chose de beau. Ainsi, à la trentième séance, il utilise tous les crayons-feutres de ma boîte pour tenter d'en faire un emboîtement parfait sur le mode tenon-mortaise ; il s'acharne et, devant l'impossibilité, il va produire « un beau dessin comme les autres enfants qui viennent te voir ». Autrement dit, Antoine construit un objet qu'il reconnaît sien, qu'il apprécie par rapport à des canons esthétiques partagés par d'autres, et dont il me fait présent.

Ayant fait l'expérience qu'ici ça ne craquait pas, qu'il ne me cassait pas non plus, et surtout qu'il me retrouvait d'une semaine sur l'autre, il va aborder la question de la séparation d'avec ses parents dans un contexte bien particulier. En modelant une fois de plus un crochet, il m'annonce que sa nourrice est enceinte d'un garçon ; sans transition, il me parle des visites hebdomadaires à ses parents, puis revient à un modelage de « colliers et de bracelets », et finit par s'intéresser très sérieusement à des posters de « filles » pour me déclarer que lui « aussi » est un garçon et que ces colliers et ces bracelets, ce sont « des trucs pour des filles ». Antoine en arrive ainsi à mettre en parallèle la séparation d'avec ses parents, le fait d'être un garçon séparé des filles. Être séparé veut dire ici se conformer à la loi qui gère la différence des sexes, la succession des générations, sans se confondre avec une filiation qui serait liée à l'hérédité (maladie mentale des parents).

Du coup, pendant plusieurs séances, Antoine va dessiner des maisons ; deux d'abord, maison de ses parents, maison de la nourrice. Il échange sur leurs différences, en faisant bien la distinction entre les enjeux dans la réalité et ceux qu'il a dans sa tête. A l'occasion de la reconduction d'une mesure de garde, il me dira vouloir continuer à grandir chez sa nourrice, mais « mon papa et ma maman ne sont pas morts, c'est quand même mon papa et ma maman ». Une troisième maison va apparaître dans ses dessins. Les deux premières étant en paix, celle-ci subira de multiples avaries. De toute évidence, c'est celle du dispensaire où je le reçois, mais surtout sa maison intérieure peuplée de tous ses démons. Cette phase se terminera magnifiquement à la quarante-troisième séance par un incendie dans cette troisième maison, qu'il éteindra sous la forme d'un pompier-Antoine, adossé à la maison de la nourrice (où « les enfants dorment tranquillement ») qui déroule un tuyau-pénis gigantesque.

L'attitude d'Antoine à mon égard a changé. Il veut savoir ce que je pense, il me demande d'entrer dans ses mises en scène, tout particulièrement en renversant les positions comme dans les psychodrames. Il peut faire de l'humour ou être provocateur.

La séance qui suit la naissance d'un petit Roland dans la famille d'accueil amplifie son positionnement de garçon. En commençant, il veut couper tout ce qui lui tombe sous la main, puis imagine l'histoire d'« un petit garçon qui aurait donné un coup de poing dans le zizi de son papa ». Il va ensuite s'intéresser à tout ce qui se trouve dans mon bureau pour rester en arrêt devant la reproduction d'un tableau de Picasso de 1905 : une mère donnant le sein à son enfant ; toujours dans une grande excitation, il termine la séance en mimant en riant une douleur à l'endroit *ad hoc* quand on coupe le « zizi d'un poulet ».

Si le spectacle d'une mère allaitant son enfant le renvoie à la nostalgie d'une complétude imaginaire, ce qui est avant tout en jeu ici c'est la rivalité, c'est au père qu'il s'intéresse dans une dimension d'agressivité qui postule le risque d'une castration.

Ainsi, dès la séance suivante, il se met à « tailler des pierres », comme le mari de sa nourrice qui va désormais occuper une place importante dans sa vie et dans son analyse. Il se forge en pâte à modeler « les mêmes outils que Jacques » (le mari) et veut faire tout comme lui pour décorer une pierre qu'il dit « précieuse », dont il me fait cadeau en fin de séance.

Cette crainte qu'on lui coupe son pénis, qu'il formule expressément pendant plusieurs séances, signe bien entendu la marque d'un être de désir ; ici, il doit changer de registre pour accéder à une castration symbolique qui le fonde positivement. Il a fait une découverte fondamentale dans son analyse, c'est que les choses peuvent se dire avec des mots, des mots dont on peut user, jouer…

Sur ces sujets difficiles, Antoine s'exprime directement : le désir peut se loger dans des mots, dans du langage, ce n'est pas pour autant que les choses s'accomplissent.

D'ailleurs, curieusement, il va commencer à me parler d'école, de ses résultats et de ses difficultés : ce n'est pas mirobolant, mais il suit correctement la classe. En séance, il élabore des machines utiles ou fantastiques. C'est un garçon qui se révèle inventif, qui met en jeu toute une dimension nouvelle de créativité.

Antoine me demande dans le même temps comment on arrête le travail ici, c'est-à-dire comment on coupe d'avec moi. Cela prendra encore plusieurs mois, mais cette question se tisse avec celle du destin de son sexe, à l'œuvre dans l'issue d'un jeu œdipien. Il va opérer de nombreux ajustements, où il explorera la dimension prospective d'un « quand je serai grand » mesurant l'écart d'avec un « quand j'étais petit ».

Pour terminer cette présentation, je voudrais raconter la soixante-cinquième séance qui tourne la page de ce qu'il a mis en jeu jusqu'ici et l'ouvre à l'avenir.

Il commence par dessiner un serpent, il est dit « gentil » mais il peut piquer, il est alors dit « méchant » ; en tout état de cause, il est écrasé par une pierre, du sang coule. Sous le serpent, il figure un car ; il m'explique que c'est celui qu'empruntent ses parents quand ils font la navette entre les deux maisons, la leur et celle de la nourrice. Le sang en multiples gouttelettes se répand sur le car et l'inonde. Puis il se représente lui-même en position d'être atteint par le serpent, il se rapproche alors de sa nourrice, qu'il appelle par son prénom. Ils sont sur le chemin du dispensaire qu'il représente avec son sigle.

Tout cela mis en place, il découpe avec les ciseaux chaque élément de ce dessin et les recolle sur une feuille à part : au centre, il met le serpent, à droite le dispensaire, à l'écart de tout, et à gauche sur un chemin qui part vers le haut, sa nourrice et lui, tout seuls. Le car est découpé à son tour et collé à droite de la feuille et séparé maintenant des éclaboussures du serpent.

Il y a donc deux temps dans cette séance, une première mise en scène et une reconstruction. C'est à un véritable traitement qu'Antoine va soumettre les éléments qu'il met en place par l'opération d'une coupure. Nous retrouvons là, au-delà de la thématique qu'il va développer, ce qu'il n'a cessé d'explorer pendant toute sa cure : couper et recoller, associés aux signifiants casser et accrocher. Le serpent, fil d'Ariane qui le rattache au début de son analyse, se pose en objet condensateur. Représentant phallique mais plus archaïquement relié à la scène primitive qui le fonde, c'est aussi, comme on l'a vu, un objet anal. Cet objet, il le détruit, du sang coule, nous sommes ici au plus près du corps et, dans la reconstruction de la scène, il abandonne ce reste-là. Métaphoriquement on pourrait parler d'un prix à payer, prix du sang, en quelque sorte, qui lui permet de conserver son désir vivant.

La première situation était pleine de danger, mais, dans sa représentation, la nourrice est près de lui appelée par son prénom.

C'est elle qui l'a accompagné toutes les semaines sur les lieux où, dans le transfert, il a retissé ses liens vitaux. A présent, il envisage de m'abandonner pour suivre son chemin. Dans un second temps, il met en acte la coupure sur un mode œdipien : tout en laissant ses parents mener leur vie en les mettant à part, à l'abri dans un car, il envisage de s'enfuir avec celle qui, électivement, reçoit la marque de son désir, en concluant : « Mais je sais bien que ce n'est pas possible. » Et si la première partie du dessin a été sérieuse, voire tendue, la seconde est joyeuse, amusée de mettre en œuvre une fantaisie impossible, qu'Antoine sait impossible : la coupure est assumée. *(Fin de l'observation de Paul Bothorel.)*

Justin et Antoine

Nous avons là deux enfants du même âge, l'un, Justin, sous une apparence de quasi-normalité, se révélera profondément déstructuré. Dans son aspect extérieur, il se présente déjà comme copie conforme du personnage paternel, ce qui signe chez lui la nécessité de faire du « pareil », d'être à l'image de l'autre et de répondre directement à son attente. Quand l'imprévu survient, changement de milieu ou nécessité de parler en son nom, par exemple, le masque se détache, la carapace craque, c'est l'effondrement. Le travail analytique va être long et difficile ; il faudra le soutenir dans la mise au jour de ses terreurs, mettre des mots dessus, il faudra l'aider à construire son fantasme. C'est bien là ce travail de liaison et de séparation que nous avons mis en évidence quand nous avons parlé de la construction du sujet.

Chez Antoine, les processus de subjectivation semblent arrêtés par la difficulté de dépasser la situation traumatique. La construction du sujet est fragilisée, mais le sujet est déjà là dans sa structure de fiction, le refoulement originaire a eu lieu, c'est au retour du refoulé que l'analyste a affaire, il en était de même chez Damien. Il n'y a pas, comme chez Justin, la rencontre d'un réel impossible, mais déjà une mise à distance, une amorce d'élaboration fantasmatique. Antoine apporte dans le transfert ses productions imaginaires marquées du sceau d'une violence primitive : l'objet oral, pris dans la *pulsion* de dévoration et d'engloutissement, va progressivement s'enrichir d'une problématique fantasmatique jusqu'à entrer dans les chaînes du désir : être cuisinier, réparer, fabriquer. L'objet anal, non civilisé pourrait-on dire (y avait-il une demande de propreté ?), se présente sous forme d'encoprésie. Dans la cure, nous assistons à la reprise de cet objet dans une problématique de séparation : couper, séparer du corps l'objet fécal jusqu'au moment où il va s'inscrire dans des conduites sublimées : construire, créer.

Peut-être y aurait-il des choses à dire sur le regard intense de cet enfant qui se fixe sur l'Autre du savoir, sur ce qui lui reste en mémoire des cris qui ont vrillé ses oreilles dans les bagarres des parents. Nous suivons aussi le trajet de l'objet phallique : pris d'abord dans des opérations de coupure (angoisse de castration), il poursuit son chemin jusqu'à la castration symbolique, pour prendre sens enfin dans la problématique œdipienne (rivalité avec le mari de la nourrice).

Toutes ces opérations s'articulent autour de deux signifiants-maîtres de sa propre histoire, « casser » et « accrocher », signifiants constitutifs de son fantasme fondamental ; on ne peut mieux dire la naissance du sujet.

Le père réel peut faillir, la *loi* est déjà intériorisée, loi du discours et loi de l'interdit de l'inceste. Le père imaginaire, avec ses multiples figures monstrueuses ou dérisoires, peut s'effacer progressivement. A mesure qu'il les met en scène dans la cure, elles perdent leur poids de terreur. La fonction paternelle est désormais représentée par les instances sociales : le juge, la DASS, les services sociaux garants de la loi, protecteurs de l'enfant.

Devant ce garçon que l'on aurait autrefois qualifié de « demeuré », au sens étymologique « d'arrêté, de resté en quelque endroit » (n'oublions pas ce 64 de QI !), s'il n'y avait pas eu une personne et une équipe pour dépasser les apparences et lui donner sa chance, il est certain que nous aurions eu un débile parfait, avec ce type d'identification massive à la pathologie parentale.

Cette observation met bien en relief la nécessité de plusieurs approches thérapeutiques dans les cas difficiles. Ici, nous voyons des services sociaux intelligents, une famille d'accueil solide, participant au projet thérapeutique, enfin une indication d'analyse posée lorsque l'équipe a perçu les limites du travail de soutien et d'encadrement social.

Quand les prises en charge sont diversifiées, rappelons une nécessité que nous avancions au début de cet ouvrage et qui semble ici avoir été respectée : si tous les intervenants collaborent, ils n'empiètent pas les uns sur les autres, chacun poursuit sa tâche dans le domaine qui lui est assigné ; s'il peut enrichir sa connaissance du cas dans les échanges avec ses collègues, il maintient son action propre sans dépasser ses prérogatives.

Nous pensons que, dans l'histoire d'Antoine, il y a eu deux moments décisifs qui ont marqué son destin.

C'est d'abord le moment où l'éducatrice ne croit pas à sa débilité et décèle en lui un garçon intelligent. L'équipe fait aussi ce pari, ce qui permet à l'enfant d'échapper à l'étiquette de débile et de ne pas entrer dans une institution marquée du sceau de ce handicap.

C'est ensuite le moment où, toutes les mesures sociales de soutien ayant fonctionné, la parole est donnée à l'intéressé lui-même dans une approche singulière, sous forme d'une prise en charge analytique. Nous pensons que ce choix a été décisif, le sujet a pu reprendre sa construction à partir des éléments traumatiques, toute tentative de rééducation l'aurait laissé avec sa souffrance, dans son état d'hébétude. Nous voyons apparaître en cours de cure l'intérêt intellectuel sans qu'il y ait eu aucun forçage.

Crise de l'adolescence et psychose

Nous avons déjà évoqué, en première partie de cet ouvrage, la période d'adolescence comme phase critique de la vie. A cet âge, les remaniements du sujet peuvent troubler son efficience intellectuelle et les échecs scolaires ne sont pas rares : refus des études, baisse du rendement scolaire, associés le plus souvent à d'autres manifestations. C'est une période clé où le sujet sort de l'enfance et aborde le monde adulte, ce qui signifie qu'il doit désormais diriger sa vie, parler en son nom et que, entraîné par la poussée pubertaire, il va devoir faire des choix sexuels. Les causes de l'échec scolaire sont difficiles à démêler dans cette période, tant il existe de facteurs de déséquilibre. Une autre difficulté tient au fait de faire la part de ce qui serait simple crise d'adolescence et de ce qui va se révéler une entrée dans la psychose ; en effet, *les causes qui sont en jeu dans la crise d'adolescence sont les mêmes que celles qui peuvent jouer comme facteur déclenchant d'un état psychotique.*

Pour en parler, je m'appuierai sur une longue pratique clinique avec les adolescents, celle d'abord que j'ai eue en clientèle privée. Il s'agissait d'adolescents adressés par les lycées ou collèges, par les médecins traitants et par le bouche à oreille ; ceux que j'avais eu l'occasion de suivre donnaient mon adresse aux copains. Ceux-là venaient le plus souvent avec l'accord des parents, mais sans que ceux-ci les accompagnent. J'ai aussi eu une pratique d'analyste pendant plus de vingt ans dans une clinique psychiatrique pour adolescents. Il s'agit d'une clinique de la fondation Santé des étudiants de France, fondée dans les années soixante sur des critères qui peuvent apparaître encore aujourd'hui comme une vraie gageure, à savoir la prise en charge essentiellement psychanalytique de sujets jeunes qui se révéleront en majorité psychotiques. Cette approche analytique est associée à une reprise des études assurée par une équipe d'enseignants à l'intérieur même de la clinique. Ce défi peut se résumer ainsi : psychanalyser des psychotiques et leur demander un travail intellectuel avec les exigences que cela implique : soutenir la compétition, se présenter aux examens, passer le bac, les concours administratifs, etc., afin de s'assurer une place dans la société. Ces jeunes reprenaient leurs études après être passés par des crises graves avec souvent une hospitalisation pour épisode délirant aigu.

Envisageons d'abord la crise d'adolescence banale pour en venir ensuite au déclenchement psychotique. Nous analyserons dans les deux cas la nature des troubles intellectuels et l'échec des études.

La crise d'adolescence

Pourquoi les adolescents viennent-ils nous voir?

Lorsqu'ils viennent accompagnés des parents, la plainte émane en général des parents eux-mêmes : leur enfant, si gentil jusque-là, a changé. C'est très souvent ce *changement* qui est mis en avant comme source de souffrance et de conflit : « Il est devenu agressif, lui si gentil jusque-là, il est devenu opposant, il ne veut rien entendre, il n'écoute rien. » Suit la liste des méfaits : le travail scolaire laisse à désirer, les mauvais résultats se multiplient, le plus fort est « qu'il semble ne pas s'en inquiéter, alors que jusque-là il était très scrupuleux et appliqué ». Des symptômes plus graves peuvent faire leur apparition : une anorexie, une fugue, une tentative de suicide, un passage à l'acte délinquant ou une prise de drogue, par exemple.

Durant ce récit, l'intéressé reste en général silencieux, réticent, bougon, refuse de répondre aux interpellations parentales, quand il ne les réfute pas avec une violence inattendue.

Nous reviendrons ultérieurement sur les modalités de prise en charge de ces adolescents peu disposés à « se raconter ». Je tiens déjà à souligner que la gravité apparente des troubles ne préjuge en rien de la gravité du diagnostic et de l'évolution de la pathologie.

D'où vient le malaise et de quoi est faite la crise d'adolescence? *C'est un moment de séparation, de rupture, de cassure.* C'est avant tout un travail de deuil qui se profile au seuil de l'adolescence. C'est le renoncement à la sécurité de l'enfance et à son environnement protecteur. Le sujet ne peut plus reculer devant les impératifs de la maturation sexuelle. Son corps, sous la poussée pubertaire, se transforme, des pulsions inconnues de lui se font jour, et la question du choix sexuel se fait pressante ; en un mot, il faut grandir, devenir adulte ; c'est là que le désir d'aller de l'avant et la peur de l'inconnu s'entremêlent.

J'ai vu des préadolescents pleurer réellement en évoquant le paradis perdu de la petite enfance ; il faut désormais compter avec la solitude, la responsabilité, travailler, avoir un métier, réussir. Cette peur est à la base des manifestations de la crise.

Après son film *Le Grand Bleu,* qui eut un succès considérable auprès des adolescents, Jean-Luc Besson reçut des milliers de lettres, dont voici quelques extraits : « Quand je pense à la population active, à tous ces gens qui bossent, ça me prend la tête... Le film c'est comme une drogue, il fait jaillir ce qui était au fond de nous... il est devenu un refuge, celui de la pureté, de la beauté éclatante... ce film a apporté un peu de bonheur que cette société nous vole jour après jour. *Il donne envie d'embrasser une dernière fois la mer et de s'endormir.* »

Il s'agit bien là du refus du monde adulte et de la tentation de la régression jusqu'à la fascination ultime du retour au sein maternel et l'endormissement mortel. Cette dernière phrase laisse pressentir les moments dépressifs que connaissent beaucoup d'adolescents, avec ses corollaires que sont l'attirance pour la drogue et les tentatives de suicide, si fréquentes à cet âge. Cet élément dépressif est souvent responsable d'un désintérêt subit pour les études.

Cette contradiction entre le désir de s'éloigner de la famille, de s'autonomiser, et le désir de rester sous sa protection, si elle est difficile à vivre pour l'adolescent, l'est aussi pour les parents. Ils ont en général oublié leurs propres difficultés de cet âge et enfoui un passé de relations plus ou moins conflictuelles avec leurs propres parents. Je prendrai un exemple banal : dans son désir de s'affirmer, le jeune revendique sa liberté. Si les parents laissent tout faire sans poser aucune limite, ce sera une preuve, aux yeux de l'adolescent, qu'ils ne prennent pas en compte sa sécurité et se désintéressent de ce qui lui arrive. La sévérité est parfois plus rassurante, elle permet de contester, de se révolter et, par là même, de s'affirmer, à condition bien sûr que la relation ne soit pas rompue. Rien n'est pire à cet âge que ces « bons parents » si indulgents, si permissifs, que l'on ne peut ni contrer ni attaquer !

Je ferai une autre remarque à ce propos. Quand je vois ces adolescents en entretien, ils se plaignent beaucoup de leur famille. Je tiens à souligner l'ambiguïté de la revendication vis-à-vis des parents. Il faut en avoir conscience pour s'interdire tout commentaire et *a fortiori* tout jugement à ce sujet. Ces jeunes se plaignent que « les parents ne les écoutent pas, ne les comprennent pas, ne veulent pas dialoguer avec eux, que la communication [le grand mot est lâché !] est impossible ». Derrière cette demande, il y a, en fait, une répugnance à des échanges trop personnels ; c'est le moment où ils tentent de construire leur intimité, d'amorcer un travail de séparation et de deuil, c'est donc une demande paradoxale qu'ils font à la famille : comprenez-moi sans m'entendre, ne me posez pas de questions, mais répondez-moi et ne me demandez rien.

Renoncement et choix sexuel

L'adolescent va devoir affronter la problématique œdipienne avec l'ambivalence propre à cette période, à savoir le sentiment d'un choix impossible entre renoncer à ses objets œdipiens et/ou les garder. Il se sent piégé dans cette ambivalence, ambivalence renforcée très souvent par l'attitude parentale. Sous la poussée pubertaire, il doit en effet renoncer à une relation trop intime avec ses père et mère, mais ce rejet des imagos parentales fait souvent pleurer les parents : « Comment, tu ne nous aimes plus? » Surgissent alors angoisse et culpabilité. S'il renonce à ce renoncement, la culpabilité œdipienne se fait plus terrible. A cet âge, il est en effet insoutenable de rester trop proche de la mère, par exemple. Dans les couples séparés, nous voyons des adolescents faire des crises extrêmement sévères quand ils sont en position d'être les « confidents » du père ou de la mère avec lequel ils vivent : on assiste alors à des conduites d'oscillation entre des positions que le sujet croit antinomiques : perdre ses parents ou les garder.

Un autre choix difficile est le choix sexuel qui se fait pressant face à la maturation sexuelle et à la violence de la pulsion. Le sujet est pris dans ce qui lui paraît, ici aussi, antinomique : la pulsion et le désir. Il se nourrira d'un amour idéalisé pour un autre inaccessible, le chanteur idole par exemple, ou toute autre figure tenue à distance, alors que, par ailleurs, il prendra plaisir à disqualifier l'autre sexe dans des plaisanteries où le sexuel est rabaissé au scatologique ; il ne sait pas encore comment organiser son désir. Il est préoccupé de séduire, absorbé par ses foucades, taraudé par la pulsion, et son travail scolaire, qui demande à cet âge pas mal de capacités sublimatoires, peut apparaître bien terne et se verra relégué au deuxième plan – tous les enseignants connaissent bien les instabilités des élèves de troisième et de seconde.

Renoncements et remaniements identificatoires

Pour s'affirmer, il y a nécessité parfois de s'affirmer contre quelque chose. L'adolescent tente de couper avec le passé, en particulier avec des valeurs auxquelles il a cru jusque-là, valeurs qu'il a le plus souvent partagées avec sa famille ou son environnement social. L'intelligence, les études, la réussite, valeurs reconnues dans notre société et investies par les parents, vont souvent faire les frais de ces remaniements identificatoires. L'inhibition intellectuelle, que nous avons décrite, est alors liée à des positions œdipiennes conflictuelles. Nous les reprendrons rapidement sous l'angle des différentes instances du moi, surmoi, moi idéal, idéal du moi.

Un *interdit surmoïque,* avec son corollaire, la culpabilité, peut stopper toute aspiration à la réussite quand cette réussite est vécue dans une rivalité dangereuse avec le père, par exemple. La crainte de le dépasser, avec les fantasmes qui l'accompagnent – lui dérober le phallus, le supplanter auprès de la mère, le détruire –, réveille les craintes de rétorsion et des angoisses de castration. Il s'agit parfois de jeunes gens très brillants qui échouent dans leurs études quand ils arrivent à un niveau que n'a pas atteint le père. Ce sont aussi des filles qui, après des études réussies, s'interdisent la réussite sociale pour ne pas se démarquer d'une figure maternelle effacée, sans existence sociale.

Le moi idéal

Lacan différencie nettement idéal du moi et moi idéal, « le premier est une introjection symbolique, alors que le second est la source d'une projection imaginaire », dit-il (*Séminaire,* livre VIII). Le moi idéal se soutient davantage de l'identification à un modèle, l'adolescent est à la recherche de ce type de référence. Les modèles changent avec les époques, mais ils évoluent aussi quand on passe de l'enfance à l'adolescence. Ce changement surprend les parents qui ne réalisent pas que c'est leur propre désir qui est frustré. Cet enfant qui aspirait à devenir polytechnicien comme le grand-père, ou pâtissier comme l'oncle Firmin, se met à rêver d'autre chose. Nous avons tous vu ces fils de la bourgeoisie, après Mai 68, arrêter leurs études et devenir éleveurs de chèvres dans la Drôme.

Nous pourrions, ici aussi, multiplier les scénarios autour de ces remaniements qui vont parfois jusqu'au reniement. La différenciation sexuelle peut intervenir de façon inattendue dans les choix ; tel garçon qui désirait embrasser la profession maternelle la juge désormais marquée par le féminin et y renonce, de même qu'une fille sera arrêtée au moment d'exercer la profession du père par crainte d'assumer une identification phallique.

L'idéal du moi

Il s'agit ici de l'identification à partir d'un trait (le trait unaire). Alors que le moi idéal se situe sur le versant imaginaire, l'idéal du moi a davantage à voir avec le symbolique. Les adolescents ont souvent des revirements par rapport à des idéaux qu'ils avaient partagés jusqu'alors avec leur environnement familial ou social. Je ne ferai qu'évoquer les divergences affichées par rapport aux croyances : refus de poursuivre une pratique religieuse, par exemple, ou, à l'inverse, reproches aux parents de ne pas leur avoir donné d'éducation religieuse. De même pour les engagements politiques, ou les principes de morale, morale sexuelle en particulier ; combien de parents sont choqués par la sexualité précoce de leur enfant. Les études sont concernées dans ces remises en question, car elles ont pour soutènement des idéaux tels que la réussite, la richesse, le pouvoir. J'ai vu des adolescents refuser l'argent donné par les parents pour leur entretien pendant leurs études, aller jusqu'à déchirer leur carnet de chèques ; façon d'afficher leur mépris pour les valeurs bourgeoises, le « fric » en particulier ! Si le rejet est massif, agressif, il peut déboucher sur un refus total des études et l'engagement dans un mode de vie qui tranche sur l'habitus familial : vie simple, retour à la nature par exemple. Ces changements sont soutenus, en général, par des idéologies telles que l'écologie, l'engagement humanitaire, l'ascétisme, valeurs appréciées par beaucoup de jeunes actuellement.

En résumé, à cet âge, l'échec scolaire peut être pris dans une attitude d'opposition et de révolte ; il s'agit alors d'un refus clair de poursuivre les études, il peut s'agir aussi d'une inhibition névrotique liée à des conflits œdipiens non résolus.

Comment négocier ces conflits dans les entretiens avec les adolescents ? Quand l'adolescent est venu avec ses parents, je le revois ensuite seul en précisant bien les règles de l'entretien. Ce qu'il me dira sera considéré comme secret professionnel et jamais rapporté aux parents. Par contre, quand les parents auront à parler de lui, ils le feront en sa présence, cela afin d'éviter les malentendus et d'établir la confiance.

Il est rare que nous appliquions avec rigueur chez l'adolescent le protocole de la cure analytique type. Il y a lieu d'aménager notre technique, d'en assouplir les règles, afin de ne pas apparaître d'emblée dans une position rigide et surmoïque qui nous ferait assimiler à des instances parentales et gênerait la mise en place du transfert. L'adolescent, dans un premier temps, refuse toute aide, ne veut pas de « morale » ni de « conseils », le divan lui fait peur, « il n'est pas venu pour parler du passé mais de l'avenir », le risque de régression l'effraie.

Je respecte l'ambivalence de leur demande ; ils disent qu'ils ne sont pas malades, et cela est vrai dans la plupart des cas ; ils sont en crise et veulent « s'en sortir seuls » si possible, ou, si c'est avec un adulte, que celui-ci se fasse le plus discret possible.

C'est pourquoi le transfert a des modalités spécifiques dans ces cas. Je propose souvent à ces jeunes de les recevoir à la demande, sans rythme préétabli, avec l'obligation cependant de prendre rendez-vous tant de jours à l'avance, et de régler ne serait-ce qu'une partie de la consultation avec leur argent de poche.

Que retirent-ils de ces entretiens? Ils ont valeur de réassurance et de déculpabilisation. Dans cette période de douloureuse rupture, l'adolescent se conforte dans son droit au changement. En énonçant ses projets, ses désirs à un adulte en position de Sujet supposé Savoir, il peut s'autoriser à avoir d'autres perspectives identificatoires que celles que dictent la famille ou le milieu social. Le rejet de ces identifications n'est souvent que transitoire, mais facilite le passage à l'âge adulte. La culpabilité liée à la problématique œdipienne peut être verbalisée, ce qui permet au sujet de la vivre avec plus de sérénité.

Ces entretiens ont surtout une dimension analytique : à travers le récit de ses rêves ou de ses rêveries, le sujet fait le lien entre l'actuel de sa condition et sa petite enfance (ce que Freud et ensuite Lacan ont désigné sous le terme d'« après-coup »). On voit ainsi des adolescents sortir de leurs préoccupations actuelles, les parents, les copains, le lycée, pour, tout à coup, se passionner pour ce qui se passe dans leurs rêves, ce qui apporte une autre dimension à la recherche de leur identité. Ils prennent ainsi conscience de la continuité entre le passé et le présent, et s'aperçoivent que la révolte ne mène pas à une rupture absolue avec les parents et avec le passé. Derrière les remaniements imaginaires, il y a un sujet qui perdure et se maintient, le sujet de l'inconscient.

Le déclenchement psychotique

Pourquoi, à la sortie de la crise, le sujet se trouve-t-il soit sain et sauf, soit psychotique?

Je répondrais qu'il y a la même conjoncture et que ce sont les mêmes raisons qui provoquent la crise d'adolescence et l'entrée dans la psychose : le sujet doit abandonner un statut qui fonctionnait jusque-là et faire face à une autre réalité. De ces profonds remaniements identificatoires que nous venons de souligner le sujet peut sortir renforcé dans ses choix, la crise est passée. Cette heureuse issue ne peut advenir que lorsque le travail de symbolisation et le refoulement qui s'y associe ont été menés à bien. Or ce travail n'a pas débuté à l'adolescence ; pour que le sujet se conforte dans son nouveau statut, il faut que la problématique phallique ait été en place, que la métaphore paternelle ait opéré depuis toujours, que la première crise œdipienne ait été résolue. Sinon, quand vont s'écrouler les masques des identifications imaginaires, le sujet sera absent, ce sera l'effondrement psychotique.

Certains auteurs ont voulu faire de l'état psychotique de l'adolescence une entité, un modèle unitaire qui débuterait à la puberté. Je ne partage pas ces vues. En me référant à la notion de structure de Lacan, je dirai que, lorsqu'il y a entrée dans la psychose à l'adolescence, c'est que le sujet avait déjà une structure psychotique, mais que cela ne se voyait pas, cela ne se savait pas.

Pourquoi cette absence de troubles manifestes pendant de longues années ? Pourquoi ce silence symptomatique ? Parce que le statut même de l'enfance protège le sujet de l'éclosion psychotique et de ses manifestations. Ces jeunes qui font un premier épisode psychotique à l'adolescence, épisode souvent spectaculaire tel qu'une bouffée délirante, étaient pour la plupart des enfants sages, obéissants, nous dirions assujettis au désir de l'Autre, toujours prêts à répondre à la demande, adhérant parfaitement à l'idéal parental, à la place qui leur est assignée dans cet idéal. On relève cependant des épisodes d'angoisse au moment de séparations, tels hospitalisation, entrée à l'école, moments où il faut affronter les autres ou une situation inconnue (tel était le cas de Justin) ; mais ces épisodes inquiètent moins l'entourage que les manifestations d'opposition bruyante. Cette conformité à l'attente parentale est flatteuse pour les parents et renforce le lien de dépendance avec la famille. Ce qu'il en est de la faille du sujet ne vient pas au jour. On peut cependant la pressentir chez certains enfants en analyse dans la période dite (bien à tort, à mon avis) « de latence ». On parle alors de prépsychose. En effet, le petit enfant n'a pas à parler en son nom, il peut faire l'économie de la prise de parole jusqu'au moment où il aura à se manifester dans son être de sujet, à soutenir son identité par son corps sexué, à faire face à la question des origines, de la mort, de la solitude.

Lacan évoque le déclenchement psychotique au moment de la prise de parole en ces termes (cette prise de parole est située ici au moment de l'entrée en analyse) : « Ne touchons-nous pas là dans notre expérience même, et sans avoir à le chercher plus loin, à ce qui est au cœur des motifs d'entrée dans la psychose ? C'est ce qui peut se proposer de plus ardu à un homme, c'est ce qu'on appelle prendre la parole, j'entends la sienne, tout le contraire de dire oui, oui, oui à celle du voisin. Cela ne s'exprime pas forcément en mots. La clinique montre que c'est justement à ce moment-là, si on sait le repérer à des niveaux très divers, que la psychose se déclare » (*Le Séminaire,* livre III : *Les Psychoses,* p. 285). Tel a été le cas de Justin.

Un enfant peut être psychotique sans que cela se remarque. Ce qu'il donne à voir est une construction moïque qui peut n'être que copie conforme du modèle parental. Il se soutient de ces identifications massives (type incorporation), protégé qu'il est par la présence réelle de l'Autre. On est dans le pareil, dans le même, avec, à la limite, des phénomènes d'écholalie, de mimétisme. On ne discerne pas d'élaboration symbolique de l'ordre de l'identification au trait unaire par exemple, quelque chose de la séparation ne s'est pas accompli. Il est toujours surprenant de constater que les parents sont à tel point fascinés par le retour de leur propre parole qu'ils ne soupçonnent rien d'inquiétant dans ce phénomène. Ils s'entendent parler par la bouche de leur enfant et cela les flatte et les réjouit. En répercutant les discours des adultes, ces enfants sont d'ailleurs souvent pris pour de petits génies, Justin en est un exemple.

Si nous ne pouvons faire le diagnostic de psychose sur le seul critère de troubles intellectuels, par contre la psychose implique que le sujet se heurte, à un moment ou à un autre, à des difficultés intellectuelles. Les apprentissages se ressentent toujours du profond trouble d'identité dans lequel ces sujets se débattent.

Il n'est pas possible de faire un recensement ou une classification de ces difficultés, elles sont imprévisibles et inexplicables : elles fluctuent selon les aléas de la vie, et peuvent survenir au décours d'un événement banal en apparence, voyage, rencontre, succès, parole entendue, etc. Elles ne sont pas homogènes, le sujet peut avoir des réussites exceptionnelles dans certains domaines qui le passionnent, et éprouver un désintérêt profond et un échec dans d'autres. Avant d'en venir au trouble même de la pensée, je dirai quelques mots de l'attitude de l'adolescent psychotique dans sa relation à l'enseignant et à la matière enseignée.

Si le débile se garde du savoir, c'est qu'il tient à sa tranquillité, il recule devant le désordre et l'angoisse que produirait chez lui l'émergence d'un savoir inconscient, il ne veut rien connaître de son désir ; en restant débile, il fait, en quelque sorte, l'économie de la castration. Cela implique que l'Autre soit maintenu en position de celui qui sait, ou d'un maître qui dirait le vrai du vrai. La castration de l'Autre n'est pas admise.

Le psychotique n'est pas dans la même situation. Il lui arrive de développer vis-à-vis de l'enseignant les mêmes relations transférentielles qu'avec l'analyste. Il peut lui attribuer un savoir et un pouvoir absolus, mais en faire aussi bien un persécuteur ; le savoir lui-même peut entrer dans la problématique de séduction-persécution.

Les notions d'échec et de réussite doivent être relativisées pour l'enseignant qui a en charge des étudiants psychotiques. Si la réussite de ses élèves entre pour une trop grande part dans sa propre satisfaction narcissique, il sera déçu et fera un mauvais pédagogue. Un peu à la manière de l'analyste, il doit accompagner l'élève, le soutenir dans ses réalisations et ne pas trop dramatiser les échecs. Sans jouer les thérapeutes, il ne doit pas perdre de vue que ses élèves ne sont pas des élèves « ordinaires », leurs défaillances s'accompagnent d'un grand désarroi.

Je ne m'étendrai pas sur les difficultés matérielles inhérentes à ce type d'enseignement. L'absentéisme est coutumier. L'adolescent pris dans ses angoisses ou dans son délire ne veut parfois pas quitter son lit. En classe, il soutient difficilement son attention, du fait du parasitage de ses pensées par des associations hors propos. Son intérêt pour ce qu'il entend peut être totalement nul quand il traverse une période dépressive. Malgré tout cela, nombre d'entre eux satisfont aux règles d'un enseignement classique, ont des succès au bac et aux formations proposées. Ce que nous remarquons chez ces adolescents, c'est qu'ils peuvent réussir leurs études tout en poursuivant leur activité délirante ; il semble que les conditions de séjour dans ce lieu y soient pour beaucoup. Ils y trouvent des personnes à qui parler, à qui rendre compte de ce qu'ils ressentent. Dans cette clinique, en plus de l'équipe soignante, ils ont la possibilité de suivre un psychodrame psychanalytique individuel ou une psychanalyse.

Ils arrivent ainsi à circonscrire ce qui risquerait d'envahir totalement leur vie. Dans mon livre *Un enfant psychotique,* je cite les cas d'adolescents qui poursuivent des études brillantes avec un délire sous-jacent à minima. Telle cette jeune fille persuadée qu'elle va devenir championne du monde de tennis. Elle construit un scénario qu'elle ressasse dans sa tête : entretiens avec les entraîneurs, progrès réalisés, voyages en perspective. Ce type de production n'est ni une rêverie ni un fantasme, il a une consistance autre, la croyance qui s'y rattache est inébranlable. Avant d'entrer à la clinique, elle n'était pas sortie de sa chambre pendant un an, soliloquant avec les personnages de son histoire. Dans ses séances avec moi, elle développe ces thèmes tout en les enrichissant de références faites à une histoire infantile et une histoire familiale pour le moins distordues. Elle pourra reprendre de brillantes études à la clinique. La suite a montré que, malgré une intelligence exceptionnelle que lui reconnaissent ses professeurs, elle ne pourra pas, tout au moins pendant les quelques années qui ont suivi, entrer dans le monde du travail, tant son angoisse d'affronter les autres est restée forte.

Ces adolescents trouvent dans les métaphores délirantes qu'ils élaborent un point d'accrochage qui leur permet de garder une certaine disponibilité opérationnelle. Il arrive cependant qu'il y ait collusion entre les thèmes délirants et les disciplines scolaires ou universitaires que le sujet travaille. Une jeune fille, étudiante en lettres, laissait transparaître dans ses dissertations le délire fantastique qui l'habitait. Les réactions du professeur étaient mitigées, partagé qu'il était entre l'admiration et le malaise. Dans la prose d'Antonin Artaud, à côté d'une production cohérente qui fait lien social, nous trouvons des tentatives souvent confuses pour rendre compte des terribles angoisses schizophréniques qu'il éprouvait dans son corps.

J'insiste sur le fait que, si le psychotique peut paraître « adapté », et vivre apparemment comme tout un chacun, c'est parce qu'on lui a « appris » à vivre, c'est ce que disait le père de Justin, « le savoir-vivre », ça s'apprend ! Il a acquis des connaissances dans de multiples domaines, c'est sans doute ce que d'aucuns appellent « la partie saine du moi ». Peut-on être fou à 100 % ? Oui, peut-être, dans les accès aigus, type bouffée délirante ; oui, avant l'ère de la chimiothérapie. Actuellement, non.

J'ai souvent entendu dire par ceux qui fréquentent les psychotiques qu'ils font le diagnostic de psychose de façon « intuitive ». Je pense que cela a trait en particulier à un sentiment d'artificialité que l'on éprouve en face d'un psychotique. Il a « appris » à être comme tout le monde, il s'est construit une sorte de « moi » factice fabriqué à partir d'identifications en miroir dans lesquelles il est fréquent de retrouver un petit autre qui fait fonction de double. Lacan souligne que la perte de ce double peut être à l'origine d'un déclenchement psychotique. L'effondrement de ces supports identificatoires peut précipiter le sujet dans le vide et la déréliction.

Comment cerner la psychose, comment la repérer derrière les masques d'hypernormalité qu'elle peut revêtir? Elle se révèle quand le sujet rencontre quelque chose qui le renvoie à son défaut fondamental; c'est en général un élément du symbolique que le sujet n'a pu intégrer qui révélera la faille de son être et fera craquer la coquille protectrice. Cette rencontre se fait autour de ce noyau que nous avons désigné sous le terme de « composantes de l'être », c'est-à-dire ce qui constitue les fondements mêmes du sujet : le corps, la vie, la mort, le sexe, les origines.

Chez l'enfant, ce sera la rencontre du réel d'un corps non imaginarisé, non symbolisé. Ce sont ces retours hallucinatoires que Justin nous relate : le regard meurtrier de l'homme qui sort du tableau, une image de rêve avec un corps qui éclate et dont il ne reste qu'une jambe et un morceau de ventre.

Chez l'adulte psychotique, nous trouvons de multiples figures de ces rencontres déterminantes : ce peut être le fait de devenir père, d'avoir son premier rapport sexuel, d'être reçu à un examen ou d'avoir une promotion sociale… Chez les adolescents psychotiques que nous suivons, il est évident que les difficultés de compréhension apparaissent et que l'efficience intellectuelle baisse quand nous touchons à l'un de ces éléments fondamentaux. Dans la clinique psychiatrique pour étudiants, les matières les plus embarrassantes ne sont ni les mathématiques ni la physique, mais la biologie. Il se passe dans ce cours des phénomènes difficiles à maîtriser pour le professeur. La rencontre, pour le psychotique, du réel d'un corps mort, dans la dissection par exemple, vient redoubler l'angoisse de son propre corps, qu'il qualifie souvent de mort-vivant. La présence de morceaux de corps étiquetés, répertoriés, le renvoie à son propre corps morcelé. Le professeur se trouve confronté à des comportements bizarres quand il n'assiste pas à un déclenchement délirant. J'en citerai quelques-uns qui m'ont été rapportés par le professeur de biologie.

Vania ingère, pendant une séance de travaux pratiques, l'encéphale formolé d'un mouton et dit : « Ça ne me fera rien, je ne sentirai rien, car c'est formolé ! »

Les notions de division cellulaire, de reproduction posent des problèmes souvent insurmontables, car nous sommes là au cœur de la question du sujet : qu'en est-il de sa sexuation, de ses origines, de son identité ? Autant de signifiants forclos chez le psychotique. Que la mitose puisse être, chez les unicellulaires, une division qui équivaut à une multiplication (puisque, à partir d'un, on a deux individus) reste totalement abscons pour l'élève.

Dominique voulait savoir pourquoi, « aux différents stades de la gamétogenèse, les cellules changeaient de sexe, comme si elles ne savaient pas ce qu'elles voulaient devenir ». La même cellule mâle se nomme en effet successivement *un* spermatocyte, *une* spermatide, *un* spermatozoïde, et la cellule femelle, *une* ovogonie, *un* ovocyte, *une* ovotide, enfin *un* ovule. « Le réel, c'est aussi bien l'anatomie », disait Lacan ; nous pourrions aussi bien dire le biologique. Pour Dominique, la différenciation sexuelle reste confuse, car elle est directement plaquée sur le genre, masculin ou féminin, du mot qui désigne la cellule sexuelle. Le non-dépassement de ce réel éveille l'angoisse que le sujet tente de réduire par une interprétation d'apparence logique.

Des difficultés intellectuelles proches de l'inhibition peuvent surgir chez ces jeunes quand, dans certaines épreuves de concours, ils doivent parler d'eux, de leurs goûts, de leurs choix, de leurs positions éthiques, de leurs projets d'avenir... Ils restent alors sans voix ou tiennent des propos discordants qui attirent l'attention des examinateurs. De même que Justin ne pouvait inventer des histoires, ils ne peuvent spontanément parler d'eux. Les enseignants connaissent ce type de difficultés et préparent les élèves à les affronter, n'hésitant pas à proposer des modèles de réponses et quelques bonnes recettes.

Plus profondément, les difficultés intellectuelles du psychotique sont liées à la structure même de la psychose, explicitée plus haut : forclusion au lieu de refoulement, non-accession à l'ordre symbolique, avec pour corollaire l'absence de métaphorisation. J'en donnerai quelques exemples que m'ont communiqués les professeurs de lettres de cette clinique. Nous verrons les effets saugrenus qu'entraîne l'utilisation du langage dans sa pure littéralité.

On donne une phrase aux élèves, ils doivent replacer l'un des mots dans un autre contexte. Par exemple, la phrase « la sensibilité a été atrophiée » (au sens de réduite). Voici la phrase de l'élève : « Cet ancien combattant a la jambe atrophiée [réduite] car il a reçu un boulet de canon qui lui a enlevé le pied. »

Autre phrase : « A cet âge l'argile [au sens de terre] humaine est modelable. » Voici la phrase de l'élève : « Ma petite sœur ne se nettoie pas les pieds quand elle a de l'argile sur ses chaussures. »

Commentez cette phrase de Rousseau : « L'homme est naturellement bon. » Réponse de l'élève : « Je ne sais pas, je n'en ai jamais goûté. »

Commentez ce texte : « L'évêque de Berkeley disait : être, c'est être perçu ou percevoir. » Réponse de l'élève : « Ma mère n'existe (n'est) que depuis vingt-trois ans que je la perçois (ou l'aperçois ?). »

Chacun connaît l'exemple de ce petit enfant psychotique à qui l'on dit « donne ta main à la dame » et qui se met à hurler, car il n'a pas du tout envie qu'on lui prenne sa main.

Dans tous ces exemples, nous retrouvons un élément ayant trait à la « nature humaine », pourrait-on dire, le corps, la sexuation, l'homme de Rousseau. Le psychotique apprend à ses dépens à éviter ces questions taboues qui peuvent à tout moment le faire chuter.

Le psychotique peut être très à l'aise dans la métaphore et pratiquer le mot d'esprit, quand il s'agit de domaines déshumanisés, désubjectivés. Nous connaissons tous ces brillants mathématiciens, ces scientifiques de haut niveau à l'esprit critique acéré, chez lesquels personne ne soupçonne une personnalité psychotique... hormis leurs épouses, peut-être...

Je donnerai la parole, pour conclure ce chapitre, à un jeune homme, mathématicien de haut niveau, entré à la clinique après un épisode délirant aigu. Voici son propos : « Il y a des problèmes que je suis capable d'analyser intellectuellement mais incapable d'intégrer sur le plan affectif, je ne suis pas informé, informé affectivement. Je dois préparer ma vie d'avance comme les pièces d'un jeu d'échecs et pas d'un jeu de roulette, il faut réduire la place du hasard. Je dois saisir le présent, renverser la vapeur et la mettre de l'autre côté du cylindre et cela en comparant les êtres aux machines. J'imagine les êtres vivants fonctionnant comme des machines. Je me mure dans mon travail, j'ai oublié qu'il fallait vivre, j'ai besoin vitalement de beaucoup de travail, c'est ma façon de vivre mon "Filôme" » (et il me montre son sexe).

Son travail et ses compétences ont permis qu'à sa sortie de clinique il soit embauché à des postes élevés. Chaque fois, quelque chose dans sa relation avec ses collègues ou ses employeurs ne « collait » pas. On lui proposa des stages, une formation complémentaire, des changements de poste, des changements d'usine. Jusqu'au jour où j'appris qu'il s'était suicidé.

Conclusion

Ce livre ne satisfera pas ceux qui espéraient découvrir les causes réelles de l'échec scolaire, et par là même les remèdes appropriés. Nous aurons peut-être jeté le trouble dans beaucoup d'esprits en mettant en avant la complexité des mécanismes intellectuels. Loin d'en faire une entité isolée qui permettrait de mieux les maîtriser, nous les avons replacés dans la mouvance du sujet en devenir, d'un sujet divisé par l'inconscient. En radicalisant la dimension analytique par rapport à l'approche psychologique, nous ne simplifions pas la tâche du lecteur, car la catégorie de l'inconscient est toujours aussi subversive, difficilement communicable, et encore moins acceptable pour certains ; de cette « peste », comme disait Freud, beaucoup ne veulent rien savoir !

Si cette mise en lumière de la dimension inconsciente peut être considérée comme une vue pessimiste de la question, je répondrais qu'elle a ses effets heureux. Elle tord le cou à la croyance d'une débilité inscrite dans les gènes. Quand nous disons que la débilité légère, dont il a été question ici, n'est pas étrangère à la qualité des échanges de l'enfant avec sa mère et son milieu, quand nous disons que l'inhibition intellectuelle est un avatar névrotique dans le devenir d'un sujet, nous sommes loin d'un déterminisme purement biologique. Nous avons affaire au destin, et non à la fatalité ; l'histoire d'Antoine est exemplaire en ce sens.

Je ne peux terminer cet ouvrage sans penser à ceux qui m'ont transmis un certain savoir clinique, celui qui s'acquiert en complément de sa propre analyse, je veux parler de Françoise Dolto et de Jacques Lacan.

J'ai vu Françoise Dolto travailler avec les enfants à sa consultation de Trousseau, et j'ai suivi, pendant le même temps, les années soixante-soixante-dix, les séminaires de Jacques Lacan et ses présentations de cas à Sainte-Anne. Je le voyais aussi pour le contrôle de mes premières analyses.

Leurs enseignements étaient pour moi complémentaires. S'ils étaient tous les deux des chercheurs de génie, ils l'étaient chacun à sa manière.

Françoise Dolto se laissait aller à ses intuitions, à ses enthousiasmes, à son inventivité, sans toujours mesurer les conséquences de son faire et de son dire sur un auditoire fasciné qui la suivait souvent aveuglément. Elle avait l'art de traquer les mouvements inconscients dans leurs expressions les plus archaïques, mais c'est là un savoir difficilement transmissible dans un discours qu'elle voulait avant tout pédagogique et éducatif.

Avec Jacques Lacan, j'ai appris la rigueur, j'ai appris que le psychanalyste n'était pas un faiseur de miracles ni un grand maître du savoir. Son enseignement nous mettait en garde contre les dérives de l'imaginaire, et restituait pour nous le tranchant de la pensée freudienne. Son œuvre a trop d'envergure pour que quiconque ait la prétention de la juger dans son ensemble, les richesses qu'elle recèle seront explorées dans les décennies à venir. Pour l'heure, nous entendons déjà parler du Lacan philosophe, du Lacan médecin, du Lacan psychiatre, du Lacan psychanalyste et clinicien. Pour moi, c'est au Lacan analyste et clinicien que je me réfère. Je n'ai jamais oublié cette phrase qu'il se plaisait à prononcer : « Ce que je vous dis, il faut que ça vous serve », et cela m'a servi.

Cette rigueur va de pair avec une *éthique,* qui est l'éthique du psychanalyste. Si l'analyste doit s'interroger sur son désir, il doit se garder d'occuper « en vrai », comme disent les enfants, la place que lui assigne l'analysant dans le transfert : il ne détient ni le savoir ni le pouvoir, il est « *supposé* » savoir, et ne représente que le « *semblant* » d'objet. S'il l'oublie, c'est la dérive vers toutes les utilisations douteuses du pouvoir et du savoir ; j'ai eu l'occasion de l'évoquer dans cet ouvrage : ce sont ces thérapies dirigées par un maître qui détient la vérité et sait ce qui est bon pour le patient. C'est le thérapeute qui s'engage « corps et âme » dans son « sacerdoce », il y prône la bonté, l'oblativité, la réparation, ignorant malheureusement trop souvent ce que cache cette passion de guérir : une jouissance où la toute-puissance narcissique et un certain sadisme se conjuguent. La réponse agressive du patient, après un certain temps de traitement, est parfaitement logique : ingratitude ! Lorsque Jacques Lacan disait que, dans l'analyse, la guérison vient par surcroît, il scandalisait. Aujourd'hui où l'on assiste à la prolifération de thérapies de toutes sortes, ce mot est mieux compris. L'analyste ne demande ni la guérison ni la normalité, il n'exige rien, il n'impose rien. Il est là pour que le sujet accède à la vérité de son désir, le sien propre, et non qu'il réponde à la demande de l'autre.

En évoquant la mémoire de Françoise Dolto et de Jacques Lacan, un mot me vient à l'esprit, un mot qui ne s'emploie plus qu'avec réserve, tant il est galvaudé, le mot « liberté ». Parce que eux-mêmes gardaient une grande liberté d'esprit face aux théories, aux dogmes et aux croyances de leur temps, parce qu'ils ne cessaient de les explorer sans pour autant s'y laisser piéger, ils ouvraient de nouvelles voies de réflexion ; la liberté, c'était cela : garder l'esprit critique, tout repenser, tout mettre à l'épreuve de l'expérience analytique, ne pas se laisser enfermer dans un dogmatisme stérile.

« Gardez-vous de comprendre trop vite », disait Lacan ; son enseignement était là pour nous le rappeler. A la fin de chacun de ses séminaires, nous attendions une parole définitive qui aurait éclairé une fois pour toutes la question posée. Cette parole ne venait pas, car rien n'était jamais clos, les interrogations étaient toujours renouvelées, et la réflexion relancée. Je me souviens de ce moment de déception, suivi d'exaltation, à la lecture des notes, quand l'apparition d'un signifiant nouveau, ou d'un passage obscur, donnait l'envie d'en savoir plus, l'envie de chercher et de comprendre.

Avec Françoise Dolto et Jacques Lacan, je me sentais libre, aucunement soumise à leur dire, car leur enseignement était *vivant,* c'est-à-dire jamais arrêté, toujours remis en question, c'était une invite à le repenser et à le faire sien.

D'aucuns trouveront mes références à Lacan réductrices et peu orthodoxes. Je reconnais que je ne me suis pas attachée à la lettre, mais à l'esprit, et, là, j'espère ne pas l'avoir trahi, car je pense que le point de vérité d'où part tout son enseignement se trouve au cœur de sa pratique d'analyste.

Bibliographie

Artaud, Antonin, *Œuvres complètes,* NRF, Gallimard, 1980 ; en particulier *L'Ombilic des limbes,* NRF, Poésie, Gallimard, 1968.

Bachelard, Gaston, *La Poétique de la rêverie,* PUF, 3e éd., 1990.

Benveniste, Émile, *Problèmes de linguistique générale,* NRF, Gallimard, 1974.

Bruno, Pierre, « A côté de la plaque. Sur la débilité mentale », *Ornicar ?,* n° 34, avril-juin 1986.

Changeux, Jean-Pierre, *L'Homme neuronal,* Fayard, 1983.

Changeux, Jean-Pierre et Connes, Alain, *Matière à pensée,* Odile Jacob, 1989 ; coll. « Points », 1992.

Danon Boileau, Henri, *Les Études et l'Échec,* Payot, 1984.

Destins de l'adolescence, sous la direction de François Sauvagnat, actes d'un colloque tenu au CHS Henri-Ey en octobre 1990, Presses universitaires de Rennes.

Ernaux, Annie :
- *Les Armoires vides,* Gallimard, 1984 ;
- *La Place,* Gallimard, 1986.

Freud, Sigmund :
- *Métapsychologie,* Gallimard, coll. « Idées », 1985 ;
- *Inhibition. Symptôme et Angoisse,* PUF, 1990 ;
- *L'Interprétation des rêves,* éd. D. Berger, 6e éd., 1987 ;
- *Un souvenir d'enfance de Léonard de Vinci,* NRF, Gallimard, coll. « Idées », 1987 ;
- *Trois Essais sur la sexualité,* NRF, Gallimard, coll. « Folio essais », 1987 ;
- *Névrose, Psychose et Perversion,* PUF, 1990.

Ganacia, J. G., « L'apprentissage symbolique. A propos de l'intelligence artificielle », in *Nervure, Journal de psychiatrie,* n° 3, t. IV, avril 1991.

Georgy, Guy, *La Folle Avoine,* Flammarion, 1992.

Hagège, Claude, *L'Homme de parole,* Fayard, 1985.

Heidegger, Martin, *Essais et Conférences,* Gallimard, coll. « Tel », 1958.

Ionesco, Eugène, *La Cantatrice chauve* suivi de *La Leçon,* Gallimard, coll. « Folio », 1954.

Jakobson, Roman, *Essai de linguistique générale : les fondations du langage,* Éditions de Minuit, 1981.

Jalley, Émile :
– *Wallon, lecteur de Freud et Piaget,* Éditions sociales, 1981 ;
– « Les grandes orientations de la psychologie actuelle », *Encyclopédie médico-chirurgicale,* Éditions techniques, 1989 ;
– « Les stades du développement en psychologie de l'enfant et en psychanalyse », *Encyclopaedia universalis,* 1989 ;
– « Psychologie génétique », *Encyclopaedia universalis,* 1989.
Lacan, Jacques :
– *Écrits,* Le Seuil, coll. « Le champ freudien », 1966 ;
– *Télévision,* Le Seuil, coll. « Le champ freudien », 1974 ;
– *Le Séminaire,* Le Seuil, coll. « Le champ freudien » (textes établis par Jacques-Alain Miller) :
  • Livre I, *Les Écrits techniques de Freud (1953-1954),* 1975 ;
  • Livre II, *Le Moi dans la théorie de Freud et dans la technique de la psychanalyse (1954-1955),* 1978 ;
  • Livre III, *Les Psychoses (1955-1956),* 1981 ;
  • Livre VII, *L'Éthique de la psychanalyse (1959-1960),* 1986 ;
  • Livre VIII, *Le Transfert (1960-1961),* 1991 ;
  • Livre XI, *Les Quatre Concepts fondamentaux de la psychanalyse (1964),* 1973 ;
  • Livre XVII, *L'Envers de la psychanalyse (1969-1970),* 1991 ;
  • Livre XX, *Encore (1972-1973),* 1975.
Lautréamont, *Les Chants de Maldoror,* in *Œuvres complètes,* Gallimard, « Bibliothèque de la Pléiade », 1970.
Leiris, Michel, « Glossaire j'y serre mes glosses », *Brisées,* Gallimard, coll. « Folio », 1925.
Maspero, François, *L'école de Jules Ferry est morte,* Maspero, « Poche rouge », 1974.
Misès, Roger :
– « Réévaluations dans l'approche psychopathologique des déficients intellectuels », *Confrontations psychiatriques,* n° 10, Éditions Spécia, 1973 ;
– « Dysharmonie évolutive de l'enfant », *L'Information psychiatrique,* vol. 53, n° 9, novembre 1977 ;
– *Les Pathologies limites de l'enfance,* PUF, « Le fil rouge », 1990.
Misès, Roger et Perron, R., « Débilité mentale et échec scolaire », *Confrontations psychiatriques,* n° 23, Éditions Spécia, 1983.
Montaigne, Michel de, *Essais,* Livre I, chap. XXVI, Gallimard, « Bibliothèque de la Pléiade », 1950.
Platon, *La République,* in *Œuvres complètes,* VII, p. 537, Gallimard, « Bibliothèque de la Pléiade », 1950.
Rajchman, John, *Le Savoir-faire avec l'inconscient. Éthique et psychanalyse,* Édition William Blake et Co, 1986.
Saalam Bombay ! film franco-indien de Mira Nair, 1988.

BIBLIOGRAPHIE

Saussure, Ferdinand de, *Cours de linguistique générale,* Payot, « Petite bibliothèque scientifique », 1972.

Spitz, René A., *La Première Année de la vie de l'enfant,* préface d'Anna Freud, PUF, 1958 et 1963.

Tassin, Jean-Pol (INSERM U 114, chaire de neuro-pharmacologie, Collège de France) :

– « Structures cérébrales et relation transférentielle », entretien avec J.-P. Tassin, *Nervure, Journal de psychiatrie,* n° 3, avril 1991.

– « Inconscient psychanalytique et neurobiologie. Activités mentales inconscientes », *Neuro-psychiatrie,* vol. IV, n° 8, octobre 1989.

Vignaux, Georges, *Les Sciences cognitives. Une introduction,* La Découverte, coll. « Textes à l'appui », 1992.

Table

CINQUIÈME PARTIE

RÉALISATION : PAO ÉDITIONS DU SEUIL
IMPRESSION : SOCIÉTÉ NOUVELLE FIRMIN-DIDOT (11-1-94)
DÉPÔT LÉGAL : SEPTEMBRE 1993 - N° 20187-3 (26092)

Dans la collection Champ freudien

Serge Leclaire, *Le Pays de l'autre*
Dominique et Gérard Miller, *Psychanalyse 6 heures 1/4*
Nicholas Wright, *Madame Klein*
Judith Miller, *Album Jacques Lacan*
Marie-Christine Hamon, *Pourquoi les femmes aiment-elles les hommes ?*
Gérard Miller, *Malaise*
Collectif, *Connaissez-vous Lacan ?*
Catherine Clément et Sudhir Kakar, *La Folle et le Saint*
Serge André, *L'Imposture perverse*
Michel Silvestre, *Demain la psychanalyse*